Wolf Jobst Siedler

Ein Leben wird besichtigt

Wolf Jobst Siedler

Ein Leben wird besichtigt

In der Welt der Eltern

Siedler Verlag

Der Titel dieses Buches
verdankt sich der Lebenschronik
von Heinrich Mann
»Ein Zeitalter wird besichtigt«.

Lektorat: Wolf Jobst Siedler jr.
Register: Brigitte Speith-Kochmann
Schutzumschlag: Rothfos & Gabler, Hamburg
Satz und Reproduktionen: Bongé+Partner, Berlin
Druck und Buchbinder: Pustet, Regensburg
Printed in Germany 2000
ISBN 3-88680-704-5
Erste Auflage

Für Imke, wie alles

Ein jeder erzählt sich eine Geschichte,
die er am Ende für sein Leben hält.

MAX FRISCH

I am afraid, I am a partisan of sinking ships.

LORD ACTON

Inhalt

In der Welt der Eltern

»Tief ist der Brunnen der Vergangenheit. Sollte man ihn nicht unergründlich nennen?« Der erste Satz von »Joseph und seine Brüder« hat sich der Erinnerung so tief eingeprägt, dass er über Jahrzehnte im Gedächtnis blieb. Hängt das damit zusammen, dass erste und letzte Sätze stets ihre Magie haben? Den Anfang von Hofmannsthals »Vorfrühling« hat der Fünfzehn- oder Sechzehnjährige nur ein einziges Mal gelesen, aber die Melodie war unvergesslich, genauso wie die der »Terzinen über Vergänglichkeit«, die Hofmannsthal schrieb, als er gerade sein Maturum hinter sich gebracht hatte.

Vierzehn war der Schüler in der Hermann-Lietz-Schule, als ihm sein Freund Ernst Jünger die »Marmorklippen« des Vaters aus den Ferien mitbrachte. Der Klang des wiederum ersten Satzes, »Ihr alle kennt die wilde Schwermut, die uns bei der Erinnerung an Zeiten des Glücks ergreift«, begleitete ihn ein Leben lang, obwohl man mit vierzehn kaum etwas von Wehmut weiß oder gar von wilder Schwermut.

Es muss das Geheimnis der Sprache selber sein, die den Heranwachsenden gefangen nimmt. Er nimmt an Erfahrungen teil, die eigentlich noch nicht die seinen sind, und er hat Sympathie mit dem Tod, der doch noch Jahrzehnte auf sich warten lassen wird. Er braucht noch lange, bis er das Leben liebt, vorläufig ist er der Lockung des Endes verfallen, weshalb denn alle Dichtungen über den Tod eine Sache der frühesten Jugend sind, von Novalis über Keats bis zu den Versen des jungen Loris, die fast immer von der Vergänglichkeit handeln. Thomas Mann, der etwas von dieser gefährlichen Lockung wusste, hatte ein zugleich melancholisches und ironisches Verhältnis zur Sympathie mit dem Tod. Als eine Bewunderin der »Buddenbrooks« sagte, dass das Sterben des alten Konsuls und des jungen Hanno die ergreifendsten Szenen dieses Romans eines Autors seien, der doch in seinen frühen Zwanzigern gewesen war, sagte er in koketter Melancholie: »Ja, in Toden bin ich groß.«

Meinen Freunden fiel ich später oft genug auf die Nerven, wenn ich meinem Hang nachgab, die ersten oder letzten Absätze oder ganze Seiten von Romanen aus dem Gedächtnis herzusagen, die ich vielleicht vor Jahrzehnten gelesen hatte. Mitunter hatte sich mir der Auftakt oder Schluss eines sprachlichen Zusammenhangs eingeprägt, noch bevor mir der Sinn des Satzes deutlich war. Nie kamen mir die letzten Sätze des »Jungen Joseph« aus dem Sinn, die mich in ihrem unvergleichlichen Ineins von parodistischer Umständlichkeit und melancholischem Singsang mein Leben lang begleiten sollten.

»Ach, frommer Alter! Ahntest du, welch ein verwirrendes Belieben sich wieder einmal verbirgt hinter dem Schweigen deines wunderlich hehren Gottes, und wie unbegreiflich-glückselig dir soll die Seele zerrissen werden nach seinem Rat! Da du jung warst im Fleische, zeigte dir ein Morgen als Trug und Wahn dein innigstes Glück. Du wirst sehr alt werden müssen, um zu erfahren, dass, ausgleichshalber, Trug und Wahn war auch dein bitterstes Leid.«

Warum blieben diese Sätze über den Schmerz – angesichts des vermeintlich von wilden Tieren Gerissenen, in Wahrheit aber von seinen Brüdern nach Ägypten verkauften Joseph – unverlierbar im Gedächtnis des Heranwachsenden, der doch kaum etwas wusste von Alter, Leid und der auch den »wunderlich hehren Gott« wenig kannte. War es wieder die Todesmelodie, die ihn gefangen nahm? Vielleicht ist das gar nicht so verwunderlich. Nie steht man mit dem Tod ja auf besserem Fuße als in jenen Jahren, in denen man ihn noch nicht kennen gelernt hat. Die Empfindung von Vergänglichkeit war es jedenfalls, die den Internatsschüler mehr beschäftigte als der Aufbruch ins Leben.

»Tief ist der Brunnen der Vergangenheit« – das ist wohl doch der richtige Anfang für ein Buch der Rückerinnerung. Rückerinnerung wohin und wozu? Das muss sich herausstellen im Gange dieses Versuchs einer Besichtigung des eigenen Lebens.

Kindheit in Dahlem

Man sagt, dass es von allen Sinnen der Geruchssinn sei, der den direktesten Weg in die Vergangenheit öffne. Tatsächlich ist es bei Proust der Duft einer Abendtoilette, der dem Erzähler die Welt des längst versunkenen Salons der Herzogin von Guermantes heraufruft, und noch Heimito v. Doderer weht in der »Strudlhofstiege« mit dem leisen Luftzug aus den geöffneten Türen einer Parfümerie auf dem »Ring« die vergangene k. u. k. Welt an. In meinem Fall war es eher der Geschmack der Sprache, der mich immer wieder in die Vergangenheit zog.

Ist dem Heranwachsenden eigentlich bewusst geworden, dass man im großelterlichen Hause von *Trottoir* und *Perron* sprach, wenn es in die großen Ferien ging? Wahrscheinlich nicht, das war eben die Redeweise von damals. Inzwischen war das längst altertümlich geworden; viele Vokabeln verwendeten selbst die Eltern nicht mehr, oder nur mit Amüsement. Es waren Worte, die den Geschmack der alten Zeit hatten, in der man auch von *enormen* Begabungen sprach und einen Offizier im Regiment des Großvaters *famos* nannte, weil er in sehr frühen Jahren schon die ersten Schritte einer Karriere im Großen Generalstab gemacht hatte. Er hieß Kurt von Schleicher.

Erst viel später, als man sich der alten Zeiten erinnerte,

trat derlei ins Bewusstsein. Da fiel einem bei der Lektüre des »Stechlin« auf, dass offensichtlich schon Ende des letzten Jahrhunderts das Französische zu Gunsten des Englischen zurücktrat. Vorbei war die Zeit, da die gute Gesellschaft von Konstantinopel bis St. Petersburg Französisch sprach und an den Spieltischen von Monte Carlo *Croupiers* standen. Inzwischen aber hatten die englischen Vettern Besitz von allem Deutschen ergriffen, nicht nur von der Redeweise des Militärs und des Sports, wo man vom Rifle und vom Racket redete, sondern auch in der des Alltags.

»Ja, richtig, alles Französische ist ja abgesetzt«, sagt der alte Stechlin und verwundert sich darüber, dass man jetzt, kurz vor der Jahrhundertwende, nicht mehr zum *déjeuner à la fourchette* bittet, sondern zum *breakfast*. Sprach man damals eigentlich bereits vom *lunch*? Graf Kessler jedenfalls lädt stets zum »Gabelfrühstück«, wo sich deutsche Reichskanzler, britische Botschafter, Aristide Maillol und Josephine Baker treffen; Gerhart Hauptmann kam die zwei Stunden vom schlesischen Wiesenstein herüber. Ach, die Berliner Gesellschaft der ersten Republik, die man ein paar Jahre später verächtlich »Systemzeit« nannte. Mit Sehnsucht hört man von ihr, wie endgültig ist sie verweht.

Solche Wandlungen des Sprachgebrauchs traten dem Kind damals nicht ins Bewusstsein. Aber man registrierte derlei Altertümlichkeit mit Sympathie, weil man die Großväterwelt liebte. Der Generationenkonflikt ist eine neumodische Sache, jedenfalls in der eigenen Familie. Später las man, dass die Jugend um 1900 aus dem Aufstand gegen das Gestern gelebt hatte, und etwas dieser Art muss es ja tatsächlich gegeben haben; davon zeugt schon die Literatur, Wedekinds »Frühlings Erwachen« wie Hasenclevers »Sohn«. Aber man selbst erlebte dergleichen nicht.

Verlobung 1948 – die sechzehnjährige Imke mit meiner siebzigjährigen Großmutter

Als man sich bald nach der Rückkehr aus dem Krieg noch ganz altmodisch verlobte – im zerbombten Berlin gab es im einzig geheizten Raum in der schwiegerelterlichen Wohnung in der Meinekestraße am Kurfürstendamm eine Feier, die aus ganzen zehn Personen bestand –, musste die Sechzehnjährige von der Verwandtschaft nicht überredet werden, der über siebzigjährigen Großmutter der neuen Familie einen Besuch zu machen; auch für ihr Gefühl gehörte sie ganz einfach dazu. Das lag wahrscheinlich an beiden, dem halben Kind vom Kurfürstendamm und der bald Achtzigjährigen aus Lichterfelde, gleich neben der Kadettenanstalt.

Der Großvater selbst war schon im August 1914 als Regimentskommandeur in den ersten Gefechten des Krieges an der russischen Front gefallen. Aber er war auf merkwürdige Weise immer präsent, was schon an den Geschichten lag, in denen er weiterlebte. Wenige vergilbte Photos zeigen ihn hoch zu Pferde, mitunter mit der stoffüberzogenen Pickelhaube. Aber es bedurfte nicht vieler Photoalben und Schmalspurfilme, dass er einem vor Augen stand.

Das junge Mädchen jedenfalls musste nicht überzeugt werden, die neue Verwandte zu besuchen, die dann von einer untergegangenen Welt erzählte; dazu gab es einen über den Krieg geretteten Portwein aus einer Kristallkaraffe. Ich selber studierte damals für ein Semester in

Am 2.8.1914 zog mein Großvater ins Feld. Drei Tage später fiel er an der Spitze seines Regiments an der russischen Front. Er hat sicherlich sein Land sehr geliebt, aber er war doch mitunter von der Etikette des Kaiserreiches irritiert. Zu den offiziellen Bällen, zu denen das Parkett in der Königlichen Oper ausgeräumt wurde, nutzte er natürlich als Offizier das Hauptportal, seiner bürgerlichen Frau stand nur der Nebeneingang zur Verfügung.

Kopenhagen, mitten während der Blockade war es. In einem leeren Kohlenflugzeug war ich von den Engländern ausgeflogen worden, und kurz vor ihrer Aufhebung kehrte ich mit einer amerikanischen Maschine auf demselben Wege in die belagerte Stadt zurück. Abgeflogen war man vom britischen Airport Gatow, dem ehemaligen Feldflughafen von Görings Luftwaffe, wo Jäger stationiert waren, die die Reichshauptstadt vor Luftangriffen schützen sollten. Vier Monate später landete ich auf dem alten »Zentralflughafen« Tempelhof. Gleich zu Beginn des neuen Reiches war er gebaut und von Hitler bis in die letzten Kriegsmonate hinein zum Flug in die wechselnden »Führerhauptquartiere« genutzt worden. Anfangs hatten sie bei Winniza in der Ukraine gelegen, ganz zum Schluss nahe der Ardennen, wo Hitler seine Hoffnung auf die letzte Offensive setzte.

Inzwischen ist das alles Geschichte, die Schlachten von damals und die stets nur Zusammenbruch genannte Zeit danach, die in der Erinnerung merkwürdig verklärt ist. Die Nachkriegsjahre, in Wirklichkeit von Stromsperren, Hungerrationen und Razzien geprägt, leben fast wie eine goldene Zeit im Gedächtnis, als eine einzige Folge von Partys, Theatersensationen, amerikanischen Schlagern und französischen Filmen. War das nur der Hunger nach der Welt, die so lange verschlossen gewesen war? Manchmal will es mir so scheinen, als seien diese späten vierziger und frühen fünfziger Jahre tatsächlich wiedergeborene zwanziger Jahre gewesen, während es danach in die banale Normalität ging.

Alle Stationen dieser Jahre nach dem Kriege, in denen ich nach der Rückkehr aus der Kriegsgefangenschaft in den Ruinen der zerschossenen Universität 1948 zu studieren begann, haben mittlerweile ihre Fünfzigjahrfeiern gehabt, das Kriegsende wie die Geburt der beiden deutschen Staaten. Auf dem Opernplatz an den »Linden« schräg gegenüber vor der Kulisse der ausgebrannten Bibliothek Friedrichs, die ihrer ungeschickten Form wegen nur »Kommode« genannt wurde, haben Imke und ich uns im nächsten Jahr in eine Schlange eingereiht, weil es da die ersten Geldscheine einer neuen Währung gab. Wer es ernst nahm, konnte in diesen Jahren 1998 und 1999 von einer Feier zur anderen gehen; lauter Jubiläumsveranstaltungen.

Merkwürdig fern ist das, was doch das eigene Leben ist. Fünfzig Jahre, das ist der Zeitraum zwischen der Proklamation des Kaiserreiches in der Spiegelgalerie von Versailles und der Ausrufung der Republik von einem Fenster des Reichstages. Die eigene Lebenszeit umspannt geschichtliche Epochen. Mir steht noch vor Augen, wie der Feldmarschall-Präsident und der neue Reichskanzler auf der Rückkehr vom »Tag von Potsdam« am

Hindenburg, der »Feldmarschallpräsident«, und Adolf Hitler bei der Rückkehr vom »Tag von Potsdam« im offenen Wagen.

21. März 1933 im offenen Wagen über das »Knie« – das jetzt Ernst-Reuter-Platz heißt – zurück in die Wilhelmstraße fuhren. Beide hatten da ihre Residenzen nahe nebeneinander, der fünfundachtzigjährige Reichspräsident und der vierundvierzigjährige Reichskanzler.

Die Familie sah die Autokavalkade aus einem Fenster der »Technischen Hochschule«; der Bruder des Vaters war deren Dekan für Architektur. Dem Siebenjährigen, der wenig begriffen hat, stehen nur die offenen Wagen noch vor Augen, in denen Hindenburg und Hitler saßen. Ich könnte nicht einmal sagen, ob es eine wirkliche Kavalkade mit Dutzenden von Autos war oder eben nur drei, vier Wagen. Neulich ist mir ein kindlicher Brief meiner Schwester vor Augen gekommen, die als Elfjährige dabei war und das Spektakel ihrer Großmutter schildert. Danach muss es auch marschierende Kolonnen gegeben haben. Waren es SA- oder SS-Einheiten, von denen jedoch in der Literatur nirgendwo die Rede ist. Brigitte, die in der Familie nur Gitty hieß, beschrieb den Einzug viel anschaulicher.

»Dann kamen viele Männer in Uniform. Die sahen aber ganz anders aus als Pappi.« Wahrscheinlich hat dieser Satz, über den wir uns bei seiner Lektüre amüsierten, gar nichts bedeutet. Aber im Nachhinein gewinnt er andere Qualität, als habe das Kind damals empfunden, dass von nun an eine zweite Macht neben die der Armee trat, die man vorläufig noch SA, später aber SS nannte. Ziemlich genau ein Jahr nach jener Reichstagseröffnung in der Potsdamer Garnisonskirche, am 30. Juni 1934, hatte die SA ja ihren angeblichen Putsch gemacht, der dann in einem Blutbad erstickt worden war.

Eigentlich ist es merkwürdig, dass ein Zusammentritt des

Reichstages ein Ereignis war, das halb Berlin und auch die eigene Familie beobachten wollte. So hatte man doch nicht die vielen Regierungswechsel in der Weimarer Zeit verfolgt, und noch standen ja große Teile von Bürgertum und Arbeiterschaft Hitler voller Misstrauen und gefühlsmäßiger Abneigung gegenüber. Die Anhängerschaft des Mannes mit seiner fremdartig-gutturalen Stimme kam, was immer die Forschung sagt, vorzugsweise aus dem Kleinbürgertum. Das Wort von der »Revolution des Plüschsofas« kommt aus dieser Anfangszeit. »Don't speak in front of the maids«, wurden wir Kinder noch ein paar Jahre später bei Tisch ermahnt, was vielleicht auch damit zusammenhing, dass der Freund von Gertrud, unserem Hausmädchen, bei der SA war, übrigens ein harmloser Mann, der keiner Seele etwas zuleide tat.

Noch steht mir jene Souterrainwohnung vor Augen, wohin ich im Frühjahr 1938 als Zwölfjähriger radelte, um meinem Hauslehrer, einem angehenden Vikar, der am Wochenende immer bei seiner Mutter in Lichterfelde wohnte, irgendetwas auszurichten, was meine Mutter mir aufgetragen hatte. Den Endzwanziger, der in seinen letzten Theologiesemestern stand, habe ich nicht anders als in Knickerbockern in Erinnerung. Herr Klopstock, der für uns nur »Klopsch« war, spielte mit den dreizehn- oder vierzehnjährigen Freunden seines Zöglings unermüdlich Autorennen auf dem Asphaltkarree des nahe gelegenen Platzes »Im Gehege«, bis wir selber Caracciola, Rosemeyer, Nuvolari oder Varzi waren. Zu Hause füllten wir dann unsere Modellautos mit Blei, das aus Zahnpastatuben über der Flamme des Küchenherdes geschmolzen worden war, um sie schwerer zu machen – ein wenig schlechten Gewissens, denn das Sammeln von »Edelmetall« zur Unterstützung der Rüstung war in der Schule längst Pflicht geworden. Das Gedröhn der wirklichen Rennstrecke auf der Avus, die ja nur wenige Kilometer entfernt im Grunewald lag, drang zuweilen durch die stillen Dahlemer Villengärten herüber.

Noch etwas ist in Erinnerung geblieben. Herr Klopstock, der im Gästezimmer im Dachgeschoss einquartiert war, frühstückte mit der Familie zusammen im Wintergarten, wo es auch das gemeinsame Mittagessen gab; das Abendessen aber wurde im engen Familienkreis eingenommen. »Herr Doktor kommt abgespannt aus dem Büro nach Hause«, sagte meine Mutter wohl ein wenig verlegen, dass der angehende Pfarrer zum Personal verbannt wurde. Über dem kindlichen Spielen wurde Klopstock übrigens allmählich selber kindisch, und es verwunderte die Familie nicht sehr, als ein paar Jahre später die Nachricht kam, er sei in eine Nervenheilanstalt eingeliefert worden. Im Chaos des Untergangs hatte er im Mai 1945 Sendschreiben an Stalin und Churchill geschickt, und er war sehr verwundert gewesen, darauf nichts zu hören. Als ich aber Ende 1947 aus Gefängnis, Frontbewährung und mehrjähriger Kriegsgefangenschaft nach Berlin zurückkehrte, hatte er tatsächlich »im Westen«, wie man damals in Berlin sagte, eine Pfarre auf dem Land erhalten. Jahrzehnte später machte er bei einem Besuch in der Familie einen halbwegs vernünftigen Eindruck.

Mit diesem Hauslehrer ist eine andere Erinnerung verbunden. Meine Mutter sah missbilligend, dass sich Herr Klopstock zum Frühstück beides auf das Brötchen tat, Butter und Marmelade, wobei es sich natürlich um preiswerte Vierfruchtmarmelade handelte. Die bessere Marmelade, aus Schwarzbeeren oder Himbeeren selber eingekocht, war meinem Vater vorbehalten, und getoastetes Weißbrot mit Gelee war für uns Kinder undenkbar. Daher genossen wir es so, am Wochenende mitunter Logiergast bei der Großmutter zu sein, in der kleinen Vierzimmerwohnung in Lichterfelde West. Sie hatte als Witwe ihr großes Haus nahe der Kadettenanstalt gleich nach dem Krieg verkauft, mitten in der Inflation, so dass sie von dem Erlös gerade ein paar Pfund Butter kaufen konnte. Mein Vater war natürlich entgeistert, aber er hätte nie ein Wort gesagt, weil das ja so ausgesehen hätte, als fürchte er um sein Erbe.

In dieser gemütlichen Wohnung, deren beide Gartenzimmer 1943 von einer Luftmine weggeweht wurden, war alles auf eine Weise vertraut, wie es um die Jahrhundertwende gewesen sein mag. Über dem Esstisch hing noch eine Lampe mit einem Seidenschirm, die nur zur Hälfte elektrifiziert worden war. Die Hauptbeleuchtung bestand aus einem Gaskandelaber, der mit einem Streichholz angezündet werden musste. Das leise Geräusch des Brenners klingt mir noch in den Ohren, wenn wir abendlich »Dame« oder »Halma« spielten, an einem runden Tisch, auf den ein grünes Filztuch gespannt wurde. Vor allem aber gab es beim Frühstück auch für uns Kinder Toast, und unvergesslich ist mir das Gelee, das natürlich selber eingekocht war. Hat es uns wirklich besser geschmeckt als die süße Vierfruchtmarmelade zu Hause? Vielleicht war es das Besondere, das sich in der Erinnerung mit der Großmutter verbindet, die als junge Frau schon im August 1914 als gerade Vierzigjährige Witwe geworden war und als Sechsundachtzigjährige Ende der fünfziger Jahre starb.

Meine Mutter als Siebzehnjährige im August 1914. Sie trägt die schwarze Trauerkette, wie sie damals üblich war, also muss die Nachricht von der russischen Front gekommen sein, dass ihr Vater gefallen war.

Die Unmäßigkeit Herrn Klopstocks war jedenfalls ein Anlass kopfschüttelnder Missbilligung, obwohl nie ein einziges Wort fiel. Aber das war die alte Welt mit ihrem Gefühl für das Angemessene, das halb Sparsamkeit, halb Bescheidenheit war. Man selber lebte ja auch im bürgerlichen Habitus des 19. Jahrhunderts. Am Freitag gab es selbstverständlich Fisch, und am Donnerstag, wohl des Gründonnerstags wegen, meist Spinat. Einen Braten gab es, besondere Anlässe ausgenommen, nur sonntags, eben den Sonntagsbraten. Am Sonnabend gab es nur schnell Zusammengekochtes und montags natürlich die Reste des Sonntagsessens, meist in einer Steingutform überbacken. Zum Nachtisch gab es sonntags einen »Flammeri«, gestürzt aus einer Fischform; dazu ein Stachelbeer- oder Rhabarberkompott. Das war der alte Brauch, und er galt für oben wie für unten.

Freunde der Schwiegereltern, Paul von Bülow und Baron von Bockum-Dolffs, beide im Osten enteignet, erzählten Mitte der fünfziger Jahre, dass es bei ihnen zu Hause ebenfalls nur sonntags Fleisch gegeben habe, obwohl doch die Landwirtschaft genug bereithielt. Aber Fleisch am Wochentag für Kinder, das hieß, sie zu »verpimpeln«, außerdem wäre das unpreußisch gewesen. Das Gespräch darüber hörte die alte Wirtschafterin Frau Bonnack beim Servieren. In der Küche sagte sie später beim Abwaschen,

dass sie das an ihre eigene Kindheit erinnert habe. Sie stammte aus einem armen Dorf des Thüringer Waldes, wo man die dreizehn Kinder kaum durchzubringen wusste. Natürlich hatte es da nie Fleisch gegeben, und einen regelrechten »Braten« hatte sie erst Jahre später als Haushälterin in der deutschen Botschaft in Ankara kennen gelernt. Ein Hering hatte die Rolle des Bratens gespielt, aber selbst der Hering war zu kostbar gewesen, als dass er den Kindern gegeben wurde. »Der Vater musste ja Kraft bekommen«, so stand ihm der Hering zu. »Bei uns Kindern wurde er lediglich von der Mutter über die Pellkartoffeln gezogen, damit sie nach etwas schmeckten.« Auch hier wieder, unten und oben lebten in derselben Manier, wenn es auch oben Selbstbeschränkung war und unten Not.
Nach der Rückkehr aus Krieg und Gefangenschaft besuchte ich mit Imke zum ersten Mal nach dem Krieg Ernst Jünger in jenem schönen barocken Forsthaus, das ihm die Stauffenbergs in Wilflingen schräg gegenüber dem Schloss zur Verfügung gestellt hatten und das inzwischen durch die Besuche Kohls und Mitterrands bekannt geworden ist. Als die sehr bald schon an Krebs verstorbene Frau Ernst Jüngers, Gretha von Jeinsen, zu Tisch rief, stieg plötzlich diese Welt wieder vor mir auf. Es gab eine Rinderroulade, aber nur für den Hausherrn. Die Mutter, der Sohn Alexander, der Sekretär Armin Mohler und die beiden Besucher aus Berlin bekamen nur Kartoffeln, Sauce und Gemüse, was meine Frau ein wenig überraschte.

Aber die Stunden in Wilflingen prägten sich der Erinnerung tief ein, vor allem der Weg mit Ernst Jünger über die

Felder, wo er von den Wochen jenes Januar 1944 erzählte, als die beiden Väter darum kämpften, dass die siebzehnjährigen Söhne vor ein Marinefeldgericht gestellt wurden. Eigentlich waren wir als »Marinehelfer« keine Angehörigen der Armee und hätten vor ein ordentliches Gericht gehört, von dem wir dann mit ziemlicher Sicherheit an den Volksgerichtshof überwiesen worden wären. Im Hauptquartier von Dönitz, dem »Obersten Gerichtsherrn« der Marine, waren die Väter dann von einem Generaladmiral aus dem Stab abgefangen worden. Der Großadmiral werde das Gefängnisurteil der Schwere des Verbrechens wegen, das im Wesentlichen aus Gesprächen über die Untaten im Osten und die unumgänglich näherrückende Niederlage bestand, niemals bestätigen und »exemplarische Bestrafung« durch ein Sondergericht verlangen.

Mein Freund hatte im Kameradenkreis unter anderem gesagt, dass das »Reich«, wie man damals ganz unbefangen sagte, nur durch die Beseitigung Hitlers gerettet werden könne. »Ich würde mit am Strick ziehen, wenn er am Galgen steht«, und anderes dieser Art, was Gymnasiasten eben in einer Mischung von Gedankenlosigkeit und Radikalität von sich geben. Bei den stundenlangen Verhören wollte aber niemand der siebzehn Mitangeklagten diesen Satz gehört haben, bis auf den Denunzianten, der wochenlang alle Gespräche an der Batterie protokolliert und gemeldet hatte. Das gab dem Vorsitzenden Richter die Möglichkeit, diese »Ungeheuerlichkeit« als Racheakt eines missgünstigen Schülers nicht zur Urteilsfindung heranzuziehen. Es war noch vor dem 20. Juli, und der »weiße Stab« des Befehlshabers Deutsche Bucht, Admiral Scheuerlen, und des Oberkommandierenden Nordsee,

Admiral Förste, hielt insgeheim seine Hände über uns, wie ja auch der Festungsbefehlshaber Wilhelmshaven seinen Ordonnanzoffizier Oberleutnant Dr. Emmel zu uns in die Zelle schickte, um uns Mut zuzusprechen.
Eines Tages erschien auch der protestantische Gefängnispfarrer, der aber vor allem deshalb kam, um uns geistlichen, religiösen Trost zuzusprechen. Die Enge eines gewissen Protestantismus ist mir damals zum ersten Mal deutlich geworden. Eine Woche später kam der katholische Marinedekan. Gleich beim Eintritt erklärte er, dass er eigentlich für uns »nicht zuständig« sei. Aber dann breitete er seine Soutane aus, stellte sich vor das Guckloch der Tür und zog ein Stück Salami aus seiner Tasche, die wir noch in seiner Gegenwart essen mussten, damit nicht etwa Reste entdeckt würden. In den nächsten Monaten versorgte er uns in regelmäßigen Abständen mit Wurst, Brot und Käse, was ihm angesichts der Gefängniskost offensichtlich notwendig zu sein schien.
Frau Jünger ist nie darüber hinweggekommen, dass ihr »Ate« schon in den ersten Tagen an der Front bei einem Stoßtruppunternehmen fiel. War es ein Himmelfahrtskommando? Die Mutter meines Freundes wollte den damaligen Denunzianten zur Rechenschaft gezogen sehen; es war übrigens ein »Konzessionsschulze«, der als Sohn des Malermeisters aus dem Dorf Ettersburg in die ihm ganz fremde Welt des Internats aufgenommen worden war. Ernst Jünger selber aber lagen solche Gedanken fern, man solle dem Schicksal nicht vorgreifen, ohne zu wissen, in welchem Maße dieses Schicksal sich sehr bald schon zur Geltung bringen würde. Die Auseinandersetzungen zwischen sich und seiner Frau hatte Jünger am Ende mit dem Hinweis abgeschlossen, dass man diese Frage dem

Freund des Sohnes überlassen solle, also mir, der vom Gericht ja als »Rädelsführer«, als *Spiritus rector*, verurteilt worden war, wie die Urteilsbegründung sagte, die noch heute in meinem Besitz ist. Wenn ich nach ein paar Jahren aus der Kriegsgefangenschaft zurückkehrte, so kam man überein, sollte ich die Entscheidung fällen, ob der eigentlich Verantwortliche für Prozess, Verurteilung, Gefängnis und schließlich Tod vor ein Gericht gebracht werden solle.

Ernst Jünger war ganz offensichtlich erleichtert, als ich wenig davon wissen wollte. Das alles lag jetzt Jahre zurück, und einem Fünfundzwanzigjährigen fällt es schwer, sich in die Welt des Siebzehnjährigen zu versetzen. Jedenfalls war es wahrscheinlich nicht Milde oder Weisheit, sondern Gleichgültigkeit, weshalb ich auf Frau Jüngers Verlangen nicht einging. Aber das Schicksal brachte sich doch zur Geltung. Auch der damalige Mitschüler musste ja nach Krieg und Gefangenschaft sein Abitur nachmachen und besuchte wieder eine Hermann-Lietz-Schule. Dort wurde er nach kurzer Zeit wegen Verführung eines jüngeren Mitschülers von Spiekeroog verwiesen, und, wie das damals hieß, wegen »Unzucht mit einem Minderjährigen« verurteilt.

Das alles lag damals noch in weiter Ferne, obwohl es doch nur vierzehn Monate sein sollten, dass das Feldgerichtsverfahren, die Monate in der Strafanstalt – von denen Ernst Jünger in einer merkwürdigen Stilisierung immer nur als »gefänglich eingezogen« sprach – und das Fronterlebnis vor uns lagen.

Ich habe Ernst Jünger in drei verschiedenen Lebensabschnitten erlebt. Das erste Mal, es muss Ende der dreißiger Jahre gewesen sein, als ich mit meinem Freund in den Ferien zu ihm nach Kirchhorst in sein altes Pfarrhaus bei Burgdorf in Niedersachsen kam, war ich noch ein halbes Kind, und wahrscheinlich ist mir gar nicht bewusst geworden, dass mir eine der exemplarischen Gestalten des Jahrhunderts gegenüberstand. Später dann, als ich in der Paulskirche zur Verleihung des Goethepreises die Festrede hielt, war ich selber ein Fünfzigjähriger, und jene frühen Tage waren da schon sehr fern gerückt. Mit der Paulskirche ist für mich übrigens eine amüsante Erinnerung verbunden. Nach dem Festakt saßen wir, ein engerer Freundeskreis, mit dem Oberbürgermeister von Frankfurt, dem späteren Ministerpräsidenten von Hessen, Walter Wallmann, und dem Chef der Deutschen Bank, Hermann Abs, zusammen, es herrschte eine sehr gelöste Stimmung. Alle hatten ihren Part hinter sich gebracht, und auch Ernst Jünger hatte seine Rede, vor der der über Achtzigjährige sichtlich nervös gewesen war, überstanden. In dieser entspannten Atmosphäre fragte ich Ernst Jünger, wie er selber denn eigentlich den 20. Juli 1944 erlebt hatte, jenen Tag, an dem alle Offiziere aus dem Umkreis des »Weißen Stabs« von General v. Stülpnagel von der Gestapo verhaftet wurden, darunter auch Jüngers enge Freunde Cäsar v. Hofacker und Hans Speidel. Stülpnagel hatte sich bei dem Versuch, Selbstmord zu begehen, die Augen ausgeschossen, worauf er als Blinder auf die Stufen zum Galgen geführt wurde, um gehenkt zu werden. Mit einem angedeuteten verschmitzten Lächeln erklärte Jünger: »Ich war an diesem Tag gar nicht in Paris. Wahrscheinlich war ich mit einer jungen Dame im Bois de Boulogne. Als ich zurückkam, war alles schon vorbei.« War das nur eine jener Mystifikationen, die Jünger immer liebte? Wies er auf diese Weise nur zurück, im Zentrum der Pariser Verschwörung gewesen zu sein? Er wollte ja nie zu denen gehören, die verspätete Widerstandskämpfer waren. So bestand er nach dem Krieg denn auch darauf, seine »Marmorklippen« seien nicht als Angriff auf die Welt Hitlers gemeint gewesen, was sie natürlich waren. Jünger blieb auch in solchen Dingen verschlossen und entzog sich allen zudringlichen Fragen mit einer Bemerkung, die vieldeutig war.

Einmal aber hatte er seinen Sohn und mich in der »Strafanstalt« Wilhelmshaven besucht, kurz bevor sich unser Schicksal entschied. Diese Begegnung hat sich mir unverlierbar eingeprägt. Ernst Jünger, der für seinen Besuch bei uns einen Sonderurlaub erhalten hatte, kam in Uniform und hatte ausnahmsweise seine Orden angelegt, auch den Pour le Mérite. Der Kommandant sah das missbilligend: »Orden an solchem Ort?« Jünger, mit seiner überraschend hellen niedersächsischen Offiziersstimme: »Ja, das ist in diesen Zeiten die einzige Gelegenheit, da man seine Orden anlegen darf. – Wenn man seine Söhne in der Zelle besucht.«

Im Januar 1944 besuchte uns Ernst Jünger (hier mit Oberst Wildermuth vor dem Arc de Triomphe) im Gefängnis in Wilhelmshaven.

Die Zeit drängt sich mitunter zusammen, dann werden in Monaten Entwicklungen zusammengezogen, die sonst Jahre brauchen. Eben waren wir noch Schüler in der Hermann-Lietz-Schule gewesen, dann waren wir uniformierte Marinehelfer, dann wiederum Häftlinge und

schließlich Soldaten an der Front, woran sich in meinem Falle Verwundung und zweieinhalb Jahre Gefangenschaft in Nordafrika anschlossen.
Unmerklich, obwohl in Sprüngen, hatte man Kindheit, Jugend und Erwachsensein durchmessen. Als man im Herbst 1947 nach Berlin zurückkam, war man zweiundzwanzig und bezog die Universität mit Tausenden von anderen Zwanzig- oder Dreißigjährigen, die alle aus dem Krieg zurückgekehrt waren. Eben war man noch in der alten Zeit geborgen gewesen, wo es Vierfruchtmarmelade statt Gelee gab und Braten den Vätern vorbehalten war; jetzt lebte man in der zerschossenen Heimatstadt, in der es weder das eine noch das andere gab, von bürgerlicher Lebensform war gar nicht mehr die Rede. Das Haus in Dahlem war erst von der Roten Armee beschlagnahmt und zur sowjetischen Offiziersmesse gemacht worden. Dann, als die Amerikaner kamen, wechselten die Okkupanten und meine Mutter wurde als »Housekeeper« für die einquartierten Offiziere beschäftigt, bis das Haus 1949 zurückgegeben wurde, wobei meine Haftzeit wohl hilfreich gewesen sein wird. Nun waren die Eltern froh, wenn sie auf einem eisernen »Kanonenofen« einige Scheiben Brot rösten konnten, auf die dann ein sonderbar schmeckender Brotaufstrich als Ersatz für Butter, Wurst oder Käse kam. Dazu gab es, wenn ein besonderer Anlass solchen Luxus rechtfertigte, »Alkolat«, ein Getränk, das von Ferne an Alkohol erinnerte. Zwei Epochen stießen aufeinander, und das eigene Leben schloss beide in sich.

An jenem 13. März des Jahres 1938, an dem Hitler in Wien einzog und von der Empore der Hofburg »vor der Geschichte« meldete, dass seine österreichische Heimat

»ins Reich heimgekehrt« war, sah ich zum ersten und einzigen Mal die bescheidene Kellerwohnung der Klopstocks in der Hortensienstraße in Lichterfelde, nicht weit von den Backsteinbauten der Gardeschützenkaserne aus der Kaiserzeit. Inzwischen gilt der Einmarsch der deutschen Truppen in Österreich als erster Aggressionsakt des Dritten Reiches über die Grenzen hinweg und die Österreicher haben die Legende von ihrer Überwältigung durch Deutschland leidenschaftlich aufgegriffen. Aber der österreichische Klerus mit Kardinal Innitzer an der Spitze ließ im ganzen Land die Kirchenglocken läuten und die wenigen am Einmarsch beteiligten Wehrmachtsverbände konnten die Dörfer und Kleinstädte auf ihrem Weg nach Wien oft kaum passieren, weil die Menschen sie überall mit Jubel und Blumen begrüßten.
Jahrzehnte später war die damalige Begeisterung der Österreicher für den »Anschluss« Gegenstand einer gar nicht amüsant gemeinten Verärgerung des österreichischen Bundeskanzlers Kreisky, mit dem ich damals in einem Haus auf Mallorca an seinen Erinnerungsbüchern arbeitete. Die wieder unabhängig gewordene Republik Österreich verlangte in den fünfziger Jahren Entschädigung von Deutschland für den Krieg, in den sie Hitlers Großreichswahn gestürzt hatte. Kreisky war noch immer, Jahrzehnte nach den Ereignissen, aufgebracht über die Replik Adenauers, der auf die Forderung nach Rückgabe aller österreichischen Besitztümer in rheinischem Dialekt gesagt hatte: »Ja, Herr Kreisky, Sie können gern alle Österreicher zurückbekommen, deren Überreste sich in Berlin finden. Vor allem die Adolf Hitlers.« Für die Komik dieser Replik hatte Kreisky gar keinen Sinn.
In den Wochenschauen sah man damals, wie Millionen

dem einst in Linz und Wien Gescheiterten zujubelten. Auch mein Hauslehrer und seine Mutter standen, als ich in die Kellerwohnung kam, ergriffen mitten im Zimmer und grüßten den Volksempfänger in seinem schwarzen Bakelitgehäuse mit erhobenem Arm. Als ich zurück nach Dahlem radelte, drang aus fast jedem zweiten Haus das Radio, das den Jubel beim Einzug Hitlers in Wien übertrug. Nur nach dem kurzen Frankreichfeldzug zwei Jahre später standen die Deutschen so einmütig hinter dem Regime wie nach dem Einmarsch in Österreich.
Zu Hause war man eher gedrückter Stimmung über diese Erfüllung eines jahrhundertealten großdeutschen Traumes. Wer begrüßte nicht, dass »Deutschösterreich« jetzt ein Teil Deutschlands war, das von nun an offiziell »Großdeutsches Reich« hieß? Aber den Vater befielen düstere Vorahnungen, dass sich der Mann aus Braunau von nun an gar nicht mehr zurückhalten würde. War es die Gestapo, deren Allgegenwart man aber damals nur wenig wahrnahm? Oder war es der Rausch der nationalen Hochstimmung, dass sonst kaum jemand solche dunklen Ahnungen hatte oder sie zumindest nicht aussprach?

Dass an jenem bedeckten Frühlingstag des März 1933, an dem Hindenburg und Hitler vom »Tag von Potsdam« nach Berlin zurückkehrten, ein Weg begann, der wirklich in die immer wieder beschworene Geschichte führte, sahen die meisten nicht, diejenigen nicht, die am Rand der Straßen applaudierten, und wohl auch die anderen nicht, die ganz einfach weiterlebten. Von Kriegsvorbereitung spürte die Familie wenig, höchstens, dass im Lauf der Zeit manches rationiert wurde. Für Butter musste man sich bei bestimmten Lieferanten »eintragen«, und ich habe noch den Mann vor Augen, der einmal in der Woche kam und aus einem kleinen Handkoffer die abgezählten Butterpakete auspackte. Apfelsinen und Bananen gab es genug auf dem Weltmarkt, die afrikanischen Kolonien der europäischen Kolonialmächte hatten eher Absatzsorgen. Aber mit Kaffee und Tee ging man, der Devisen wegen, jetzt haushälterisch um, lange vor dem Beginn des Krieges, an den jedoch niemand glauben wollte.

Überall ging es ja aufwärts, den Schüler begleiteten Baugerüste auf Schritt und Tritt. Ging er mit Freunden zum Schwimmen ins Olympiastadion, das damals noch »Reichssportfeld« hieß, empfingen ihn die gewaltigen Anlagen Werner Marchs, die gerade gebaut worden waren. Die Olympischen Spiele des Jahres 1936 sind mir, obwohl ich da erst zehn Jahre alt war, ziemlich deutlich in Erinnerung, des Festschmucks wegen, den die ganze Stadt angelegt hatte, vor allem die »Linden«, die ich nur noch einmal, ein paar Jahre später beim Besuch Mussolinis, so herausgeschmückt erlebt habe. Aber auch die Olympiade selbst – jedermann sprach von der »Olympiade«, auch Hitler in seinen Eröffnungsworten, nicht von den Olympischen Spielen, wie es korrekt gewesen wäre – habe ich deutlich vor Augen, wenngleich wir Kinder natürlich keine Eintrittskarten hatten.

Aber die ganze Klasse feierte die Siege von Jesse Owens, obwohl er doch ein Farbiger war und Hitler ihn in seinem privaten Kreis in der Reichskanzlei nur »den Neger« nannte. Dann selbstverständlich den Sieg des Oberleutnants Freiherr von Wangenheim, der mehrere Goldmedaillen errang, obwohl er sich beim Querfeldeinritt das Schlüsselbein gebrochen hatte und dennoch das abschließende Springreiten im Military-Wettbewerb ge-

Die Olympischen Spiele waren das Ereignis des Jahres 1936. Damen im Kostüm der Zeit vor dem mit Hakenkreuz geschmückten Brandenburger Tor – Relikte einer bürgerlichen Welt in einer unbürgerlichen Zeit.

wann, womit er Deutschland wieder eine Goldmedaille sicherte. Aber in solchen Triumphen kam wenig Nationalistisches zum Ausdruck, wogegen schon die merkwürdige Tatsache spricht, dass Jesse Owens der Liebling der Besucher war, wie wenige Jahre später auch Joe Louis, der den Weltmeistertitel im Schwergewichtsboxen an Max Schmeling verloren und dann beim Rückkampf wieder gewonnen hatte. Die Zehnjährigen genossen es natürlich, dass Deutschland die meisten Gold- und Silbermedaillen errang, aber sie feierten auch die Franzosen und Engländer und selbst die Afrikaner, wenn sie denn hin und wieder einmal Sieger waren.

Eine merkwürdige Stimmung lag über der Mitte der dreißiger Jahre, denn auch das Regime förderte ja

Die Skulpturen von Sportlern auf den »Linden« entsprachen dem Geschmack des »Führers«. Ich glaube, dass nur eine Minderheit die Nase über die nackten Athleten rümpfte; der Mehrheit war diese Welt vertrauter als das Menschenbild, das die Ausstellung »Entartete Kunst« im folgenden Jahr präsentierte.

das, was später im Osten »Völkerfreundschaft« genannt werden sollte. Der Schüleraustausch mit den »Westmächten« wurde der Partei nicht etwa abgetrotzt, sondern vom Staat seinerseits gefördert. Viele Jahrzehnte später sah ich die Statistiken, denen zufolge solcher Austausch im Dritten Reich das Vielfache von dem betrug, was die Weimarer Republik erlebt hatte. Das lag zum Teil sicherlich an den in den zwanziger Jahren noch spürbaren Nachwirkungen des gerade durchgestandenen Weltkrieges und der Ächtung aller Deutschen, dann aber auch an dem Wirtschaftsaufschwung während der dreißiger Jahre, der solche Reisen trotz aller Devisenbewirtschaftung möglich machte. So kam es zu jenen Freundschaften mit Kathleen und Daniel, die in den letzten zwei Jahren vor dem Krieg bei uns wohnten. Niemand hätte geglaubt, dass zur selben Zeit das Dritte Reich einen Weltkrieg vorbereitete.

Im heimatlichen Dahlem war in diesen Jahren das »Luftgaukommando« in der Kronprinzenallee, der späteren Clayallee, errichtet worden, wo dann das American Headquarter einquartiert wurde. Es ist kaum zu begreifen, wie in den noch nicht einmal sechs Jahren von der zweiten Hälfte des Jahres 1933 bis zum Sommer 1939 ein Baufieber ganz Deutschland erfasste. Fast gleichzeitig entstanden die neuen Ausstellungshallen am Funkturm, der gewaltige Koloss des Reichsluftfahrtministeriums an der

Leipziger Straße, der »Zentralflughafen« Tempelhof und die »Neue Reichskanzlei« Albert Speers. Mit fünfzig Jahren Abstand will es fast unglaubhaft erscheinen, dass es so in ganz Deutschland aussah, bis zu den »Reichsautobahnen«, in denen sich der Energieausbruch des Regimes zusammenzuziehen schien. Unablässig wurde irgendetwas eingeweiht, der Adolf-Hitler-Koog an der Nordsee oder die »Ordensburg« in Sonthofen, von den neuen Kasernen vom Saarland bis nach Ostpreußen ganz zu schweigen.

Natürlich weiß heute jedermann, dass die dreißiger Jahre die Zeit erst der Aufrüstung und dann der Hochrüstung waren, dass in diesen wenigen Jahren aus dem 100 000-Mann-Heer der »Reichswehr« die Millionenarmee der »Wehrmacht« wurde, mit der Hitler 1939 den Krieg eröffnete. Aber damals drängten sich eher die Zeichen eines allgemeinen Aufschwungs auf. Es war, als sei das Land wie benommen von den Erfolgen des neuen Reiches.

Auch die Familie blieb nicht unbeeindruckt von der allgemeinen Hochstimmung. Der Bruder der Mutter, Onkel Erwin in Stettin, hatte als Vierteljude wenig Anlass zur Sympathie mit dem Regime; aber der einstige Absolvent der Kadettenanstalt in Groß-Lichterfelde, der im Ersten Weltkrieg vier Jahre lang als Offizier in Frankreich gestanden hatte, war doch beeindruckt von solchem »Wiederaufstieg« Deutschlands.

Eines Tages war die Großmutter Logiergast bei Onkel Erwin in Stettin und sah, dass ihr Sohn eine Postkarte mit dem Porträt Hitlers auf seinem Schreibtisch stehen hatte. Sie sagte kein Wort, aber am nächsten Morgen fand mein Onkel das Bild zerrissen im Papierkorb. Zu meinen Eltern sagte sie nur, dass ihre geliebte Mutter als Jüdin von

Hitler verfolgt worden wäre. Im Haus ihres Sohnes ging man über den Vorfall hinweg; nicht ein einziges Wort wurde damals oder später darüber gesprochen.

Diese Erinnerung macht den Eindruck, als habe meine Großmutter ihre Zeit politisch erlebt, aber sie war im Grunde ganz eine Dame der alten Welt und verstand manches von dem Geist der neuen Zeit nicht mehr. So ist sie einst, wie meine Mutter mir erzählte, von einem Damenkränzchen zurückgekommen, wo die Siebzigjährigen sich über die Bücher unterhalten hatten, die gerade in Mode waren, Axel Munthes »Das Buch von San Michele« zum Beispiel.

Eine der Damen, Frau von Podewils, deren Mann im Regiment meines Großvaters natürlich schneller und höher avanciert war als mein bürgerlicher Großvater, hatte erzählt, dass ihr neulich sehr »neumodische« Bauern- und Fischerromane angeboten worden seien. Meine Großmutter erwiderte nur: »Das interessiert mich nicht. Mit solchen Leuten habe ich nie verkehrt.« Sie war sich der Komik dieser Antwort gar nicht bewusst. Erst als meine Eltern sich sehr erheiterten, wurde ihr bewusst, dass sie damit die Ablehnung der herrschenden Ideologie auf die bündigste Formel gebracht hatte. Aber das war die Haltung des Bürgertums in den westlichen Vororten, bis zum Krieg zumindest. Die bramarbasierende Redeweise der Nazis nahm niemand besonders ernst, wenn sie sich auch allmählich immer mehr aufdrängte.

Eine andere Geschichte löste bei meinen Eltern großes Amüsement aus. Der alte Herr v. Krewel, der Patenonkel meiner Mutter, ein Kommandierender General aus der Kaiserzeit, war an und für sich für die Vernünftigkeit der Stresemannschen Außenpolitik eingenommen, und er war jedes Mal entschlossen, bei den Reichstagswahlen Stresemanns Partei zu wählen. Aber wenn es so weit war, hielt er als alter General, den meine Mutter als sein Patenkind nur »Exzellenz« nannte, an den Überzeugungen fest, in denen er aufgewachsen war. »Weißt du, noch als ich zur Wahl ging, war ich entschlossen, Stresemann zu wählen. Aber dann ging es mir wie einem Zirkusgaul, wenn die Musik beginnt. Ich wählte doch deutschnational.« Auch in solchen Geschichten wird viel von dem Klima der Zeit greifbar, man muss nicht immer nach weit hergeholten Erklärungen suchen.

Ich selber habe meine eigenen Erlebnisse, die die Stimmung jener Jahre beleuchten. Als Vierzehn- oder Fünfzehnjähriger fand ich ein Wort des »Führers« so eindrucksvoll, dass ich eine Postkarte mit diesem Satz ein ganzes Jahr aufbewahrte. In gotischer Fraktur stand da geschrieben: »Politik ist werdende Geschichte, und Geschichte ist geronnene Politik.« Ich kann mir nicht helfen, auch heute noch kommt mir diese Formulierung nicht übel vor, eigentlich über dem Niveau des Mannes, von dem zu Hause nur als Verhängnis gesprochen wurde.

Stammt das Wort wirklich von Hitler, oder wurde es ihm irgendwann zugeschrieben und in Gestalt jener Postkarte verbreitet? Ich habe es nie herausgefunden, wen ich auch von den Hitler-Biographen, deren Bücher ich später veröffentlichte, danach fragte. Weder Alan Bullock noch Joachim Fest hielten es für möglich, dass das Zitat von Hitler authentisch sei, weil es ihnen in seiner lapidaren Prägnanz über seinem Niveau zu sein schien. Aber es hing einige Monate in unserem Zimmer in Ettersburg, wenn auch mein Zimmergenosse Manfred v. Gottberg wohl ziemlich verständnislos auf meinen Enthusiasmus reagierte. Sprach das gegen ihn oder gegen Hitler, oder für die Gleichgültigkeit dieses ostpreußischen Jungen vom Lande?

Meine Großmutter – jene Großmutter, der Imke 1948 einen Besuch hatte abstatten müssen – war eine geborene Stahr. Ihr Vater Alwin Stahr war ursprünglich Kaufmann gewesen, aber offensichtlich so erfolgreich, dass er sich sehr früh ins Privatleben zurückziehen und seiner geliebten Malerei nachgehen konnte. Maler wie Albert Hertel und Louis Douzette gehörten zu seinem engsten Freundeskreis, und ich besitze noch heute zwei Gemälde, die sie seiner Tochter, meiner Großmutter Dorothea Wegener, zur Verlobung und Hochzeit geschenkt hatten. Der Douzette stellt eine lichte Strandszene von Prerow dar, meine Urgroßmutter und meine Großmutter auf einem Strohkorb sitzend, die Mutter natürlich verschleiert und mit einem Sonnenschirm, um ja nicht der Sonne ausgesetzt zu sein. Braun seien, wie noch mein Vater sagte, nur Fischer und Straßenarbeiter. Der Hertel trägt neben der Signatur die Zeile »Cannes 1877«, wo die drei Freunde einige Frühjahrswochen gemeinsam gemalt hatten. Aber meine Großmutter erzählte, dass die Gemeinsamkeit der Arbeit ihren Vater desillusioniert habe. Wo in den Bildern von Douzette die Luft über dem Strand zu flirren schien und bei Hertel die ganze Leichtigkeit einer südlichen Gartenszene lebte, seien seine eigenen Bilder eben doch Arbeiten eines Amateurs geblieben. Er war zu nüchtern, das nicht selber zu sehen. Die Arbeiten seiner Freunde haben meinem Urgroßvater sein eigenes Scheitern vor Augen geführt.
Ein anderes Bild Alwin Stahrs, das von Generation zu Ge-

Mein Urgroßvater Alwin Stahr war ein Kaufmann, aber er liebte die Kunst und die Künstler. Noch heute hängt das Gemälde seines Freundes Louis Douzette bei uns zu Hause, das meine Urgroßmutter und Großmutter am Strand zeigt.

neration weitergegeben wurde, zeigt meine Urgroßmutter und meine Großmutter auf einer Bank in ihrem Garten und bringt mir die Natur bürgerlichen Maßhaltens im 19. Jahrhundert vor Augen. Übrigens war dieses kleine Gemälde wirklich ein wenig glanzlos geraten, und nach einem Jahrhundert suchte es mein Vater zu verbessern, indem er den Büschen nachträglich einige Blüten applizierte. In dieser Form hängt das Bild noch heute bei uns zu Hause. Meine Großmutter, die damals zwölf oder dreizehn gewesen sein wird, trägt jenes luftige gestreifte Kleid, das auch auf dem Gemälde von Douzette am Strand von Prerow gezeigt wird. Meine Mutter und wir selbst haben das längst brüchig gewordene Gewand aus halb ironischer Pietät jahrzehntelang in einer Truhe im

Keller aufbewahrt, bis Imke es in den fünfziger Jahren einem Lumpensammler überantwortete, da es nur noch Schmutz und Motten sammelte. Aufschlussreich aber ist, dass eine Familie, die doch über die Gersons zu den wohlhabendsten des spätbiedermeierlichen Berlins gehörte, die Tochter in einem und demselben Kleid am Ostseestrand und im sommerlichen Garten hatte malen lassen. Wir fragten uns, ob unsere Großmutter als junges Mädchen überhaupt sehr viel Kleider gehabt hatte.

Als wir darüber einmal mit meiner Mutter sprachen, erzählte sie, dass sie zu ihrer Konfirmation als Vierzehnjährige, also bald nach der Jahrhundertwende, das erste Kostüm ihres Lebens bekommen hatte. Sie war ganz aufgeregt gewesen, denn sie hatte ein cremefarbenes Kostüm in einem Geschäft gesehen, und etwas dieser Art zu besitzen war ihr größter Wunsch. Am Tag der Konfirmation schenkte ihr die Mutter tatsächlich dieses Kostüm, aber sie hatte eine dunkelbraune Farbe ausgesucht. »Das ist doch weniger schmutzempfindlich«, hatte sie dazu gesagt, »man soll immer auf das Praktische achten.« Dem Kind war das Kleid natürlich eine einzige Enttäuschung, und meine Mutter glaubte sich zu erinnern, dass sie es sehr selten getragen hatte. Aber das war das 19. Jahrhundert, und das war die bürgerliche Bescheidenheit, die halb Sparsamkeit und halb Sinn für das Angemessene war.

Die Stahrs waren ihrerseits wieder die Enkel jenes Altphilologen Adolf Stahr, dessen seinerzeit berühmtes Werk »Aristoteles im Mittelalter« längst vergessen ist. Aber sein Roman »Die Republikaner in Neapel«, der ihm damals viel Ärger einbrachte, ist vor einiger Zeit wiederaufgelegt worden; er ist eine leidenschaftliche Verteidigung jenes republikanischen Volksaufstandes gegen das heruntergekommene und korrupte spanische Königreich »beider Sizilien«, das seinen Sitz im Königsschloss von Caserta bei Neapel hatte. Hier sollten fast hundert Jahre später die Amerikaner ihre verlustreiche Landungsoperation beginnen.

Marie Stahr, die Mutter meiner Großmutter, war eine geborene Gerson, und sie lebte in der Erinnerung ihrer Kinder ihrer Güte wegen.

Adolf Stahr muss auch im Privaten vorurteilslos gewesen sein. Eine leidenschaftliche Liebesaffäre band ihn an die jüdische Schriftstellerin Fanny Lewald aus Königsberg, derentwegen er sich von meiner Urgroßmutter scheiden ließ, wobei der Großherzog den Brautwerber abgab. Hatte er dabei an den Großherzog Carl August gedacht, der ja ebenfalls für seinen Freund Goethe um die Hand eines jungen Mädchens angehalten hatte? Der alte Geheimrat, längst eine Weltberühmtheit, war mit vierundsiebzig Jahren den Reizen der siebzehnjährigen Ulrike von Levetzow verfallen. Die Sache ging, wie man weiß, melancholisch aus und Goethe blieb bis ans Ende seiner Tage allein. Ulrike von Levetzow scheute es doch, dem fünfzig Jahre Älteren, der ihr Großvater hätte sein können, ihr Jawort zu geben, obwohl sich Goethe sogar einer medizinischen Untersuchung unterzogen und sein Arzt ihm bestätigt hatte, dass er noch seinen Mann zu stehen vermöge. Mein Freund Johannes Gross pflegte in solchen Fällen zu sagen: »Nirgends geht's doller zu als unterm Rock.«

Meine Vorfahrin scheute die gesellschaftliche Isolierung einer geschiedenen Frau; sie willigte in das Scheidungsverlangen Adolf Stahrs erst ein, als der Landesherr ihr auf Lebenszeit seine Loge im Nationaltheater zu Weimar zur Verfügung stellte, wenn er sie nicht selber benötigte. Damit war sie auch für den Hof unangreifbar. Eine ferngerückte Welt, wo ein beiläufiger Gunstbeweis eines Großherzogs genügte, einen scheinbaren Makel auszulöschen. Die feudale Welt ragte weit in die Moderne hinein. Gemeinsam mit dem Großherzog von Weimar suchte Adolf Stahr ein »Silbernes Zeitalter« Weimars heraufzuführen, mit Franz Liszt als unbestrittenem Mittelpunkt. Meine Vorfahrinnen Anna und Helene Stahr, die Lieblingsschülerinnen von Liszt, sind zusammen mit ihrem Lehrer auf einem Gemälde von Karl Buchholz festgehalten, dem Begründer der Weimarer Landschaftsschule, dessen Schüler wiederum Christian Rohlffs gewesen ist. Auch dieses Bild hängt noch heute bei uns zu Hause.

Diese Stahrs hatten in die Familie Gerson eingeheiratet, woher die jüdische Blutsbeimischung der Stahrs, der Wegeners und schließlich auch der Siedlers kommt. Die Gersons und ihr Kaufhaus am Werderschen Markt waren das erste bedeutende Warenhaus Berlins, lange vor dem Rudolf Hertzogs. Wie populär sie im biedermeierlichen Berlin gewesen sein müssen, zeigt ein Couplet, das im Königstädtischen Theater in einer altberliner Posse gesungen wurde:

Lieb' ist gut für Jud' und Christ,
Gerson oder Borsig,
Wer ihr nicht entronnen ist,
Der hat sie noch vor sich.

Beide Häuser der Gersons lagen im Tiergarten, ihr eigentliches Wohnhaus und ihr Landhaus. In den Sommermonaten zog man mit Dienerschaft und Sack und Pack in das Sommerhaus, um die bessere Luft im Grünen zu genießen, obwohl doch nur wenige hundert Meter zwischen den beiden Häusern lagen.

Der etwas holprige Vers wurde in unserer Familie mitunter zitiert, mit verlegenem Stolz. Nur durch die Gersons war ja das Vermögen, eigentlich sogar der Reichtum in die Familie gekommen.

In der Gesellschaft wirklich etabliert waren die Gersons übrigens erst, als »Königliche Hoflieferanten« auf ihrem Firmenschild und ihren Geschäftspapieren stehen durfte. Die Emanzipation der preußischen Juden war ja eine zweigesichtige Sache, die nach dem Vorgefallenen natürlich nur aus einer Perspektive gesehen wird. Die Berliner Juden suchten nicht nur von der christlichen Gesellschaft aufgenommen zu werden, sondern sie achteten auch ihrerseits auf strenge Scheidung. Lange hatte sich der Seniorchef der Gersons geweigert, die Ehe seines Sohnes mit einem jungen Mädchen christlichen Herkommens zu genehmigen, obwohl die beiden schon lange ein geheimes Liebespaar waren. Endlich gab er nach, aber als seine zukünftige Schwiegertochter das erste Mal in das Palais im Tiergarten eingeladen wurde, begrüßte er sie mit dem Satz: »Mein Kind, Sie sind der erste Christenmensch, der meine Schwelle übertritt.« Diese Siebzehnjährige, die eine Modistin im Hause Gerson war, soll Rudolf Nelson inspiriert haben, als er sein Kabarett am Nollendorfplatz mit dem Chanson eröffnete: »Erst kamen die Blusen und Kleider«, das bald ganz Berlin trällerte.

Sie war in der Leipziger Straße
In einem Modesalon,
Ein Sprühteufelchen,
Keck und voll Rasse,
Sie hatte Chic und Façon.
Und eines Tages hat er sie entdeckt,
Im letzten Lager ganz hinten,
Sie stand hinter Blusen und Kleidern versteckt,
Und schwer nur war sie zu finden:
Erst kamen die Blusen und Kleider
Und dann die Jupons voller Plis,
Und dann die Dessous und so weiter
Und dann,
Und dann kam sie!

Das kleine Modemädchen, das außerdem als »Probiermamsell« arbeitete, wie man damals Mannequins nannte, wurde übrigens eine bemerkenswerte Frau Gerson. Sie muss hochmusikalisch gewesen sein, und sie benutzte das Vermögen der neuen Familie, junge musikalische Begabungen zu fördern. Eines Tages hörte sie die Stimme eines jungen Zimmermanns auf dem Baugerüst. Sie ließ den jungen Mann herunterkommen, und es stellte sich heraus, dass er nicht einmal Noten lesen konnte. Von da

Neben dem repräsentativen Wohnhaus der Gersons in der Bellevuestraße stand ihr Landhaus in der Tiergartenstraße, wo meine Großmutter als Kind ein- und ausging.

an zahlte sie ihm den Besuch einer Gesangsakademie und förderte ihn noch jahrelang durch monatliche Zuwendungen. Ich weiß nicht, was daraus geworden ist, vielleicht hätte er besser daran getan, auf seinem Bau zu bleiben.

Die offensichtlich bezaubernde Frau starb früh an Krebs, aber da sie inzwischen Französisch und Italienisch gleich gut sprach, machte sie sich auf dem Totenbett daran, Dantes »Divina Commedia« zum ersten Mal in deutsche Terzinen zu bringen, was bisher noch niemals versucht worden war.

Die Häuser der Gersons waren übrigens von einem der angesehensten und erfolgreichsten Schinkelschüler gebaut, Friedrich Hitzig. Dieser Hitzig, längst in der preußischen und christlichen Gesellschaft arriviert, stammte von jenem Isaac Daniel Itzig ab, der einer der Hofbankiers Friedrichs des Großen gewesen war. Noch heute steht in Berlin eine Reihe seiner Häuser, die meisten aber sind während des Krieges untergegangen. Fast alle Hitzig-Villen im Tiergarten, aber auch die beiden Häuser der Gersons wurden kurz vor dem Krieg von Albert Speer abgerissen, als der das Diplomatenviertel plante, von dem heute noch die italienische und japanische Botschaft zeugen.

Namensumwandlungen wie die von Itzig in Hitzig waren im frühen 19. Jahrhundert nichts Auffallendes. Viele jüdische Familien suchten ihre Ursprünge zu verschleiern, indem sie sich namensmäßig christianisierten. Eine der anderen Familien, Heimann Joseph Ephraim, auch er im Bank-, Gold- und Silbergeschäft groß geworden, erhielt um 1810 die Genehmigung, sich in Zukunft Eberty zu nennen. Alle diese jüdischen Familien Berlins, zu denen auch die Meyerbeers und die Mendelssohns gehörten, waren miteinander verschwägert und unterhielten viele geschäftliche Beziehungen. Sie trugen zu einem guten Teil das Geistesleben der Residenz.

Wie viele Geschichten wurden nicht im großelterlichen Haus erzählt, als Gespräche noch unterhaltlich sein mussten, wie Fontane anmerkte. Die Vergangenheit lebte, weil es Geschichten gab, die weitererzählt wurden, über die Generationen hinweg. Die Erzählungen vom alten Schadow, von dem die Familie jedes Mal anmerkte, dass er zu unseren Vorfahren gehörte, dem der König zum Siebzigsten höchstpersönlich den Roten Adlerorden nach Hause brachte, den Roten natürlich, wie er fürs Bürgertum vorgesehen war, für Künstler und Gelehrte. Als der

König gegangen war, legte der Alte den Adler oben auf dem Regal ab und sagte vor sich hin: »Da lieg und wart, bis dass du schwarz wirst.« Denn der Schwarze Adlerorden war ja die Auszeichnung, die eigentlich zählte. War es bei dieser Gelegenheit, dass dem König das Missgeschick geschah, ein Glas umzustoßen, so dass der rote Wein über das Tischtuch lief? Der Monarch forderte den Hausherrn auf, ihm mit seiner Geistesgegenwart »aus der Genierlichkeit« zu helfen. »Jott, Majestät«, sagte der Alte da, »eben war's noch Portwein, jetzt ist's Tischwein.«

Gleich vertraut war einem der fernste Vorfahr wie der nächste Nachbar, nicht die zeitliche Distanz entschied über das Maß der Nähe, sondern die Unverwechselbarkeit der Erinnerung, die mit dem Verstreichen der Zeit immer anschaulicher wurde. Manche Begebenheiten wurden in vielen Variationen erzählt, das Überlieferte löste sich von der Person, wurde allmählich zum Gespinst der alten Zeit, die ihren Geschmack hatte, ihren unverwechselbaren Tonfall. Es war bei aller Drangsalierung die glücklichste Zeit des Berliner Judentums, wovon die jüdischen Salons zeugen; nicht nur die Aristokratie verkehrte bei ihnen, sogar Mitglieder der königlichen Familie; vor allem Prinz Louis Ferdinand, von dem es hieß, er sei die geheime Liebe der Königin Luise.

Und dennoch blieben die Vorbehalte bestehen; als Meyerbeer und Eberty Häuser in der Nähe des Stadtschlosses kaufen wollten, suchten dies die Hofkreise mit dem Argument zu verhindern, Juden dürften nicht in zu großer Nähe zum Schloss wohnen. Aber die Genehmigung wurde am Ende doch erteilt, und die meisten dieser Familien hatten in der Mitte des Jahrhunderts ihre Residenzen unter den »Linden«, in der Wilhelmstraße oder in der

Leipziger Straße. Dort, im Haus des jungen Felix Mendelssohn und seiner Schwester Fanny, fanden die berühmten Hauskonzerte statt, zu denen halb Berlin kam. Auf unsere Familie ist übrigens wenig von dem Vermögen der Gersons gekommen. Ein Stahr hatte in der Potsdamer Ratsversammlung eine Resolution unterzeichnet, die sich gegen den übermächtigen Einfluss der Juden wandte. Sein Schwiegervater, der Seniorchef der Gersons, blieb ganz ruhig und sagte lediglich: »Mein lieber Sohn, jeder kann bei mir sagen, was er will. Ich bin der Letzte, dir deine Meinung zu verbieten. Aber wenn dir die Juden so unangenehm sind, wirst du auch nicht ihr Vermögen erben wollen.« Er setzte seiner Enkelin lediglich eine kleine Dotation aus, die sich natürlich in zwei Weltkriegen und zwei Revolutionen in nichts aufgelöst hat.
Mein Sohn wiederum beklagte, als er vierzehn war, also ziemlich genau ein Jahrhundert später, dass er nur einen so geringen jüdischen Blutsanteil habe, ein Sechzehnteljude sei, nach der Mischlingsphilosophie des Regimes. Sonst wäre er vielleicht intelligenter. Damit hatte er, ohne es zu wissen, ein Wort aus dem Dritten Reich aufgegriffen. Das Beste, was es gäbe, sei eine jüdische Großmutter; sie bringe das Geld und den Geist in die Familie und schade nicht mehr.

Heute erzählt jeder von seinen jüdischen Vorfahren, gar nicht einmal verlegen, eher herausfordernd, wie eine bürgerliche Familie sich rühmt, einen adligen Ahnen zu haben. Man muss gar nicht die Bekannten Revue passieren lassen, auch die öffentliche Sphäre hält Beispiele genug bereit, und nicht immer so nobler Art wie das des jüdischen Großvaters von Helmut Schmidt, der während des Dritten Reiches sorgsam verborgen worden war. Damals waren Juden in der Ahnenkette eine wirkliche Belastung, die man nach Möglichkeit zu verdecken suchte. Ein Bruder meines Vaters, der Architekt Eduard Jobst Siedler, der für die Weimarer Republik den Erweiterungsbau der Reichskanzlei baute, hatte die »Ahnen-Tollheit«, wie mein Vater zu sagen pflegte. Schon in den zwanziger Jahren ging Onkel Ete unermüdlich dem Stammbaum nach, und Anfang der dreißiger Jahre hatte er die Ahnenkette mit schwungvoller Architektenhandschrift auf Pergament gezeichnet, wovon wir eine Photokopie besitzen. Aber sein Suchen nach der Vervollständigung des Stammbaums stockte Anfang des 17. Jahrhunderts, er kam mit einem Vorfahren nicht weiter, der »Professor der Logik« in Prag gewesen war und über den sich lediglich herausfinden ließ, dass er der Sohn eines Geistlichen zu Prag gewesen war.

Mein Vater, der sich über den Ahnenspleen seines Bruders stets amüsierte, riet ihm ab, weiterzusuchen. »Jetzt hör lieber auf«, sagte er zu Onkel Ete, »wenn du weiterkratzt, kommt noch ein Rabbi raus!« Denn Geistliche habe es im frühen 17. Jahrhundert eigentlich nicht gegeben, zumindest habe man sie nicht so, sondern als Priester, Pfarrer oder Pastoren bezeichnet. Wahrscheinlich sei schon vor Jahrhunderten ein Rabbiner als Vorfahre als Belastung empfunden worden, weshalb man die nichtssagende Formulierung »Geistlicher« gewählt habe. Ich weiß nicht, ob es in unserem Stammbaum väterlicher Linie tatsächlich jüdisches Blut gibt. Selbst im Dritten Reich wäre die Blutsbeimischung nach vier Jahrhunderten so geringfügig gewesen, dass sogar das berüchtigte »Amt für

Ahnenerbe« der SS davon keine Notiz genommen hätte. Als mein Vater 1937 einen »Ariernachweis« vorlegen musste, da eine Intrige gegen ihn im »Reichsverband der Industrie« im Gange war, gelang ihm das jedenfalls mühelos, was meine Mutter überraschte, da er auf Grund seiner dunklen Haar- und Augenfarbe eher jüdisches Blut zu haben schien als sie selber mit ihrem ganzen Stolz auf die Gersons.

Als nach einem Feldzug von nur sechs Wochen Frankreich kapitulierte, saß die Familie anlässlich der Konfirmation meiner Schwester gerade beim Essen. Meine Mutter zeigte sich nun doch beeindruckt, dass »dem Mann« alles gelinge, was im Weltkrieg in vier langen Jahren fehlgeschlagen war. »Damals sind wir nicht über die Marne hinausgekommen«, sagte meine Mutter, die meinem Vater eigentlich nicht zu widersprechen pflegte, aber nun meldete sich in ihr die Offizierstochter: »Und heute die Siegesparade auf den Champs-Élysées«. Mein Vater sagte nur: »Ja, mit der Parade der Deutschen in Paris fängt es an und mit der Parade der Russen in Berlin wird es enden.« Am Familientisch schwieg alles. Dann sagte meine Mutter: »Wolf, übertreibe es nicht mit dem Hass. Du vergisst, diesmal sind die Russen unsere Verbündeten, nicht unsere Gegner.« Wieder stockten alle Gespräche. Unvergesslich die väterliche Antwort in das Schweigen hinein: »Es fragt sich nur, wie lange noch.«
Damals lag das alles noch in weiter Ferne. Niemand glaubte an einen Krieg. Ich habe nicht in Erinnerung, dass die Luftschutzübungen, die sich jetzt häuften, sonderliche Beunruhigung in die Bevölkerung brachten; eher wurden sie von den Kindern als spannende Unter-

Als Zehnjähriger war ich 1936 zwei Wochen in einem Zeltlager in der Schorfheide. Sehr heldenhaft sehe ich nicht gerade aus.

brechung des Schulalltags gesehen. Einmal wurden die »Pimpfe« – ich war zehn oder elf, ein Photo hat sich erhalten – zu Aufmärschen in das Poststadion befohlen, wozu in nachtschlafender Zeit U-Bahnen bereitgestellt waren, die die Halbwüchsigen in Stadtgegenden fuhren, die sie nie zuvor gesehen, von deren Existenz sie kaum gewusst hatten. Stundenlanges Warten folgte, ab und zu durch Flaggenparaden und Fanfaren der »Hitlerjugend« oder des »Jungvolks« unterbrochen.

Am späten Vormittag fuhr endlich die Autokavalkade des »Führers« unter dem frenetischen Jubel der Zehntausende die Aschenbahn des Stadions entlang. Von der Meldung des »Reichsjugendführers« Baldur von Schirach weiß ich nichts mehr, auch Hitlers Worte sind mir aus der Erinnerung gekommen. Er wird wohl wieder einmal die Jugend aufgerufen haben, hart wie Kruppstahl, flink wie Windhunde und zäh wie Leder zu sein, was von den Tausenden mit nicht endenden Jubelrufen quittiert wurde. Die ganze Zeremonie dauerte wenig mehr als eine Stunde. Hat sie Eindruck auf die »Pimpfe« gemacht? Ich

glaube nicht. Es war alles in allem eher ein Einbruch des Fremdartigen in die Geborgenheit der Familie gewesen. Zu Hause zog man die Uniformen sofort wieder aus und kehrte zu seinen Spielen zurück.
Überhaupt kann ich mich nicht erinnern, dass die Appelle, die Mutproben – bei denen man im Grunewald von einer Baumkrone in ein Sprungtuch zu springen hatte – und die Sommerlager in der Schorfheide viel Wirkung hinterlassen hätten. Aber das mag bei den Kindern der Vororte zwischen Wannsee, Grunewald und Dahlem anders gewesen sein als in den Arbeitervierteln des Nordens und Ostens und vor allem anders als auf dem flachen Land. Man lebt ja immer in seiner abgezirkelten Welt und muss sich hüten, seine Eindrücke zu verallgemeinern.

Heute zum Beispiel wird viel von der Entfremdung zwischen den beiden Berlins, dem Osten und Westen, geredet, die das Erbteil der Jahrzehnte unter dem Sozialismus gewesen sei; noch immer existiere eine »innere Mauer«. Aber Ostberlin und Westberlin waren stets zwei Welten. Alfred Kerr spricht, schon zur Jahrhundertwende, in seinen Berichten aus der Reichshauptstadt für die »Breslauer Zeitung« von »den Westlichen«, wenn er von den neuen Stadtteilen hinter dem Brandenburger Tor redet, womit Charlottenburg ebenso wie Grunewald oder Wannsee gemeint sind, kurz, jenes Berlin, in dem alles Neue stattfindet. Das andere Berlin, das alte Berlin, nahm man kaum zur Kenntnis. Die Stadt endete am östlichen, am Apothekenflügel des Stadtschlosses. Den Alexanderplatz, der als »Ochsenmarkt« einst der Viehmarkt Berlins gewesen war, kannten meine Großeltern vermutlich kaum, meine Eltern bestenfalls aus dem Roman Alfred Döblins. Das Scheunenviertel, wo das jüdische Berlin sein Zuhause hatte, war zwielichtig beleumdet, schon weil dort auch die Verbrecherwelt zu Hause war.

Das östliche Berlin, Prenzlauer Berg oder Friedrichshain, gab es für »die Westlichen« kaum. Der Hackesche Markt ist erst in den allerletzten Jahren zu einem Quartier der *young bright men* geworden, wie in den siebziger Jahren das Kreuzberg Westberlins, das jetzt wieder ins Abseits gesunken ist. Alles, was modern war, fand seit der Jahrhundertwende im Westen statt, wo nicht nur die Secession mit Liebermann, Lesser Ury und Balluschek ihr Hauptquartier gleich neben dem »Theater des Westens« hatte, sondern auch die neuen Theater gebaut wurden, das »Kurfürstendamm-Theater« und die »Komödie« am Kurfürstendamm, das »Metropol« am Nollendorfplatz und vor allem Sehrings »Theater des Westens« in der Kantstraße, das für den neunundzwanzigjährigen Kerr der Inbegriff alles Modernen war. Selbst das spektakulärste Vergnügungsetablissement der Jahrhundertwende, das »Tivoli« am Ende des Kurfürstendamms am Halensee, lag im neuen Westen, wo es erst vom Dritten Reich zu Gunsten einer Straßenerweiterung abgerissen wurde. Man wusste, dass Berlin im Osten weiterging und dass da noch anderthalb Millionen Menschen lebten, aber das war eigentlich alles. Selbst die Dienstmädchen kamen aus der Mark wie die Ammen aus dem Spreewald. Ich kann mich nicht entsinnen, dass irgendjemand Verwandte oder Bekannte in den östlichen Stadtbezirken Berlins hatte.

Die Stadtpolitiker Berlins hatten wenig Ahnung von der sozialen Topographie Berlins, als sie nach der Wende beschworen, dass der Alexanderplatz wieder das lebendige Zentrum Berlins werden müsse und die Friedrichstraße noch einmal der Bummelboulevard der Stadt. Die Friedrichstraße ist vieles im Laufe der Jahrhunderte gewesen, aber nie war sie eine Flaniermeile der bürgerlichen Welt. Zur Zeit meiner Großeltern um 1900 und meiner Eltern um 1930 sprach man von drei Straßen – den Linden als der *Lauf*straße, weil es da vom Brandenburger Tor über das Zeughaus bis zum Stadtschloss so viel zu sehen gab, dass alle Fremden sie entlangbummeln mussten; die Leipziger Straße war die *Kauf*straße, weil sich hier von Wertheim über Jandorf und Israel bis zu Tietz ein Kaufhaus an das andere drängte; die Friedrichstraße war dagegen die *Sauf*straße, mit mehr als einhundert Destillen, Bierquellen, Stehbierkneipen und Vergnügungsetablissements.

Mit Neid nur habe ich mir erzählen lassen, dass die Erinnerung von Freunden oder Verwandten in die früheste Jugend zurückreicht. Staunend hörte ich zu, wenn jemand erzählt, dass ihm Erlebnisse lebendig sind, die er als Zwei- oder Dreijähriger gehabt haben muss. Ich selber könnte nicht mit dergleichen aufwarten. Deutlich habe ich nur den Besuch eines Kindermädchens in Erinnerung, die das Haus vor Jahren schon verlassen hatte. Ich sehe mich noch auf einem Hocker am Erkerfenster, das Gesicht an die Fensterscheiben gepresst, nach der lange Erwarteten Ausschau haltend. Sicherlich gab es eine stürmische Begrüßung, aber wie verlief sonst der Besuch bei der ehemaligen »Herrschaft« und wie lange mag sie geblieben sein? Von alldem weiß ich nichts mehr, nur das sehnsüchtige Warten ist mir noch in deutlicher Erinnerung. Dann weiß ich noch von der milde-vorwurfsvollen Schelte der Eltern, als sie das hinter einem Bild in die Wand gebohrte Loch über dem Kinderbett entdeckten, durch das ich dem Vater abendlich nahe sein wollte. Das alles sind schemenhafte Eindrücke, nicht wirkliche Erinnerungen, die ein Bild ergeben.

An manche Erlebnisse erinnert man sich gar nicht, man kennt sie nur aus Erzählungen, weil sie so oft berichtet worden sind. So war ich so klein, dass ich noch von meiner Schwester in die Potsdamer Straße in Lichterfelde mitgenommen wurde, wo die Nölles wohnten, mit deren Kindern Gitty Indianer spielte. Herr Nölle, der wohlhabende Direktor einer Versicherungsgesellschaft, besaß eine große landhausartige Villa mit einem parkähnlichen Garten, von dem mir eigentlich nur die mächtigen Bäume in Erinnerung sind. Im Geäst einer alten Kastanie hatten sich die Kinder ein Baumhaus gebaut, in dem sie an einem heißen Tag sogar einmal nächtigen durften. Eines Nachmittags war Herr Nölle überraschend früh nach Hause gekommen und seine Frau hatte ihm nichtsahnend erzählt, dass sie sich für den »Luftschutzbund« hatte anwerben lassen, vor allem weil der Mann, der von Haus zu Haus ging, ihr Leid getan hätte.

Herr Nölle, ohnehin cholerischen Temperaments, explodierte geradezu. Er hasste die Nazis und alles, was mit ihnen zusammenhing, und der Reichsluftschutzbund war ja nun unleugbar eine NS-Organisation. Herr Nölle verlangte, dass seine Frau dem Werber sofort nachgehe und ihre Unterschrift zurückziehe. »Und wenn du eine Stunde lang durch alle Straßen Lichterfeldes läufst. Sonst schlage ich dir alle deine fünf Kinder tot.« Meine Schwester verzog sich natürlich sofort und kehrte verstört nach

Hause zurück. Ich aber sei, so lauteten die Berichte, erst nach zwei Stunden erschienen, und als meine Mutter fassungslos sagte, man verdrücke sich doch, wenn es einen offensichtlichen Familienkrach gebe, soll ich geantwortet haben: »Ich wollte doch einmal sehen, ob er wirklich alle fünf Kinder totschlägt. Und wie er das wohl macht.« Geschichten aus Kindertagen, halb erlebt, halb erzählt, halb geträumt, aber sie machen das Klima der Kindheit aus.

Ganz deutlich, fast greifbar, steht dagegen die Strandburg in Misdroy vor Augen, aus der die Familie eines Tages sah, wie alle Fahnen an der Seebrücke plötzlich auf Halbmast gingen; es waren die Sommerferien des August 1934, da war ich acht Jahre alt. Sehr bald sprach es sich am Strand herum, dass Hindenburg gestorben sei, der uralte Reichspräsident, den meine Eltern nicht deshalb verehrten, weil er der einstige Feldmarschall gewesen war, sondern weil er zwischen Rotfront und SA für Ordnung gestanden hatte. Das lebhafte Treiben mit seinem Ballspielen und Ringewerfen brach plötzlich ab, für den Vormittag oder nur für eine halbe oder ganze Stunde? Für den Vater war jedenfalls auf den bis dahin unbeschwerten Vormittag ein Schatten gefallen. Ich habe ihn auch später nie gefragt, ob er an diesem Morgen etwas von dem kommenden Unheil gespürt hatte. Für die Kinder jedenfalls waren die kandierten Walnussstangen viel wichtiger, mit denen die Eltern aber haushälterisch umgingen, obwohl sie doch nur 10 Pfennige kosteten. Die Buden, wo sie angeboten wurden, standen oben auf den Dünen, wo Holzstege liefen. Die Großmutter genehmigte sich leicht geniert hin und wieder einen Kümmel, wobei

sie nicht verfehlte, darauf hinzuweisen, dass ihr wegen des Seewinds »schuddrig« sei.
Was ist sonst noch von den Ferienwochen an der Ostsee in Erinnerung, von Ahlbeck, Heringsdorf oder eben Misdroy? Jedes dieser Bäder hatte ja seine eigene soziale Topographie, hier verkehrten die reichen Unternehmer oder Anwälte aus den westlichen Vororten, dort waren eher Beamte und Offiziere zu Hause. Jedermann kannte den Vers

»Juden raus aus Zinnowitz,
Heringsdorf ist Euer Sitz«,

der übrigens aus den zwanziger, nicht aus den dreißiger Jahren stammte und nicht eigentlich bösartig gemeint war. Er war wohl so harmlos wie jenes andere Wort

»Im Winter ist der Pommer
Noch dümmer als im Sommer.«

Inzwischen ist das alles Geschichte, beide verweht, Pommern wie Juden, was würde man geben, sie wiederzuhaben.
In den Ferien mietete sich die Familie ein oder zwei Mal eine Kutsche und fuhr durch die Wälder zu irgendeinem Aussichtspunkt, der mir aus dem Gedächtnis gekommen ist. Zuweilen ging es zur Blaubeeren- oder Pilzsuche, was für uns aber seinen Reiz sehr bald schon verlor, weshalb die Mutter sie bei den Kindern der Fischer kaufte, das Blechgefäß mit Blaubeeren für zwanzig Pfennig. Dann gab es zu Mittag, wenn man in die Pension mit der Glasveranda zurückging, eben eine Schale Beeren mit Milch,

über die Zucker gestreut wurde. Sonst gab es die »Satte« Dicke Milch mit der begehrten gelb-krissligen Haut. Das Mädchen brockte sich zum Staunen der Kinder Schwarzbrot darauf; dergleichen kannte man von zu Hause nicht. Das also war der Mittag, nach dem Bettruhe verordnet wurde, wozu die Vorhänge zugezogen wurden. Ich kann mich nicht daran erinnern, dass man die Mittagsstunden am Strand blieb. Die hochstehende Sonne, die selten genug wolkenlos schien, war ungesund und Kinder hatten sie zu meiden. Nur einmal ergab es sich aus irgendeinem Anlass, dass die Familie in den Mittagsstunden am Meer war. Da waren alle Strandburgen leer, also muss es sich wohl bei der »Mittagsruhe« um einen allgemeinen Brauch gehandelt haben, nicht so sehr um übertriebene Vorsicht der eigenen Eltern.

Die lebhafteste Ferienerinnerung gilt den Fahrten mit den Booten der Fischer, deren dunkelrote Segel den Horizont belebten. Auch das kostete wenig, denn es fanden sich ja stets zwei oder drei Familien zu solchen Ausflügen, die etwas von Abenteuer an sich hatten. Solange das nach Teer und Tang riechende Boot aus Eichenplanken auf den Strand gezogen lag, kletterte die Familie trockenen Fußes hinein, während die Fischer mit gewachsten Lederstiefeln, die bis über die Knie reichten, im Wasser stehend dafür sorgten, dass es von den Wellen nicht quergeschlagen wurde. Dann sprangen sie, während das Segel knallend flatterte, hinein und das Abenteuer der Seefahrt begann.

Ich muss ungefähr vierzehn gewesen sein, als ich mit Fischern für einen ganzen Tag auf das Meer hinausfahren durfte. Durch einen Zufall hat sich ein Photo davon erhalten.

Ein einziges Mal durften wir mit den Fischern, die wohl Verwandte der Pensionswirte waren, schon frühmorgens zum tatsächlichen Fischfang hinausfahren, so weit, bis man das Land nur noch als dünnen Streifen am Horizont sah. Erst am frühen Nachmittag kehrten wir zurück und legten an der Seebrücke an, wo die Eltern schon sorgenvoll Ausschau hielten. Wahrscheinlich war es ruhiges Wetter gewesen, so dass nur eine leichte Dünung ging. Bei wirklichem Seegang und einer allzu frischen Brise wäre die Erlaubnis mit Sicherheit verweigert worden.

Ferien in den dreißiger Jahren – ein friedlicher Schimmer liegt über ihnen, zumindest in der Erinnerung. Wenig von der äußeren Wirklichkeit drang in das Bewusstsein. Auf den Strandburgen flatterten die Fähnchen aus Papier, aber es waren Niveawimpel, nur selten die preußischen Farben, zwischen denen hier und da eine pommersche Flagge knatterte. Ein vergilbtes Photoalbum stützt das Gedächtnis, nicht eine einzige Hakenkreuzfahne ist auf dem Bild von 1937 zu sehen. Oben zogen Doppeldecker Spruchbänder hinter sich her, aber auch sie warben lediglich für Seebäderfahrten nach Rügen, Heiligendamm oder auch nach Zoppot. Dort hatte meine Mutter ihre schönsten Kinderjahre verbracht, da ihr Vater als junger Offizier von Pfalzburg im Elsass nach Zigankenberg bei Danzig in Westpreußen versetzt worden war, beide im Ersten Weltkrieg verloren, das eine jetzt französisch und das andere polnisch.
Die Mutter erzählte mitunter von dieser Welt vor dem Ersten Weltkrieg, deren Nationalismus das zehnjährige Mädchen noch erlebt hatte. In der Schule hatten ihre elsässischen Mitschülerinnen als Zeichen ihrer französi-

In den dreißiger Jahren fuhren wir Kinder mit den Eltern abwechselnd in die verschiedenen Bäder auf Usedom und Wollin. Die Aufnahme aus Ahlbeck von 1937 zeigt, wie wenig sich das Regime dem Strandtreiben aufprägte. Kein einziges Nazi-Emblem ist zu sehen.

schen Gesinnung weiße Blusen, blaue Röcke und rote Schals getragen, worauf die deutschen Mädchen geantwortet hatten: schwarze Röcke, weiße Blusen und rote Schals, patriotisches Textil. Niemand hätte geglaubt, dass diese alten Gegensätze in einem neuen Krieg wiederaufleben sollten.

Die Strandburgen waren mit Muscheln und Seesternen verziert. So hatten sie wohl immer ausgesehen, in der Kaiserzeit, in der Weimarer Zeit und nun eben im Dritten Reich. Dem sich Erinnernden fällt keine einzige Uniform ins Auge, nur dass einmal ein Vorposten- oder Minenräumboot an der Seebrücke anlegte, was ein Anlass zu einem kleinen Menschenauflauf war. An diesem Nachmittag sah man Gruppen von Matrosen auf der Promenade, die die Kinder bestaunten, wie sie das wohl immer getan hatten. Ein Land, das sich auf den Krieg vorbereitete? Mitte der dreißiger Jahre war davon nicht viel zu merken. Erst gegen Ende des Jahrzehnts wurde die Militarisierung deutlicher merkbar. Da fanden Stapelläufe mit »Führerreden« statt, Musikkapellen spielten überall. Aber in den kleinen Badeorten auf Usedom und Wollin spürte man davon wenig.

Meine Mutter, sie muss hier etwa 16 Jahre alt gewesen sein, in dem elterlichen Wintergarten in Berlin-Lichterfelde.

Der Junge, der damals zwischen zehn und zwölf Jahre alt war, hatte keinen Begriff, dass dies eine Vorkriegszeit war. Seine Ängste galten eher den Noten in der Schule als dem nahenden Untergang seiner Welt. Er war dreizehn und gerade in dem Ferienheim des Arndt-Gymnasiums am Lehniner See, als der Lehrer ihn zur Reichtagsrede des »Führers« weckte: »Seit fünf Uhr fünfundvierzig wird zurückgeschossen.« Die Segel- und Badewoche wurde sofort abgebrochen, was man nicht ganz verstand, und die Fahrt mit der Kleinbahn nach Berlin zurück angetreten. Zu Hause war man deprimiert. Aber die Mutter beruhigte sich: »Ein Glück, dass der Junge erst dreizehn ist. Er wenigstens kommt nicht mehr dran.« Der Vater, stets zum Pessimismus neigend, sagte nur: »Auch er wird noch eingezogen werden. Das wird ein zweiter Siebenjähriger, wenn nicht ein neuer Dreißigjähriger Krieg.« Hat der Vater so ganz Unrecht gehabt?
Das war der Tag des Kriegsbeginns am 1. September 1939.

Der Krieg sollte über fünfeinhalb Jahre dauern, und als er zu Ende war, gab es kein deutsches Reich mehr und kein britisches Empire, und das alte Europa sollte sich erst nach Jahrzehnten halbwegs wiederherstellen. Für mich aber war die Kindheit zu Ende.

Das also zählt zu den Erinnerungen des Jungen im Vorschulalter. Die Schule selber, natürlich eine Privatschule namens »Kockert« in der Fontanestraße in Lichterfelde, die nur ein paar Dutzend Schüler hatte, ist mit nichts als angenehmen Bildern verbunden; in meiner Erinnerung ist sie eine Art fortgesetzter Kindergarten. Als es ernst wurde, zuerst auf dem Schiller-Gymnasium in Lichterfelde, dann auf dem Arndt-Gymnasium in Dahlem, das gerade fünf Minuten vom elterlichen Haus entfernt lag und auf dessen Turm dann ein Beobachter der nahen Flakbatterie stationiert war, der 1943 von einer Luftmine heruntergeweht wurde, gab es solche Empfindungen familiärer Geborgenheit nicht mehr. Die Gymnasien, in der Kaiserzeit gebaut und also für das heutige Auge eher behaglich, waren schlossartige Bauten, an denen alles den Zehnjährigen einschüchterte, die langen Flure mit Terrazzoboden, die Aula, in der sich bei besonderen Gelegenheiten – vor allem »Führerreden« – alle Lehrer und Schüler versammelten, die Turnhalle mit ihren Angst erregenden Barren und sonstigen Klettergeräten, denen man selten gewachsen war. Wo die Mitschüler an den geflochtenen Tauen gelenkig emporturnten, kam man selber über zwei oder drei Klimmzüge nicht hinaus und hing dann hilflos über dem Boden.

Natürlich sehe ich noch diesen oder jenen Lehrer vor mir, vor allem den Lateinlehrer »Maschine«, mit dem ich

aber nicht auf den besten Fuß kam, weil mir die unregelmäßigen Verben allzu sehr zusetzten. Vom Griechischen wurde ich sehr bald schon dispensiert, da ich mich der Schönheit dieser Sprache, die der Vater und seine Brüder rühmten, nicht gewachsen erwies. Zuweilen unterhielten sich die drei Brüder damit, sich gegenseitig Verse aus der Ilias oder der Odyssee abzufragen, wobei sie aber renommiert haben werden, da sie ohnehin niemand kontrollieren konnte. Noch mehr galt das für die wenigen Brocken Hebräisch, die sie noch wussten. Einst musste ja, wer ein Gymnasium alten Stils besuchte, in dem letzten Jahr vor dem Abitur Hebräisch lernen, weil das die Sprache der Heiligen Schrift gewesen war. Aber so viel sich mein Vater und seine Brüder auch anstrengten, es kamen nicht mehr als einige Brocken heraus. Die alte Bildungswelt, die heute auch vergangen ist.
Jeder Absolvent der alten Gymnasien und Universitäten beherrschte zumindest ein wenig die klassischen Sprachen und das Französische; das Englische wurde herablassend behandelt, vor allem in seiner amerikanischen Form. Inzwischen wächst angeblich die Welt zusammen, aber zumindest in sprachlicher Hinsicht gilt das nicht. Dass man sich einst überall auf Französisch verständigen konnte und dass beim Besuch der Adenauer-Delegation in Moskau Carlo Schmid seine Zuflucht zum Lateinischen als der ehemaligen Lingua franca nahm, um sich mit der Umgebung Stalins zu verständigen, das mutet heute wie eine Sage aus fernen Zeiten an.

Ein Photo bringt mir die drei Brüder in Erinnerung. Sie stehen Anfang des Krieges im Garten von Onkel Adolf im Bachstelzenweg, sich über ihre jeweiligen Uni-

Mein Onkel Adolf Jobst musste als Angehöriger des Auswärtigen Amtes natürlich eine Uniform tragen, der andere Bruder meines Vaters, der Architekt Eduard Jobst, war inzwischen Oberstleutnant der Reserve. Sie präsentieren sich hier zum eigenen Vergnügen und zum Amüsement der ganzen Familie im Garten.

formen selber amüsierend. Onkel Ete, der eigentlich Eduard Jobst hieß, nicht ohne Stolz in der Uniform eines Oberstleutnants der Reserve, wozu er als Rittmeister des Ersten Weltkrieges bei Absolvierung aller Übungen befördert worden war; Onkel Adolf, der vollständig Adolf Jobst hieß, kam sich selber sonderbar vor, dass er seit neuestem als Geheimer Legationsrat im Rang eines Gesandten – natürlich wurde er von den Mädchen nur »Herr Geheimrat« genannt – eine Diplomatenuniform des Auswärtigen Amtes tragen musste, die auf Verlangen des Außenministers v. Ribbentrop der »Reichsbühnenbildner« Benno v. Arendt hatte entwerfen müssen; und mein Vater, Wolf Jobst, hatte auf Bitten der Familie seine goldbetresste Galauniform mit Zweispitz des ehemaligen kaiserlichen Konsuls beim Khedive in Alexandria angelegt. Das war eine Kostümierung, die die ganze Familie erheiterte. Meine Mutter meinte, Onkel Etes größter Wunsch sei es, Oberst der Reserve zu werden, dafür nehme er sogar den Krieg in Kauf.

Mit dem Namen Jobst hatte es seine Bewandtnis. Das hatte ursprünglich durchaus nichts mit einer Familientradition zu tun, sondern, wie mein Vater sagte, mit bloßer Hoffnung auf ein wohlbestalltes Erbe. Ein Siedler hatte nämlich in der Mitte des vorigen Jahrhunderts die einzige Tochter eines Jobst geheiratet, der sehr vermögend gewesen sein muss, denn sein Schwiegersohn war in Erwartung der Erbschaft gewesen, die ihm eines Tages zufallen würde. Als das Testament aber eröffnet wurde, stellte sich heraus, dass der Schwiegervater sein Vermögen in eine Familienstiftung eingebracht hatte. Jeder männliche Siedler, der in seinem Vornamen den Nachnamen Jobst tragen würde, konnte auf Kosten dieser Stiftung studieren und anschließend ein Jahr in Paris oder London leben. Als ich geboren wurde, hatte die Inflation nach dem Ersten Weltkrieg längst das Stiftungsvermögen in nichts aufgelöst. Aber mein Vater nannte mich dennoch Wolf Jobst, inzwischen war es wirklich eine Tradition geworden, und so haben auch wir 1957 unseren Sohn wieder Wolf Jobst genannt.

Die Zeit brach aber immer stärker in die Tradition ein. Mitte der dreißiger Jahre verliebte sich eine der Töchter von Onkel Ete in den jungen Physiker Hans Goldschmidt, den Sohn jenes Wissenschaftlers von der Kaiser-Wilhelm-Gesellschaft, der bei der Auswahl für den Nobelpreis in die engste Wahl gekommen war und zu den Honoratioren der Berliner Wissenschaftswelt gehörte. Aber inzwischen gab es das Dritte Reich, und beide Goldschmidts, Vater und Sohn, sahen in Deutschland keine Zukunft mehr für sich, wenn sie auch, wie Hans Goldschmidt bei meinem Besuch in San Francisco in den fünfziger Jahren erzählte, nicht im Traum daran gedacht hätten, der Antisemitismus des Regimes werde eine Wendung ins Mörderische nehmen.
Der alte Goldschmidt folgte einem Ruf an die vornehmste japanische Universität, und sein Sohn, der meine Kusine Illy in Deutschland auf Grund der Rassegesetze nicht heiraten durfte, wanderte nach Amerika aus. Vorher fanden aber inoffizielle Familienfeste statt, die gleichzeitig

Abschiedsfeiern waren, sowohl in Onkel Etes repräsentativer Villa in der Zehlendorfer Hohenzollernstraße als auch bei uns in dem eher bescheidenen Dahlemer Reihenhaus. Nur der dritte Bruder, Onkel Adolf, wagte es nicht, die neue jüdische Verwandtschaft in sein Haus einzuladen, denn als Angehöriger des Auswärtigen Amtes hatte er den wahrscheinlich berechtigten Verdacht, besonders streng überwacht zu werden.
Von diesem Tag ist mir nicht mehr viel in Erinnerung, nur die trotz aller Bedrückung heitere Stimmung in unserem Garten, wo es ein Glas Sekt gab; Champagner war damals eine viel beredete Ausnahme. Meine Mutter verstand sich mit beiden Goldschmidts bei diesem letzten Zusammensein so blendend, dass sie am Abend, nachdem die Gäste gegangen waren, zu meinem Vater sagte: »Hans ist eigentlich der netteste unserer ganzen christlichen Mischpoke.« Die Trauung von Hans und Illy wurde dann, kaum hatte das Schiff, das sie in die Neue Welt bringen würde, die Drei-Meilen-Zone verlassen und internationales Seegebiet erreicht, an Bord des holländischen Schiffes vom Kapitän vorgenommen.
Hans Goldschmidt, der die junge Familie in Amerika die ersten Jahre mit Laubsägearbeiten durchbrachte, die Illy bemalte, sollte sehr bald eine Erfindung machen, die ihn zum vielfachen Dollarmillionär machte. Das war der *Homesmith*, der eine Anzahl verschiedener Handwerkerarbeiten ausführen konnte, eines der ersten Instrumente der Do-it-yourself-Bewegung, die in jenen Jahren in der Neuen Welt ihren Siegeszug antrat. Nach dem Krieg sollten uns die Goldschmidts zwei oder drei Mal in Berlin besuchen, ein Mal wohnte ich bei ihnen in ihrem luxuriösen Besitz bei San Francisco, zu dem

eine eigene Reitbahn samt Stallung gehörte. Hans Goldschmidt hatte im Land der unbegrenzten Möglichkeiten einen Weg gemacht, der ihm in Berlin kaum möglich gewesen wäre.

Auf der Schule ging es bei mir in den anderen Grundfächern so leidlich, am besten wohl in »Heimatkunde«, dann in Geschichte und im Deutschen, wo der Zwölfjährige zur Verblüffung der Mitschüler dieses oder jenes Gedicht aus dem Gedächtnis hersagen konnte. Unsere Mutter hatte diesen Lerneifer beflügelt, indem sie Gitty und mir eine Reichsmark für ein normallanges Gedicht aussetzte, drei Mark für eine Ballade von zehn oder zwanzig Strophen und fünf Mark für Schillers »Glocke«, was wir aber nie kassieren konnten, weil uns beim Aufsagen immer ein oder zwei Verse verloren gingen. Aber im Ganzen waren die ersten beiden Schuljahre eine rechte Bedrängnis für mich und wohl in noch höherem Maße für die Lehrer.

Da sich der Zwölfjährige zudem noch als renitent erwies, wurde der Qual schließlich ein Ende bereitet. Kurzerhand wurde er von der Schule genommen und in ein Internat nach Thüringen verbannt. Dieser Entschluss scheint zu Auseinandersetzungen der Eltern geführt zu haben, denn später erzählte die Mutter, dass ich in jener Zeit so unleidlich gewesen sei, dass sie den Vater eines Tages vor die Alternative gestellt habe: »Der Junge oder ich.«

Da war die Entscheidung denn nicht schwer gefallen, und eines Tages bestieg ich mit meiner Mutter den Zug nach Weimar, um in der nahe gelegenen Schlossschule Ettersburg der Hermann Lietz-Landschulheime mein Glück zu

Ettersburg, das barocke Jagdschloss der Herzöge von Sachsen-Weimar, beherbergte die Unterstufe der Hermann Lietz-Schule. Hier, wo Goethe und Schiller aus- und eingegangen waren, schrieben wir unsere Lateinarbeiten und quälten uns mit der Mathematik herum.

versuchen. Ich muss ziemlich verstört im Internat angekommen sein. Es bestand aus einem alten Gutshaus, dessen Hof sich zu jenem barocken Jagdschloss der Herzöge von Weimar öffnete, in dem die jungen Carl August und Wolfgang Goethe manche Wochenenden verbracht hatten. Die Sage ging, dass die ausnehmend ansehnliche Dorfjugend in weiter Ferne von dem Herzog oder von seinem Freund abstammte, woran aber nichts gewesen sein wird. Solche Phantasien pflegen mehr Produkte der Vorstellung als der Wirklichkeit zu sein.

Eigentlich ist mir erst während der Niederschrift dieser Erinnerungen bewusst geworden, wie sehr ich von der frühesten Jugend an bis zu meiner Rückkehr aus der Gefangenschaft von meinen Eltern geprägt worden war. Das war im Falle meines Vaters nicht so sehr erstaunlich, da seine starke Persönlichkeit sich dem Heranwachsenden aufprägte, ohne dass viel Worte gemacht wurden. Aber auch meine Mutter, mit der wir bis zu ihrem Tod 1974 in einem Haus in Dahlem lebten, spielte eine große Rolle für die Familie, vielleicht weil sie sich so temperamentvoll gegen ihren Mann und ihren Sohn zu behaupten wusste. Diese spontane Lebhaftigkeit führte mitunter zu Ausbrüchen auch gegen meinen Vater, dessen ruhige Vernunft sie sonst respektierte. Dann sagte sie nach ein paar

Stunden: »Wolf, du kennst doch meine Temperamentsausbrüche.« Mein Vater pflegte dann in seiner ruhigen Art zu sagen: »Ja, du nennst es Temperamentsausbruch. Ich nenne es Unbeherrschtheit.« Das war viel wirkungsvoller als jede Zurechtweisung.

Die aufbrausende Art meiner Mutter hatte vielleicht auch mit dem Altersunterschied zu tun. Es muss ja für meine Mutter nicht immer leicht gewesen sein, mit einem anderthalb Jahrzehnte Älteren zusammenzuleben, der mitunter zu erkennen gab, dass er eigentlich sein Leben schon hinter sich hatte. Aber beide waren ohne einander nicht zu denken, zu der ausgeglichenen Art meines Vaters gehörte das Spontane und mitunter Quirlige meiner Mutter. Eigentlich zeigte sie erst im Bombenkrieg, während der Monate meiner Verhaftung und in der Besatzungszeit wechselnder Okkupanten ihre Stärke. Denke ich zurück, so sind es beide Eltern, denen ich vieles, eigentlich alles verdanke, obwohl sie mitunter verwundert auf den Sohn schauten, der so ganz andere Wege ging. Aber es wäre meinem Vater nicht im Traum eingefallen, mir seine Verwunderung zu zeigen, dass ich so sonderbare Fächer wie Philosophie und Alte Geschichte studierte und dann sogar die Literatenlaufbahn einschlug, was ihm sehr fremd gewesen sein muss. Meine Mutter dagegen billigte im Grunde alles, was ich auch tat, vielleicht aus jenem spontanen Enthusiasmus, den sie allem und jedem gegenüber bewies.

Erst beim Durchmustern der Photoalben realisiere ich, dass sie eigentlich eine sehr attraktive junge Frau gewesen ist, hübsch bis an die Grenze der Schönheit. Ich verstand es schon, dass mein Vater drei Monate nach dem Kennenlernen bei meiner Großmutter um ihre Hand anhielt, obwohl oder gerade weil er anderthalb Jahrzehnte älter war. Meine Mutter war eher zierlich und hatte sehr sprechende, dunkle Augen. Ihr volles Haar, in das sich vergleichsweise früh graue Strähnen mischten, hob ihre Zerbrechlichkeit noch hervor, so dass sie im Alter mitunter eine »Rokokoprinzessin« genannt wurde.

Jugend in Ettersburg

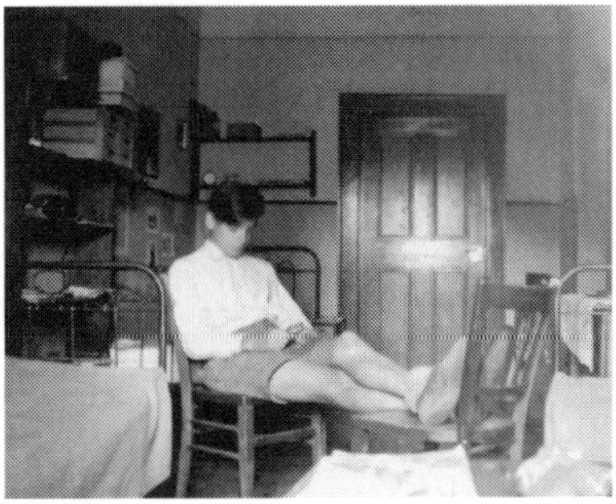

Ein karges Zimmer in Ettersburg war von nun an mein Zuhause.

Von der Aufnahme in der Schule, der Vorstellung bei dem Direktor Franz Windweh und dem für mich in Zukunft zuständigen »Familienvater«, wie die Lehrer genannt wurden, die wir mit Vornamen anzureden hatten, habe ich nur die blasseste Erinnerung. Das Zimmer, das in Zukunft mein Zuhause sein würde, könnte ich allerdings noch aus dem Gedächtnis zeichnen, denn außer zwei Betten samt Stühlen als Nachttischersatz, einem Regal für die Schulbücher, einem Kleiderschrank und einem Holztisch, an dem wir unsere Schularbeiten machten, war nichts darin enthalten.

Der Name »Schlossschule« Ettersburg klingt elitär, und der Zusammensetzung der Schüler nach war das Internat das sicherlich auch. Allein während meiner Zeit in Ettersburg stammten mehrere Schüler aus ehemals regierenden Häusern, aber man machte damit nicht viel her. Das hatte weniger mit egalitären Neigungen zu tun als mit einem Corpsgeist, der alle »Lietzer« einte. Wahrscheinlich war ja auch die in Friedenszeiten gleichartige Kleidung ein Zeichen dieses Zusammengehörigkeitsgefühls, wenn

auch natürlich stets »Konzessionsschulzen« in Ettersburg aufgenommen wurden, wie man die Bürgerlichen in adligen Regimentern und studentischen Corps in der Kaiserzeit genannt hatte.
Ein Abkömmling eines einst regierenden Hauses gehörte zu meiner Klasse, Malte Putbus, der behauptete, dass seine Familie einst »Könige« von Rügen gewesen seien. Malte war ein herzensguter Mitschüler; allerdings hatte die Ergiebigkeit seiner Natur sich wohl im Längenwachstum erschöpft. Er überragte uns alle um Haupteslänge, nur dass Malte immer wieder sitzen blieb; zu meiner Zeit war er schon zwei Jahre älter als alle seine Mitschüler. Sicherlich hätte er die Schule irgendwann verlassen müssen, wenn die Fürsten Putbus nicht die Jagdrechte auf Rügen behalten hätten. Sein Vater, der alte Fürst, war deshalb auch in Kriegszeiten noch mit Wildbret reich versorgt, und davon profitierte Ettersburg. Wann immer eine Versetzung anstand, kamen Sendungen von Hirschen, Rehen oder Hasen, und durch ein Wunder der Natur schaffte mein Freund immer wieder die Versetzung, oder er wurde, wenn sich das Sitzenbleiben gar nicht vermeiden ließ, wenigstens nicht von der Schule verwiesen.
In der Klasse kursierten deshalb Geschichten, wonach Malte noch Jahrzehnte später bei einem Klassentreffen ein Schüler in kurzen Hosen sein würde, aber alt wie Methusalem. Doch die Wirklichkeit sorgte für einen anderen Abschluss. In den letzten Wochen des Krieges ist Malte bei Graudenz in Westpreußen gefallen, im Juli 1945 wurde er amtlich für tot erklärt. Sein jüngerer Bruder, der jetzige Fürst Putbus, hat nach der Wiedervereinigung für die Rückgabe des Familienbesitzes gekämpft, aber erfolglos. Die Spur des Vaters verlor sich zwar in einem KZ,

und zwar in demselben Lager, in dem auch der alte Ribbeck sein Ende gefunden hatte. Ob an Unterernährung zu Grunde gegangen, am Fieber gestorben oder hingerichtet, das ist nie geklärt worden. Aber beide Familien, die Ribbecks wie die Putbus', konnten den Nachweis nicht erbringen, dass ihre Güter schon im Dritten Reich enteignet worden seien, und so fielen sie nicht unter die Rückgabeklausel des Einigungsvertrages. Denn die aktenkundige Enteignung hatte erst unter der sozialistischen Diktatur stattgefunden, und so war sie rechtens. Sonderbare Wege, die das Geschick der Familien des deutschen Ostens genommen hat.

Wenn ich an uns vierzehn- oder fünfzehnjährige Hermann Lietz-Schüler in Ettersburg denke, so habe ich das Schicksal einer ganzen Generation vor mir. Malte Putbus also im März 1945 in Graudenz gefallen, Manfred v. Gottberg im Februar 1945 als Letzter seiner Familie am »Westwall«, und die Spur von Klaus Spangenberg verliert sich in den allerletzten Wochen des Krieges. Mein Freund Ernst Jünger fiel im November 1944 während »Frontbewährung« bei einem Himmelfahrtskommando in den Marmorbrüchen von Carrara. Ich selber hatte das Glück einer frühzeitigen Verwundung gehabt, und vielleicht blieb mir nur deshalb dieses Schicksal erspart. Vier Siebzehn- und Achtzehnjährige aus einer einzigen Klasse desselben Internats, die in den Untergang des Landes gerissen wurden.

Damals lebten wir alle nichtsahnend erst in Schloss Ettersburg und dann in der Oberstufe der Hermann Lietz-Schule auf Spiekeroog. Die Partei betrachtete alle diese Hermann Lietz-Schulen mit Misstrauen, vielleicht weil sie erkennbar aus der »Volksgemeinschaft« herausfielen. Waren es wirklich Luxusherbergen, wie in dem Umkreis des thüringischen Gauleiters Sauckel gesagt wurde? Was den äußeren Luxus betraf, so bietet jede Schule von heute jedenfalls mehr. Die langen Gänge im ehemaligen Gutshaus Ettersburg waren so wenig geheizt wie die Schlafzimmer der Schüler. Nachts musste man durch dunkle Korridore bis zum Waschraum gehen, in dessen Wasserkannen das Wasser im Winter oft genug gefroren war; von fließendem warmem Wasser war keine Rede. Aber diese spartanische Unterkunft trat den Schülern gar nicht ins Bewusstsein, denn die meisten waren es von zu Hause nicht anders gewohnt, vor allem wenn sie aus den Gutshäusern in Pommern, Ostpreußen oder Schlesien kamen.

Jahrzehnte später schrieb der neunzigjährige Alexander Fürst Dohna aus Schlobitten seine Memoiren für meinen Verlag, und er erzählte mir bei der Arbeit in seinem Schweizer Exil, da die Dohnas seit dem 18. Jahrhundert in Bern Bürgerrecht besaßen, dass erst in den späten dreißiger Jahren in einem Teil des Schlosses eine Zentralheizung eingebaut worden war. Da die Kachelöfen und Kamine aus dem frühen Barock die vielen Zimmerfluchten kaum heizen konnten, wurden sie gar nicht erst benutzt. So blieben große Teile des Schlosses während der langen ostpreußischen Herbst-, Winter- und Frühjahrsmonate unbewohnt. Dabei gehörte Schlobitten neben dem Friedrichstein der Dönhoffs und dem Steinort der Lehndorffs zu den nobelsten Besitzungen Ostpreußens, und zu dem Dohna'schen Besitz zählten noch sieben andere Herrenhäuser und Jagdhäuser.

Am meisten liebten die Dohnas das kleine Schlösschen Prökelwitz, das Ende des 17. Jahrhunderts gebaut worden war und von der Familie vor allem als Quartier für die Jagd genutzt wurde. Aber die Dohnas hatten auch den letzten Kaiser und Hermann Göring dort untergebracht; selbst Heinrich Himmler wurde in Prökelwitz einmal einquartiert – »um uns die neuen Herren gewogen zu machen«, wie der neunzigjährige Fürst entschuldigend bemerkte.

Fürst Dohna sprach noch in der Erinnerung fast voller Zärtlichkeit von diesem gänzlich unrepräsentativen Bau, der etwas ganz anderes war als das wirkliche »Schloss« Schlobitten. »Aber wir kamen ja nur ein Mal im Jahr für zwei oder drei Wochen nach Prökelwitz, meist zur Jagd«, sagte er. Seine Erklärung brachte mir die Natur solcher ostpreußischen Besitzungen zu Bewusstsein. Prökelwitz lag von Schlobitten zweiundsiebzig Kilometer entfernt, und immer ging es über das eigene Land, meist sandige Feldwege, die sich im Herbst in morastigen Schlamm verwandelten, im Winter waren sie wochenlang durch meterhohe Schneeverwehungen unpassierbar, selbst vierspännige Schlitten kamen nicht weiter. Das alte Ostpreußen war wirklich ein Teil der östlichen Welt, in die es jetzt nach siebenhundert Jahren wieder zurückgesunken ist.

Als sich die wirtschaftliche Lage der ostelbischen Landwirtschaft Mitte der dreißiger Jahre besserte, wurde in Schlobitten ein Maybach oder Horch angeschafft, der aber nur ausnahmsweise benutzt wurde. Normalerweise fuhr die Familie in einer Kutsche, wobei der Vater und seine Söhne voraus ritten, wenn sie Nachbarn besuchten, deren Häuser meist Dutzende von Kilometern entfernt

lagen. Der »Herrschaftskutscher« hielt strengen Abstand von den Kutschern des Gutsbetriebes und er aß auch nicht in der Gesindeküche. Die Hierarchie war unten so streng wie oben. Das muss man sich immer vergegenwärtigen, wenn es um das Leben in alten Zeiten geht.
Aber selbst dieses bäuerliche Ostpreußen mit seinen winkligen Häusern muss auf die russischen Eroberer provozierend gewirkt haben, da sie sich doch Hunderte, ja Tausende von Kilometern vorwärts gekämpft hatten, erst durch Russland selber, dann durch Weißrussland und die Ukraine, dann in monatelangen Schlachten durch Polen. Jetzt, wo ich dies schreibe, kommt mir Goethes Bemerkung in den Sinn, dass 1813 Kirgisen, Baschkiren und Kosaken an die Stelle jener französischen Besatzungsoffiziere traten, die oft genug im Frauenplan zu Gast gewesen waren.

Da er nichts tut als erobern,
Wird er uns nicht übersehen.
Gerne wird er seinen Lobern
Eine kleine Kette drehen,

notierte Graf Platen angesichts der fremdartigen Völkerschaften, die sich anschickten, das alte Europa von Napoleon zu befreien. Tatsächlich hat der Kreml nach 1945 seinen »Brudernationen« sehr bald schon Ketten angelegt, und den Ungarn wie den Polen oder Deutschen viel weniger Freiheit gelassen, als die Verbündeten Russlands einst in der heiligen Allianz gehabt hatten. Sprach sich in der Rigorosität der Behandlung Osteuropas, womit man seit den frühen fünfziger Jahren Aufstände, Erhebungen und Revolutionen provozierte, das tiefe Misstrauen Sta-

lins aus, Europa für sich gewinnen zu können, so dass der Kreml von vornherein auf Gewalt setzte?
Sehr merkwürdig bleibt, dass Russland es nach diesem Krieg versäumte, wenigstens einen Versuch zu machen, die Deutschen für sich einzunehmen. Nach dem Ersten Weltkrieg waren die Emissäre Moskaus, Radek und Lunatscharski, gekommen und hatten vor allem in Deutschland, in Berlin wie in München, gesucht, die Weltrevolution voranzutreiben. Nach diesem zweiten und nun totalen Sieg wollte man jedenfalls nicht mehr die Seele, sondern die Provinzen der Unterworfenen. Teile Rumäniens und Nord-Ostpreußen, dieses als »Oblast Kaliningrad«, wurden der riesigen Sowjetunion zugeschlagen. Auf diese Weise aber ruinierte der Kreml die Faszination, die das Russentum einst für den Westen und gerade für die Deutschen besessen hatte. Immer wieder aber dieselbe Erfahrung – Sehnsucht und Schrecken vor dem ganz Anderen, das Europa gegenübersteht.
Ein Vierteljahrhundert später gründete ich mit Solschenizyn, Sacharow und Kopelew im Propyläen Verlag die Zeitschrift »Kontinent«, die der russischen Literatur eine Stimme im Westen geben wollte; Amalrik, Maximow, Sinjawski, Nekrassow, Brodski und all die anderen veröffentlichten hier jene Schriften, die in der Sowjetunion verboten waren. Aber bald waren sie untereinander so zerstritten, dass die Zeitschrift nicht leben und nicht sterben konnte. In der ersten Nummer, die solches Aufsehen erregte, dass ich sehr bald englische, französische und italienische Lizenzen verkaufen konnte, waren sie noch alle mit Beiträgen vertreten gewesen, Erzählungen, Lagerberichten, Essays und Gedichten. Darunter war auch ein Beitrag von Andrej Sinjawski, der lange Jahre mit Sol-

schenizyn zusammen im Gulag verbracht hatte. Darin gab es einen Passus, wo er auf ihrer aller Schicksal zu sprechen kommt, leidenschaftliche Russen, die für ihr Land in den Krieg gezogen waren, aber von ebendiesem Land in Lager verbannt wurden, wenn sie das Misstrauen der Partei erregt hatten. »Russland, du Hündin, schlägst jene Söhne, die dich am meisten lieben«, so ähnlich hatte der Satz gelautet, der der Stein des Anstoßes für Solschenizyn gewesen war. Russland eine Hündin? So spräche man nicht von ihrer aller Mutter, dem heiligen Russland. Solschenizyn, der kurz zuvor sein Buch »Ein Tag im Leben des Iwan Denissowitsch« veröffentlicht hatte, war dabei der radikalste Gegner des sowjetischen Systems und machte gar keinen Hehl aus seiner Ablehnung des Regimes. Immer wieder gab er von Moskau aus ausländischen Zeitungen Interviews, in denen er den baldigen Untergang des Kommunismus voraussagte. Ihm geschah aber wenig, man wies ihn nicht noch einmal in ein Lager ein und suchte nur seine Verbindung zur Außenwelt nach Möglichkeit einzuschränken. Er war in seiner Unbedingtheit ein halber Dostojewski und zur Hälfte ein heiliger Mönch, dem er sich in seiner Kleidung und in seinem bärtigen Heiligengesicht auch äußerlich immer mehr annäherte. Aber niemand, selbst kein Schicksalsgefährte, durfte dieses Russland eine »Hündin« nennen. Man muss wahrscheinlich Russe sein, um diese verquere Liebe zum eigenen Land zu begreifen.

Die anderen Autoren von »Kontinent«, viele von ihnen noch in Russland lebend, manche schon im Exil in Frankreich, den Niederlanden oder in Deutschland, beschworen ihn, brieflich oder telefonisch, denn merkwürdigerweise konnte man Solschenizyn auch in dieser Zeit noch

Solschenizyn kam 1974 gegen seinen Willen nach Deutschland, wo er eine erste Unterkunft bei Heinrich Böll in dessen Haus in der Eifel fand. Lew Kopelew war 1981 die Ausreise nach Deutschland gestattet worden oder vielleicht sollte man richtiger sagen: er war ebenfalls ausgewiesen worden. Ihre bärtigen Physiognomien gaben in der intellektuellen Welt des Westens etwas Fremdartig-Unzeitgemäßes.

aus Paris, Amsterdam oder Wien anrufen. Die Telefonrechnungen, die am Ende der drei Tage aufgelaufen waren, zu denen ich alle Russen zur Gründung von »Kontinent« in das Hotel Laudon im Wiener Wald eingeladen hatte, gingen ins Unermessliche. Sie alle, von Maximow über Amalrik bis zu Nekrassow, schienen die ganzen Nächte am Telefon verbracht zu haben, um in russischer Weitschweifigkeit Projekte zu wälzen und ihr Geschick zu beklagen.

Die Zeitschrift gab es noch viele Jahre, und ab und zu erscheint sie noch heute, wobei Cornelia Gerstenmaier, die Tochter des ehemaligen Bundestagspräsidenten, die Chefredakteurin wurde, da sie als Slawistin ein fast akzentfreies Russisch sprach und vor allem die heillos zerstrittene Mitarbeiterschar immer wieder leidlich zu dressieren verstand. Aber »Kontinent« wurde immer uninteressanter, und nach dem Zerfall der Sowjetunion in den frühen neunziger Jahren hatte sie eigentlich ihr Lebensrecht verloren. Nicht nur, dass viele der Emigranten, auch Solschenizyn selber, nach Russland zurückkehrten, sondern sie konnten nun auch in Moskau oder Petersburg jene Bücher veröffentlichen, die so lange verboten gewesen waren.

Ich habe viele von ihnen auch später getroffen, in Berlin wie in Paris, wo wir eine Zeit lang unsere Redaktionskonferenz abhielten. Und auch dabei kam es wieder zu den amüsantesten Kontroversen. Wladimir Maximow, ein begabter Romancier mit einem an Verfolgungswahn grenzenden Hass auf die Sowjetunion, schien nur zwei Dinge rückhaltlos zu lieben, die russischen Menschen und das »Wässerchen«, den Wodka, ohne den er kaum zu denken war. In diesem Zustand konnte er aber noch immer auf höchst geistreiche Weise bissig sein. Maximow und Sinjawski verstanden sich eigentlich einigermaßen, und zuweilen konnte man den Eindruck haben, sie seien befreundet. Aber die Frau von Sinjawski, eine nicht gerade durch Schönheit oder Charme gewinnende Intellektuelle, legte sich fast jedes Mal mit Maximow an, schon seines Wodka-Konsums wegen. Einmal hatte wieder eine Konferenz abgebrochen werden müssen, da die beiden aneinander geraten waren, und ich blieb mit Maximow allein in der Wohnung des Kultur- und Presseattachés Hans Hausser in der Rue de l'université. Es dauerte nicht lange, bis Maximow auf seine Feindin zu sprechen kam, die ihre Wohnung in Paris hatte, wo sie ihren Haushalt durch den Kauf eines Besens zu vervollständigen suchte. Sie habe sich in dem Warenhaus Lafayette gleich wieder mit dem Verkäufer angelegt, so dass der sie zum Abschied gefragt habe: »Soll ich den Besen einpacken oder wollen Sie gleich auf ihm davonreiten?« Der Umgang mit Autoren, nicht nur russischen, bringt manche Überraschung mit sich, und ich könnte ein eigenes Buch mit Erlebnissen dieser Art füllen.

Noch im selben Jahr 1974, als Solschenizyn von der sowjetischen Regierung – man erzählte, auf persönliche Anweisung von Leonid Breschnew – nach Deutschland ausgewiesen worden war, hatte er seine erste Unterkunft in dem Haus von Heinrich Böll in der Eifel. Beide Nobelpreisträger verbrachten dort einige Wochen zusammen, die sehr merkwürdig gewesen sein müssen. Von allen russischen Schriftstellern seiner Zeit schätzte Solschenizyn Vladimir Nabokov am meisten, dessen Familie schon beim Ausbruch der Revolution Zuflucht in Westeuropa gesucht hatte, erst in Berlin, dann nach der Machtergreifung Hitlers, in Paris und schließlich in den Vereinigten Staaten. Diese Hochschätzung ging fast bis zur Verehrung, und Solschenizyn machte sich eines Tages auf, Nabokov in Montreux zu besuchen, wo dieser jahrelang eine Suite in einem der Grandhotels der Belle Epoque belegt hatte. Der Zug aus Köln erreichte frühmorgens, fast zu nachtschlafender Zeit, den Schweizer Ort, der seit je ein Quartier für die große Welt gewesen war.

Gegen sieben oder acht Uhr morgens betrat Solschenizyn die ihn befremdende Luxusatmosphäre des Grandhotels mit seinen Marmorwänden, den Samtportieren und den vergoldeten Stukkaturen. Natürlich war Nabokov noch nicht aufgestanden, und so nahm Solschenizyn in der

Halle Platz, wo er etwa zwei Stunden wartete, mit immer deutlicherem Missfallen die luxuriöse Umgebung betrachtend. Endlich verlangte er von der Concierge ein Blatt Papier und schrieb einen Gruß an Nabokov, dass er nach Köln zurückgefahren sei. »Ich wollte einen Dichter nicht mehr kennen lernen, der in solcher Atmosphäre sein Leben verbringt.« Die bärtige Gestalt, die ein Freund als »halb Christus, halb Rübezahl« bezeichnete, wanderte zum Bahnhof zurück und nahm den nächsten Zug, der nach Köln ging.

Hat seine Verehrung diese Irritation überstanden oder hat er sich auch literarisch von einem Mann abgewandt, dessen Lebensstil ihm so zuwider war? Ich habe immer vermutet, dass Solschenizyn mit Böll literarisch wenig anfangen konnte. Die Erzählungen aus dem rheinischen Kleineleute-Milieu müssen ihm zutiefst fremd gewesen sein, und tatsächlich beruhte die Freundschaft beider Männer wohl nur in der menschlichen, nicht in der geistigen Sphäre. Böll hatte seine Moskaubesuche immer wieder dazu benutzt, verfemte sowjetische Autoren zu besuchen und insgeheim Briefe und sogar Manuskripte hin und her zu transportieren, was der sowjetischen Geheimpolizei wahrscheinlich bekannt, aber nicht wichtig genug gewesen war, um einen internationalen Skandal mit einem Nobelpreisträger vom Zaun zu brechen. Aber die Art von Literatur, die Böll schrieb, war nicht die Solschenizyns, und Kopelew, der mit beiden auf dem vertrautesten Fuße stand, erzählte mir, dass es ihm nie gelungen sei, mit Solschenizyn ein Gespräch über ihrer beider Freund zu führen.

Solschenizyn wie Kopelew sahen mit ihren russischen Bärten wie Wanderer aus fernen Welten aus, fremd der westeuropäischen Zivilisation, in die sie das Schicksal verschlagen hatte. Beide waren bei der Eroberung Ostpreußens in jenen Winter- und Frühjahrstagen des Schicksalsjahres 1945 dabei gewesen und in Straflager deportiert worden, als sie sich gegen die Exzesse der Roten Armee wendeten, die nun endlich den Boden erreichte, von dem das Unheil über ihr Land ausgegangen war.

»Fast am meisten«, sagte Kopelew, der in meinem Verlag dann seinen zu Hause verbotenen Heinrich-Heine-Roman veröffentlichte, »hat es die erobernden Soldaten verblüfft, dass gleich nach der Grenze zu Deutschland alle Häuser, die Schlösser wie die Bauernhäuser, aus Steinen gemauert waren, wie man sie in Russland außerhalb der Städte nicht kannte.« Da sei den sowjetischen Soldaten erst richtig bewusst geworden, dass Russland wirklich etwas ganz anderes war als dieses Europa, das sie jetzt betraten.

Etwas ist mir all die Jahre und Jahrzehnte nicht aus der Erinnerung gegangen. Auf dem Internat waren viele Kinder des pommerschen, ostpreußischen und schlesischen Adels, jene »Schlossgesessenen«, wie man in alten Zeiten gesagt hat. Die nächsten ostpreußischen, pommerschen oder schlesischen Kleinstädte, in denen es Gymnasien gab, lagen ja oft Dutzende von Kilometern von den eigenen Besitzungen entfernt, und so schickte man die Söhne – selten auch die Töchter – eben auf ein Internat, und wenn es nicht das Salem des Prinzen von Baden war, so war es die Odenwaldschule oder eben eine der Hermann-Lietz-Schulen, Haubinda oder Biberstein. Dort, in Ettersburg, war mein erster Zimmerkamerad ein ebenfalls gerade dreizehn gewordener Ostpreuße namens Manfred v. Gottberg; er wurde gleichzeitig mit mir eingeschult, und die beiden Mütter suchten ihre verstörten Söhne zu beruhigen. »Es ist ja immer schwer für Jungen, die zum ersten Mal allein sein werden, in so ganz fremder Umgebung«, sagte meine Mutter, wohl ein wenig hilflos. »Ja, natürlich«, erwiderte Frau v. Gottberg. »Aber für Manfred ist das noch viel schwerer. Er lebt ja zum ersten Mal mit einem Bürgerlichen zusammen.« Meine Mutter, die aus einer preußischen Offiziersfamilie kam, muss ein wenig entgeistert geblickt haben. Gleichwohl waren wir bald leidlich befreundet, und als Fünfzehnjähriger wurde ich während der Herbstferien auf das Gut der Gottbergs bei Preußisch-Wilten eingeladen.

Damals, im Jahr 1941, war die Fahrt von Berlin in das ferne Ostpreußen für die beiden Freunde ein Erlebnis. Stundenlang fuhren wir in einem Eilzug – ein D-Zug wäre unangemessen gewesen – erst durch Pommern nach Osten, dann an Stettin und Danzig vorbei nach Königsberg. Schließlich ging es mit einem Bummelzug, der altmodische Abteilwaggons hatte, durch Ostpreußen nach Süden. Das Land – weite Ebenen, kurze Waldstücke und immer wieder Seen – machte im Grunde einen vertrauten Eindruck. Ähnlich eintönig war ja die Landschaft diesseits und jenseits der Elbe, der Oder oder der Weichsel, wo gerade die Abwesenheit des Pittoresken das Malerische ausmacht. Für den Fünfzehnjährigen war es jedenfalls ein nicht endendes Land, obwohl die Fahrt sicherlich nur wenig mehr als hundert Kilometer an Masuren vorbei nach Süden ging.

Damals, während der Reise der zwei Fünfzehnjährigen, präsentierte sich das Land, das in unserer Vorstellung meist als Welt von Schlössern und Gutshäusern lebt, vorwiegend als Bauernland. Ich glaube mich nur an zwei oder drei Herrenhäuser zu erinnern, deren Dächer man in der Ferne sah und die von Baumgruppen umstanden waren. Bauern ließen ja nie die alten Baumriesen stehen, weil Hunderte von Klaftern härtesten Buchen-, Eichen- und Lindenholzes viel zu kostbar waren. Es waren Bauerngehöfte, deren Dächer man über das Blätterdach von Pappeln oder Weiden schimmern sah, und strohgedeckte Fischerkaten standen am Rande der vielen Seen, nirgendwo Herrschaftliches.

Ostpreußen hat ja stets im Gefühl eine größere Rolle gespielt als in der Wirklichkeit. Hat man empfunden, dass ganz Ostpreußen von der Kurischen Nehrung bis zur Masurischen Seenplatte nur eine kleine Provinz war, vergleicht man es mit Bayern? Von Gumbinnen im fernsten Osten bis nach Pillau im weitesten Westen ist es ja gerade so weit wie von Hof bis nach Ingolstadt, und da hat man erst die Hälfte Bayerns durchmessen. Sehnsucht und Verklärung steigern das Verlorene, und die träumerische Vorstellung verdichtet die Erinnerung.

Aber solche Gedanken lagen den beiden Schulfreunden fern, die zum väterlichen Gut der Gottbergs fuhren. Irgendwo wurden wir an einer Station mit einer altersschwachen Kutsche abgeholt. Die Fahrt dauerte wohl noch einmal eine gute Stunde, dann lag das Schloss vor uns, das bei Lichte betrachtet ein einfaches Gutshaus war. An den wenigen Stufen der Freitreppe stand der alte Diener und begrüßte meinen fünfzehnjährigen Schulfreund auf eine Weise, an der ich später die archaischen Lebensformen des alten Ostpreußen ablesen sollte: »Wir freuen uns alle so, dass der junge Herr wieder zu Hause sind.«

Das war durchaus nicht untertänig gesagt, eher familiär. Jahrzehnte später, als ich diese Episode dem Freunde Haug v. Kuenheim erzählte, dessen Familiengüter ebenfalls in Ostpreußen lagen, war er nicht überrascht. Sein Vater war noch im Zweiten Weltkrieg von dem Kutscher stets als »gnädiger Herr« angeredet worden, was im »Reich« längst undenkbar geworden war. Amüsiert erzählte Kuenheim, dass einer der Gutsarbeiter es als unpassend empfunden hatte, in Gegenwart seiner Großmutter, einer verheirateten Franziska Sarasin, vom »Altweibersommer« zu reden; er hatte sich aus der Affäre gezogen, indem er vom »Sommer der gnädigen Frau« sprach. Der alte Diener, der wohl Jahrzehnte schon in den Diensten der Familie Gottberg gestanden hatte, wie wahrscheinlich sein Vater und Großvater auch, gehörte ganz einfach dazu, wie eben auch mein Freund. Ob der alte Herr v. Gottberg zu Hause war, weiß ich nicht mehr, wahrscheinlich stand er irgendwo an der Front im Osten. Einmal abends wurde ganz beiläufig von einem Onkel gesprochen, wobei es sich um Feldmarschall v. Brauchitsch handelte; ein wenig stolz war man, aber im Grunde machte man nicht viel her von der Verwandtschaft. Dass man aber ein Gefühl oder eine Vorahnung gehabt hätte, dass dieser Russlandkrieg, den man noch Feldzug nannte, weil er in ein paar Monaten abgeschlossen sein würde, sie alle die Heimat kosten würde, davon war nichts zu spüren, jedenfalls nicht für die zwei Fünfzehnjährigen.

Ein paar Jahre später ist mein Schulfreund im Februar 1945 als Fahnenjunker an der Westfront gefallen, die damals schon am alten Westwall lag. Da waren auch seine Eltern schon tot, ganz friedlich noch in ihrem alten Haus gestorben. Nun gibt es die Gottbergs nicht mehr, das alte Herrenhaus wahrscheinlich zerschossen oder wie so viele nach dem Abzug der letzten deutschen Truppen von marodierenden Fremdarbeitern niedergebrannt, wie auch die Schlösser der Dohnas, Finckensteins und Dönhoffs. Das Steinort der Lehndorffs hat den Sturm des Jahres 1945 zwar überstanden, aber es ist in den Jahrzehnten seither heruntergekommen und zum Teil verfallen. Keines dieser Schlösser war während der Kampfhandlungen untergegangen, erst nach Wochen oder sogar Monaten wurden sie zerstört, und heute sucht man vergebens in dem Gestrüpp Spuren, wo einst diese meist aus dem Barock stammenden Häuser gestanden hatten. Eine ganze ostpreußische Kultur ist an ihr Ende gekommen.

Damals stand ich selber bei der 26. Panzergrenadierdivision zwischen Forlì und Faenza, wo ich im Spätherbst 1944 verwundet wurde, so dass ich den Jahreswechsel zum letzten Kriegsjahr 1945 in einem Lazarett in Abano Terme erlebte. Venedig, wohin ich, wann immer es möglich war, am Wochenende fuhr, war zur »Offenen Stadt« erklärt worden und nachts strahlend erleuchtet, damit die englischen Bomberverbände ihre Last nicht versehentlich abluden. Tagsüber, während auf dem Markusplatz Musikkapellen aufspielten und die Damen in Gruppen zu drei oder vier vorbeiflanierten, gefolgt von den Kindermädchen, die zwei Schritte hinter ihnen gingen, sah man hoch oben die Kondensstreifen der viermotorigen Bomber. Keine Flak und keine Jagdflugzeuge behinderten sie auf ihrem Weg nach Wien, Graz oder St. Pölten. Man beobachtete die Pulks merkwürdig unbeteiligt, als gingen sie einen nichts an. Venedig war wie eine Stadt

Als Verwundeter fuhr ich mitunter nach Venedig, das 1944 zur »Offenen Stadt« erklärt worden war. Die Gondeln schaukelten verlassen an ihren Stegen.

zwischen den Fronten, Sperrgebiet für alle Uniformierten, Deutsche wie Italiener. Zwischen den Oberkommandos war ausgehandelt worden, dass nur Verwundete und Kranke die Stadt betreten durften, und so bot sie einen unwirklich-friedlichen Anblick.

Vor dem Dogenpalast schaukelten an ihren Stegen die Gondeln, aber kein Tourist war da, sie zu mieten. Frühmorgens, noch vor Sonnenaufgang, traf ich den Gondoliere, mit dem ich am Vortag für ein paar Lire schon handelseinig geworden war, und dann fuhren wir auf die Lagune hinaus, um den Sonnenaufgang hinter Santa Maria della Salute zu erleben. Das Frühstück, ein halbes Weißbrot und ein Stück Parmesan, aßen wir gemeinsam. Die Reichsmark war sonderbarerweise in Italien auch noch zu Ende des Jahres 1944 eine akzeptierte Währung, während man für italienische Lire praktisch nichts mehr erhielt. Gegen Mittag öffneten wir die Korbflasche Wein, sie kostete meiner Erinnerung nach ganze zwanzig Lire.

Es waren strahlende Wintertage in diesem Dezember 1944, nur selten zog eine Wolke über den Himmel. Im Norden luden die Bomber wohl inzwischen ihre Fracht ab, und von Süden her hörte man bei Südwind das dumpfe Grollen der näherrückenden Front, an die ich bald zurückkehren würde. Ich selber war von alldem wie nicht betroffen, und zumindest in meiner Erinnerung waren diese Wochen in Venedig das Italienerlebnis, das alle Folgenden überlagerte. Später erst las ich den »Tod in Venedig« von Thomas Mann und »Über den Fluss und in die Wälder« von Ernest Hemingway, die so ergreifende Beschwörungen des Todes in der Lagunenstadt sind. Aber diese literarischen Spiegelungen kamen gegen die Wirklichkeit nicht an.

War das Ettersburg der Kriegsjahre erkennbar vom Geist des Dritten Reiches geprägt? Denn es ist ja schwer denkbar, dass einzig die Internate, die man jetzt »Heimschulen« nannte, einen Freiraum gehabt hätten. Sie alle unterstanden dem »Inspektor für das Heimschulwesen«, dem SS-Obergruppenführer Heißmeyer, dessen Rang dem eines Kommandierenden Generals entsprach. Der delegierte aber seine Befugnisse weitgehend an die jeweiligen Heimleiter und beschränkte sich auf jährliche, mitunter mehrtägige Inspektionen. Vielleicht hing es mit dieser direkten Unterstellung unter den SS-General zusammen, dass es paradoxerweise keine Hitlerjugend in Ettersburg mehr gab. Meine Pimpfenuniform war mir von zu Hause erst gar nicht mitgegeben worden, und ich habe während meiner ganzen Jahre in Ettersburg und Spiekeroog nie mehr eine Uniform getragen. Wahrscheinlich gab es irgendwelche Abmachungen zwischen dem SS-Obergruppenführer und dem Reichsjugendführer, von denen wir aber nie etwas erfuhren.
Ich scheine bei einer dieser Inspektionsreisen, bei denen Heißmeyer übrigens meist schweigend am Unterricht teilnahm und uns nur hin und wieder in Diskussionen verwickelte, sein Interesse gefunden zu haben. Denn einige Wochen später schrieb Franz Windweh, der Direktor von Ettersburg, an meinen Vater, dass ich für eine der Eliteschulen des Regimes ausgewählt worden sei – ich weiß

nicht mehr, ob es sich um eine »Napola«, eine der »Nationalpolitischen Erziehungsanstalten«, gehandelt hat oder, wahrscheinlicher, um eine »Adolf-Hitler-Schule«; jedenfalls war es nicht eine der so genannten Ordensburgen, von denen Sonthofen die berühmteste war und auf denen der eigentliche Führungsnachwuchs des Regimes herangezogen wurde. Der Brief, in dem Franz Windweh meinem Vater die heikle Auszeichnung mitteilte, verursachte zu Hause ziemliche Beunruhigung. Wie sollte man die zweifelhafte Bevorzugung ablehnen, ohne Misstrauen zu erregen? Auf irgendeine Weise ging der Kelch dann doch an mir vorüber, ich weiß nicht mehr, ob es dazu besonderer Ausflüchte bedurft hatte.

Ein Vierteljahrhundert später kam Heißmeyer mir wieder in Erinnerung, dessen schlossartiges Landhaus am U-Bahnhof Podbielskiallee nicht weit von unserem Haus in Dahlem lag. Heißmeyer war nämlich mit der »Reichsfrauenschaftsführerin« Gertrud Scholtz-Klink verheiratet, dem Urbild des erstrebten Frauentyps mit einem geflochtenen Zopf goldblonden Haars, den sie als Kranz um den Kopf trug. Hatte sie auf diese Weise beim »Führer« Gefallen erregen wollen? Aber Hitler hatte sie, so meinte jedenfalls Albert Speer, als er ein Vierteljahrhundert später seine »Erinnerungen« schrieb, nur ausnahmsweise eines Händedrucks gewürdigt.

Tatsächlich zeigen die Aufnahmen von Hitlers privatem Kreis in der Reichskanzlei oder vom Obersalzberg, dass er ganz im Gegenteil bei seinen Weihnachts- oder Neujahrsempfängen den attraktiven Typ der Ufa-Schauspielerinnen bevorzugte, mit Frisuren, wie sie seit den dreißiger Jahren in ganz Europa modern waren. Übrigens waren sie oft auch stark geschminkt, was für die Frauenschaftsführerin natürlich undenkbar war. Die Empfänge auf dem Berghof unterschieden sich wenig von den Runden, die damals überall in der Reichshauptstadt bei solchen Gelegenheiten zusammenkamen. Hitler hatte ja auch eine Vorliebe für eine sehr junge, meist auffallend gut aussehende, häufig auch adlige Entourage, den Luftwaffenadjutanten Nikolaus v. Below oder den Marineadjutanten Karl-Jesko v. Puttkamer. Selbst zwei der rabiatesten Gefolgsleute aus der »Kampfzeit«, Julius Streicher und Robert Ley, fielen noch während des Nürnberger Prozesses durch ihre ausnehmend attraktiven Frauen auf. Das konnte man von Gertrud Scholtz-Klink nicht gerade sagen, obwohl ihre zwei Ehen und ihre vielen Kinder aus dieser Zeit für erotische Tüchtigkeit zu sprechen scheinen.

Hitler liebte es, sich in den Friedensjahren mit jungen, eleganten und modisch frisierten Damen zu umgeben, wobei meist Schauspielerinnen und Tänzerinnen in die Reichskanzlei eingeladen wurden.

In der zweiten Hälfte der dreißiger Jahre waren die Speers zusammen mit den Heißmeyers aus irgendeinem Anlass auf den Berghof geladen. Den beiden Damen wurde ein gemeinsames Badezimmer zugewiesen, wo sie sich für den Abend zurechtmachen konnten. Überrascht sah Gretel Speer bei dieser Gelegenheit, wie sich die Scholtz-Klink vor dem Duschen aller ihrer Sachen entledigte und zuletzt auch des geflochtenen goldblonden Zopfes, der überall geradezu das Erkennungsmerkmal der Reichsfrauenschaftsführerin war. Kunstvoll war das

Zum Prinzip der Hermann Lietz-Schulen gehörte es, dass die Schüler auch praktische Arbeit in der Werkstatt oder auf dem Feld leisteten. Der Direktor Franz Windweh ist wie immer dabei.

Gebilde auf ihrem eigenen, eher schütteren sandfarbenen Haar befestigt.

Der Einfluss der nationalsozialistischen Ideologie zeigte sich höchstens an dem Gewicht, das auf die Feldarbeit gelegt wurde, bei der wir, übrigens zusammen mit den Lehrern, täglich anderthalb Stunden Rüben verziehen, Disteln stechen oder im Herbst beim Dreschen helfen mussten. Diese Arbeit entsprach der Betonung körperlicher Betätigung, wie das Regime sie predigte, zu dessen Parolen der Slogan von den »Arbeitern der Stirn und der Faust« zählte. Aber das gehörte seit je zu den Prinzipien der Hermann Lietz-Schulen, lange bevor es ein Drittes Reich gab. Auch die Namen der Blut-und-Boden-Dichter Griese, Vesper oder Steguweit habe ich erst nach dem Krieg gehört, obwohl sie wahrscheinlich in der Schulbibliothek vorhanden waren. Aber sie spielten für uns keine Rolle, ich wüsste nicht einen Mitschüler, der dergleichen gelesen hätte.
Zwei Generationen nach den Ereignissen nimmt das Dritte Reich im Bewusstsein der Nachlebenden eine Allgegenwart an, die es damals, zumindest in den Friedensjahren, niemals gehabt hatte. Auf den Bühnen der Reichshauptstadt seien, sagen die meisten Darstellungen des Dritten Reiches, vor allem Stücke wie Mussolinis Napoleon-Drama »Hundert Tage« und das »Schlageter«-Stück von Hanns Johst gespielt worden, eben ein von Goebbels penibel kontrollierter Spielplan. Aber meine Erinnerung weiß es anders. Auch bewahre ich noch einen

Theaterzettel von 1942 auf, der genauso gut aus den zwanziger Jahren stammen könnte, nur dass die jüdischen und linken Autoren natürlich fehlten. Sonst aber beherrschten vor allem klassische Autoren die Bühne, mit Schiller, Shakespeare, Grillparzer, Grabbe, Kleist und Hauptmann an der Spitze, und daneben natürlich jene Unterhaltungsware, wie sie immer zu finden ist.

Neulich habe ich die Ausleihliste der Leihbücherei Amelang am Bahnhof Zoo, die es längst nicht mehr gibt, in der Hand gehabt. Solche Leihbüchereien spielten damals eine große Rolle, denn man konnte sich die Anschaffung von Büchern, auch wenn sie nur 2,85 oder 5,85 Reichsmark kosteten, nur gelegentlich leisten. Die Romane, von denen man sprach, lieh man sich, für möglichst kurze Zeit übrigens, denn die Gebühr wurde nach der Dauer der Entleihung berechnet. Mein Vater war bei Amelang eingetragen, der ein reichhaltiges Angebot hatte und meist von jenem Kurfürstendamm-Publikum frequentiert wurde, das im KaDeWe seine Lebensmittel kaufte.

Mein Gedächtnis hat mich nicht getrogen. Das, was man Naziliteratur nennt, all die Bücher von Hans Grimm, Hans-Friedrich Blunck oder Guido Erwin Kolbenheyer, kommt auf den ersten Plätzen überhaupt nicht vor, und die Bauern- und Fischerromane und vor allem die Germanen-Sagas, deren berühmtester der Theoderich-Roman von Heinz Steguweit war, spielen keine Rolle. Stattdessen waren Marie Hamsuns »Langerudkinder« einer der großen Erfolge jener Jahre, und ich erinnere mich, dass die beiden Bände dieses Romans uns von der Mutter vor dem Einschlafen vorgelesen wurden. Selma Lagerlöfs Roman »Nils Holgerssons Reise mit den Wildgänsen«, das meine Mutter ein Vierteljahrhundert später auch meiner

Tochter Sophie vorgelesen hat, war unser Lieblingsbuch. Aber auch als wir älter wurden, beherrschten ganz andere Bücher das, was man heute Bestsellerlisten nennt – Margaret Mitchells »Vom Winde verweht«, Saint-Exupérys »Wind, Sand und Sterne«, John Galsworthys vielbändige Londoner Familienchronik und Somerset Maughams Gesellschaftsromane, von denen »Ein Stück Weges« ein ganzes Weihnachtsgeschäft prägte. Auch Chamiers Biografie des letzten Kaisers »Ein Fabeltier unserer Zeit« war 1936 ein spektakulärer Erfolg, und in kürzester Zeit mussten fünf Auflagen von einem Buch gedruckt werden, das doch der Versuch einer Ehrenrettung des letzten Hohenzollern war. Offensichtlich nahm Goebbels keinen Anstoß daran, wie denn überhaupt sonderbar bleibt, wie weitherzig – oder gleichgültig – die Reichsschrifttumskammer gegenüber Büchern war, die ganz eindeutig der Politik des Regimes fremd gegenüber standen. Foresters »Hornblower-Zyklus« war in den Leihbibliotheken ständig vergriffen, wie denn überhaupt amerikanische und englische Bücher die offizielle oder inoffizielle Naziliteratur weit überwogen. Mein Vater las in diesen Jahren Louis Bromfields »Der große Regen« und vor allem John Steinbecks »Die Straße der Ölsardinen«, und mir ist nicht in Erinnerung, dass bei uns zu Hause in Gesprächen die Bücher überhaupt Erwähnung fanden, die offiziell propagiert wurden.

Aber ich sollte gleich anfügen, dass auch die modernen Franzosen, deren Bücher inzwischen zu den bedeutendsten der dreißiger und vierziger Jahre zählen, André Malraux' »La condition humaine« und Louis Aragons »Die Reisenden der Oberklasse«, in den Gesprächen meines Vaters keine Rolle spielten. Waren sie zu intellektuell, zu französisch, zu literarisch? Ich war fünfundzwanzig Jahre später als junger Verleger oft mit Aragon und Malraux in Paris zusammen und habe Malraux' dreibändiges »Imaginäres Museum« im Propyläen Verlag herausgegeben. Aus diesem Anlass gab Claude Gallimard ein Essen für André Malraux, seine Lebensgefährtin Louise de Vilmorin und Imke und mich in seinen Verlagsräumen in der Rue du Bac. Malraux sah fast noch bedeutender aus als er war, eine jener unverwechselbaren französischen Physiognomien, wie sie die deutsche Literatenwelt kaum je hervorgebracht hat. Zudem verlangte Malraux' Stimme Aufmerksamkeit, wann immer er das Wort ergriff. Dabei sprach er eher leise, was vielleicht zu der Wirkung seines Organs beitrug. Jedenfalls brach auch Claude Gallimard das Gespräch sofort ab, wenn Malraux einen Einwurf machte.

Natürlich redeten wir vor allem über jenes »Imaginäre Museum«, in dem Malraux alle Kunst als Mittel zu betrachten schien, dem Geist einer Nation auf die Spur zu kommen. Ich versuchte natürlich, ihn auf jene Begegnungen mit Mao Tse Tung und Charles de Gaulle zu bringen, denen er ja auf verschiedene Weise seinen außerliterarischen Mythos verdankte. Aber das war offensichtlich ein Gesprächsgegenstand, der ihn ennuyierte. Lag das daran, dass alle Welt ihn danach befragte? Ging man nach der Lebendigkeit seines Berichts, so war ihm jene Verfügung viel wichtiger, durch die er die Hausbesitzer von Paris gezwungen hatte, ihre durch den Lauf der Zeit geschwärzten Hausfassaden in ihrer ursprünglichen Farbe wiederherzustellen, so dass Paris tatsächlich einen ganz anderen Eindruck in der Epoche vor und nach Malraux machte. Nun war es eine heitere, leichte, fast südliche

Stadt, die man kaum wiedererkannte, wenn man das dunkle, schmutzige und graue Paris der Kriegsjahre in Erinnerung hatte.

Der General hatte Malraux gleich nach Antritt seiner zweiten Präsidentschaft zu seinem Kulturminister gemacht, und Malraux hatte ein jahrhundertealtes Gesetz ausgegraben, wonach jeder Hausbesitzer verpflichtet war, seine Fassaden in regelmäßigen Abständen zu reinigen. Wieder machte ich die Erfahrung, dass Dichter ungern über Dichtung sprechen, hingegen leicht ins Reden kommen, wenn sie von Dingen sprechen, die ihnen eigentlich fern zu liegen scheinen.

Die einzige Ausnahme davon war Thomas Mann, der über nichts so verwundert-achtungsvoll sprach wie über das Werk, an dem er gerade arbeitete. Bei unserem ersten Zusammensein in Bad Gastein sprach er breit und lang über die Schwierigkeit, die es ihm, dem Siebzigjährigen, mache, im »Krull« das Hochstapler-Thema aufzugreifen, das eigentlich der Stoff eines Dreißigjährigen gewesen sei. Malraux dagegen fiel in ein vielsagendes Schweigen, wenn eines seiner Bücher das Gesprächsthema zu werden drohte, so auch bei jenem Mittagessen in den Verlagsräumen Claude Gallimards, währenddessen die mächtigen Bäume des Innenhofes unsere Runde grüßten.

Louis Aragon war damals schon ein sehr alter Herr, eine Legende seiner selbst, aber noch immer Mitglied des Zentralkomitees der Kommunistischen Partei. Mitunter kam er zu unseren Einladungen, was eine Sensation für das literarische Paris war, stets in weißen Anzügen und hielt dann Hof auf der Terrasse, umgeben von Bewunderern. Seine greise Heiterkeit war der Hauptertrag jener Stunden, denn hinterher wusste niemand zu sagen, worü-

ber Aragon eigentlich gesprochen hatte. Er war da gewesen, und das war des Staunens genug.
Nach dem Kriegsbeginn verschwanden die englischen und französischen Autoren natürlich stillschweigend aus den Regalen. Aber bis zu Hitlers Kriegserklärung an die Vereinigten Staaten kurz vor Weihnachten 1941 war die Herrschaft der amerikanischen Literatur ungebrochen. Vor dem Krieg, nicht nach der Niederlage, erschienen Hemingways »Fiesta«, Scott Fitzgeralds »Großer Gatsby« und George Santayanas »Letzter Puritaner«. Was hatten Will Vesper und Hans Barthel dagegen für eine Chance? In einer Seitenstraße des Kurfürstendamms, in der Giesebrechtstraße, gab es ein noch heute existierendes kleines Kino, »Die Kurbel«, das bis zu jenem 10. Dezember 1941, als Hitler Amerika den Krieg erklärte, ausschließlich amerikanische Filme spielte und ständig überlaufen war.
Das Land war, sieht man auf die Spielpläne der Theater und die Schaufenster der Buchhandlungen, keiner totalitären Anstrengung unterworfen, obwohl das in den Kleinstädten anders gewesen sein mag. Später machte der Osten Deutschlands die Erfahrung, wie es ist, wenn ein Regime sich wirklich das ganze Leben unterwirft und mit dem totalitären Anspruch Ernst macht. Das Nazireich dagegen war bis zu seiner Radikalisierung in der letzten Phase des Krieges nur ein autoritäres Regime, allerdings mit mörderischen Instinkten, die in den letzten Jahren unverhüllt zum Vorschein kamen. Zwischen meinem dreizehnten und fünfzehnten Jahr war in Ettersburg wenig davon zu merken, und auch, wenn ich aus Thüringen nach Hause kam, tauchte ich in eine Atmosphäre ein, die im Vergleich zu meiner Kinderzeit kaum verändert war.

Allerdings holte mich die Wirklichkeit doch ein, als mir als Fünfzehnjährigem Ernst Wiecherts Roman »Das einfache Leben« in die Hände fiel. Der Roman lebt, nimmt man ihn heute zur Hand, von der romantischen Verweigerung der Moderne, des Städtischen und alles Zivilisatorischen, und er steht darin der Zeit nicht so fern, die Wiechert so heftig attackierte. Damals machte das Buch jedenfalls einen unglaublichen Eindruck auf mich, ich las es als leidenschaftliche Absage an das Regime. In diesem Sinne schrieb ich einen Schulaufsatz, der die Klassenlehrerin Frau Dr. Bierende so verstörte, dass sie ihn dem Lehrerkollegium präsentierte. Eine eigene Sitzung beschäftigte sich mit dem Aufsatz, weil zwei der Lehrer der Meinung waren, er sei »politisch so ungeheuerlich«, dass er nach oben weitergemeldet werden müsse. Aber ich hatte Fürsprecher, und am Ende entschied man, es bei einem Brief an die Eltern zu belassen, denen allerdings mitgeteilt wurde, man habe lange beratschlagt, ob man das Elaborat des Sohnes seiner politischen Bedenklichkeit wegen nicht der Behörde Heißmeiers melden müsse. Was hatte mich so rebellisch gemacht? Und weshalb nahm die Schule diese Klassenarbeit so wichtig? Das Buch, das ich feierte, war ja eigentlich ein typisches Produkt der Zeit, auch wenn die Gestapo Wiechert schon in den Friedensjahren für ein paar Monate nach Buchenwald eingewiesen hatte. Aber ich selber und meine Freunde lasen »Das einfache Leben« als Verweigerung der Naziwelt, fast als Widerstandsschrift. Wiechert war für uns ein Rebell, viel mehr noch als Ernst Jünger, dessen »Marmorklippen« unmittelbar vor dem Krieg 1939 erschienen waren, oder als Werner Bergengruen mit »Der Großtyrann und das Gericht« und Frank Thiess mit »Das

Reich der Dämonen«, die doch ihre Absage an die herrschenden Gewalten auf ganz anderem Niveau zu erkennen gaben. Natürlich las ich auch diese Romane, aber sie alarmierten mich weit weniger als »Das einfache Leben«, von dem ich heute nur mit etwas Verlegenheit eingestehe, dass dies das Buch war, das mich damals geradezu elektrisierte. Aber die Romane von Werner Bergengruen, Ina Seidel und Ricarda Huch standen natürlich in dem Bücherschrank meiner Mutter, einige von ihnen besitze ich noch heute in zerlesenen, auf dem schlechten Papier der Kriegsjahre gedruckten Exemplaren.

Wahrscheinlich las diese Bücher vor allem meine Mutter, neben ihren geliebten Fontane, Hamsun, Hermann Bang und Eduard von Keyserling. Mein Vater hatte sich im Lauf der Zeit von aller Romanliteratur mehr oder weniger dispensiert – »Ich habe mich aus der Literatur herausgelesen«, pflegte er ironisch zu sagen – und beschränkte sich auf historische Darstellungen, Expeditionsberichte, Memoiren – merkwürdigerweise vor allem britischer Kolonialoffiziere in Indien – und Biografien. Ich sehe ihn noch im Arbeitszimmer sitzen, in die damals gerade erschienenen Bücher von Duff Cooper, André Maurois, Friedrich Sieburg und Maurice Paléologue vergraben.

Nur zwei Romanciers hielt er auch weiterhin die Treue. Noch immer liebte er Joseph Conrad, dessen in gelbes Leinen gebundene Gesamtausgabe in seinem Regal ich später, nicht ohne einen Anflug von schlechtem Gewissen, gegen andere Ausgaben eintauschte, da inzwischen eine bessere Übersetzung erschienen war. Daneben gehörte Henry James zu den Autoren, die über alle Novitäten triumphierten, was vielleicht daran lag, dass die

Modernität des Erzählens sich hier auf eher klassische Weise präsentierte. Seine wirklichen Lieblingsbücher aber waren alte Bücher Fenimore Coopers Abenteuergeschichten, die er in einer vielbändigen Gesamtausgabe des frühen 19. Jahrhunderts in seinem Bücherschrank stehen hatte, und Chamissos Bericht über seine mehrjährige Weltumsegelung, von dem meine Mutter behauptete, dass er ihn alle paar Jahre aufs Neue lese.

Wenig später sorgte ich ein zweites Mal für Aufregung. Meinem Vater wurde eines Tages mitgeteilt, man habe aus meinem Zimmer die Romane von Zola und Maupassant beschlagnahmt, wobei ich nicht mehr weiß, ob Frau Dr. Bierende, die Klassenlehrerin, die politische Revolte Zolas oder die Unsittlichkeit des Bel Ami so schockiert hatte. Aber in den Papieren meines Vaters fand ich Jahrzehnte später die Kopie seines sehr entschiedenen Antwortbriefes, wonach er selber mir die Bücher geliehen habe; er bitte seine Entscheidung zu respektieren. Daraufhin wurden mir die Bücher stillschweigend zurückgegeben, und ich hörte von der Angelegenheit nie wieder etwas. Ich glaube, dass der Vorgang wenig mit der Nazizeit, sondern mehr mit der Prüderie einer Lehrerin zu tun hatte, für die »Nana« der Gipfel der Unmoral war; solche Bücher gehörten ihrer Ansicht nach auf keinen Fall in die Hände eines Fünfzehnjährigen. So erheiternd die Episode inzwischen auch wirken mag, habe ich heute, nach fast einem Menschenalter, doch ein gewisses Verständnis für die Lehrer, denen wir anvertraut waren.

Der Tag im Internat begann mit einem Waldlauf durch den Buchenwald, der Ettersburg umgab, und oft auch durch den »Pückler-Schlag«, der in den zwanziger Jahren des 19. Jahrhunderts vom Großherzog angelegt worden war und dessen parkartiger Charakter auch noch ein Jahrhundert später gepflegt wurde. Dann duschten wir uns, natürlich eiskalt, und erst nach der ersten Unterrichtsstunde ging es zum Frühstück. Derlei Übungen gehörten zum pädagogischen Programm von Hermann Lietz, wie einst auch die Handwerksstunden, die ursprünglich vor allem das Kunstschmieden, Schreinern oder Maurern umfassten. Das alles gab es jetzt, Jahre nach Kriegsbeginn, nicht mehr. Die Handwerkslehrer waren ja längst eingezogen worden. Meiner Erinnerung nach hatte ich nur noch Buchbinderei oder Glaserei zur Auswahl. Aber sehr bald schlief auch das ein, weil auch diese Lehrer an der Front waren. Überhaupt begann der Krieg sich seit Stalingrad dem Leben von Ettersburg immer stärker aufzuprägen.

Der 18. Geburtstag meiner Schwester Gitty fiel in das Jahr 1941, als ich selber ein vierzehnjähriger Internatsschüler in Ettersburg war. Auch meine Schwester war in gewissem Sinne ein Opfer der nicht endenden Kriege. Ihre Freunde – heute würde man »Flirts« sagen – waren im Westen oder im Osten Soldat, die meisten erlebten das Kriegsende nicht. Nur ihr Tennisfreund, der Sohn Otto Hahns, der sich, kaum aus dem Krieg zurückgekehrt, mit dem Motorrad zu Tode fuhr, und der Nachwuchsbildhauer Waldemar Grzimek tauchten aus dem Chaos wieder auf, und Grzimek wurde einer meiner engsten Freunde.

Im Nachhinein spielt auch die eigentliche Nazikunst eine größere Rolle, als sie das damals tat. Die Namen von Hitlers Lieblingsbildhauern Arno Breker und Joseph Thorak haben wir damals natürlich gehört, schon weil sie in den Feuilletons der Zeitungen immer wieder auftauchten, aber sie interessierten uns nicht sehr. Was uns bewegte, waren der Bamberger Reiter und Uta von Naumburg, wie wir auch Photos der staufischen Dome in unseren

Zimmern hängen hatten. Aber darin sprach sich weniger das Kunstwollen des Dritten Reiches als der Geist jener Jahrzehnte aus, der seit den zwanziger Jahren schon das Deutsche gegen die französische und italienische Verfeinerung stellte. Was war uns Fünfzehnjährigen die Eleganz der französischen Kathedralen gegen die Beseeltheit von Naumburg oder Bamberg? Der Dom von Speyer war für uns die Nibelungenwelt, wie wir überhaupt vieles im Licht der Heldenlieder sahen. Richard Wagner interessierte uns merkwürdigerweise nur am Rande. Wir meinten die Edda, wenn wir von alten Sagen redeten.
Eine Zeile ist mir noch in Erinnerung, von der ich nicht einmal zu sagen weiß, ob sie von George, Borchardt, Hofmannsthal oder einem der anderen Mitglieder des Kreises »Blätter für die Kunst« stammt: »Land, dem viel Verheißung innewohnt.« Passte das nicht auf die milden Hügel und die weiten Täler Thüringens, jenes Thüringen der Wartburg, deren Silhouette wir bei Ausflügen am Horizont sahen? Die Namen von San Gimignano und Carcassonne hatten wir wahrscheinlich nicht einmal gehört. Aus sehr ähnlichen Gründen liebten wir auch Hölderlin, vor allem seinen »Hyperion«. Was mich an den »Hymnen an die Nacht« von Novalis bewegte, weiß ich nicht mehr. Jedes Alter hat seine Klassiker, auch das ist eine Lehre, die ich erst später gemacht habe. Mit den Namen Baudelaire, Mallarmé und Verlaine wusste wohl keiner von uns etwas anzufangen.
Nur ein Autor stand sozusagen zwischen den Fronten – Hans Carossa. Den schreibenden Arzt liebte ich damals sehr, und ich war gar nicht überrascht, als ich herausfand, dass jene Verse »Der alte Brunnen«, die ich so oft gelesen hatte, dass ich sie fast auswendig wusste, seinem väterli-

chen Freund Hugo von Hofmannsthal, einem Halbjuden, zum 50. Geburtstag gewidmet waren:

Zwar kann es einmal sein, wenn du schon mitten
Im Traum bist, dass Unruh geht ums Haus,
Der Kies beim Brunnen knirscht von harten Tritten,
Das helle Plätschern setzt auf einmal aus,
Und Du erwachst, – dann musst Du nicht erschrecken!
Die Sterne stehn vollzählig überm Land,
Und nur ein Wandrer trat ans Marmorbecken,
Der schöpft vom Brunnen mit der hohlen Hand.
Er geht gleich weiter, und es rauscht wie immer.

Warum prägt sich ein solches Gedicht einem Fünfzehnjährigen so ein, dass er mehrere Zeilen noch nach einem halben Jahrhundert im Gedächtnis hat? Die literarischen Neigungen der Jugend bleiben geheimnisvoll. Die Zeit lief immer schneller, der Krieg war nun wirklich zu einem Weltkrieg geworden, und Sondermeldungen aus dem »Führerhauptquartier« wurden eine Seltenheit, wir merkten kaum noch auf, weil nach den Fanfaren aus dem Liszt'schen *Les Préludes* doch nur die Meldung von der Versenkung von ein paar zehntausend Bruttoregistertonnen aus irgendeinem Geleitzug im Nordatlantik kam. Aber unsere Lektüre wurde immer zeitabgewandter, selbst meine Liebe zu Platen, Hölty, Storm und Rückert fällt in diese Zeit, und eben auch zu Hans Carossa, dessen Buch »Das Jahr der schönen Täuschungen« damals eines meiner Lieblingsbücher war.
So war ich regelrecht verstört, als die Zeitungen eines Tages meldeten, dass Hans Carossa Präsident jener europäischen Dichtervereinigung geworden sei, die mitten im

Krieg in Weimar zusammenkam und neben den unvermeidbaren Parteidichtern auch durchaus respektable Autoren aus Frankreich, Spanien und natürlich aus Italien und Norwegen zusammenbrachte. Erst nach dem Krieg erfuhr man, dass es ziemlichen Drucks bedurft hatte, bis Carossa dem Verlangen von Goebbels nachgab.

Dieser »Europäische Kongress« hatte wahrscheinlich mit der Wende des Krieges zu tun. Nun, nach dem Debakel erst vor Moskau und dann bei Stalingrad, spielte man die europäische Karte aus. Die Werbung für französische, wallonische, flämische und norwegische Freiwillige wurde forciert, die seit dem Frühjahr immer mehr eigene Verbände für den Russlandkrieg stellten. Immer wieder brachten die Wochenschauen Aufnahmen von der Verleihung von Orden an die »Spanische Legion« des Muñoz Grande und an die italienischen Freiwilligen, die Mussolini im Glauben an einen schnellen Sieg im Osten seinem Achsenpartner aus freien Stücken angeboten, fast aufgedrängt hatte. Curzio Malaparte, der nach dem Krieg mit den Büchern »Kaputt« und »Die Haut« Welterfolge schrieb, begleitete sie als italienischer Kriegsberichterstatter. Das war wahrscheinlich der Hintergrund jenes europäischen Schriftstellerkongresses, der damals in Weimar stattfand. Nach dem Verschwinden des Dritten Reiches hat Carossa davon gesprochen, wie sehr er darunter gelitten habe, sich von Leuten einspannen zu lassen, die ihm zumeist zuwider waren. Aber er war leise, nachgiebig und konfliktscheu, und so fügte er sich darein.

Wir in Ettersburg, sofern wir uns überhaupt für solche Dinge interessierten, gingen zu der Abschlussveranstaltung, die in Goethes »Nationaltheater« stattfand, das aber zu seinen Zeiten noch »Comoedienhaus« hieß, und in deren Zeichen tagelang fast die ganze Stadt stand. War die Veranstaltung wirklich so belanglos, dass sie mir zu Recht nicht in Erinnerung geblieben ist? Aber ich sehe noch Goethes Theater vor mir, in dem er oft genug selber Regie geführt und auch die späten Stücke Schillers gespielt hatte. Jetzt war das Theater bis auf den letzten Platz gefüllt, und auf dem Podium war wohl ein Dutzend Dichter versammelt, deren Namen uns nichts sagten. Aber das mag an den Schülern liegen, die wenig von französischer, italienischer oder gar spanischer Literatur wussten. War eigentlich Knut Hamsun dabei, der nun wirklich einer der großen Schriftsteller des Jahrhunderts gewesen war, einst von Thomas Mann bewundert, der ihn den letzten aus dem Geschlecht der Riesen des 19. Jahrhunderts nannte? Aber Thomas Mann war hellsichtig gewesen, selbst in den Jahren solcher Verehrung. Hamsun sei der Größte von ihnen allen, hat er schon in den zwanziger Jahren gesagt, aber wenn es einmal zu einer großen Auseinandersetzung komme, werde er auf der anderen Seite der Barriere stehen.

Hamsun liebte Deutschland, was vielleicht damit zusammenhing, dass die Deutschen ihn liebten und er den Weg über Deutschland nehmen musste, um ein Dichter für die Welt zu werden. Er hatte eine tiefe Abneigung gegen England und er spielte ganz im Sinne der Nazis die deutsche Kultur gegen die westliche Zivilisation aus, so kam er zu Hitler. Aber war er wirklich ein Faschist? Nach der deutschen Besetzung Norwegens verstörte es seine Landsleute und seine deutschen Bewunderer, dass er für das Dritte Reich Partei ergriff und den Sieg der Deutschen bei jeder Gelegenheit erhoffte.

Nur einmal kam es zu einer Begegnung mit Hitler auf

dem Obersalzberg, wo jeder bei dem anderen übrigens tiefe Verstimmung hinterließ. Merkwürdigerweise hatte Hitler keine Neigung gehabt, Hamsun kennen zu lernen, der doch neben Sven Hedin einer der wenigen Skandinavier war, die sich auf die Seite der »germanischen« Völker gegen die angelsächsischen »Händlernationen« stellten. Aber es gelang Goebbels, Hitler 1943 zu überreden, Hamsun auf den Berghof einzuladen. Im Juni 1943 kam es zu dem Rencontre, das merkwürdig verlaufen sein muss. Der fast taube alte Dichter redete unaufhörlich auf Hitler ein, in jener Lautstärke, die Schwerhörige oft zu haben pflegen. Hitler antwortete befremdet ebenso heftig, und im Vorzimmer horchte man bestürzt, wie sich die beiden Männer, einer der größten Romanciers seiner Zeit und der »Führer«, der sonst kein Wort des Widerspruchs duldete, gegenseitig anschrien. Zum Schluss hörte man Hitlers Stimme: »Seien Sie still, davon verstehen Sie nichts.« Es ging um die deutsche Besatzungspolitik in Norwegen und den deutschen Reichskommissar Terboven. Hitlers Sekretärin Christa Schroeder hat in ihren posthum erschienenen Erinnerungen »Er war mein Chef« berichtet, dass das Zusammensein wenig mehr als eine halbe Stunde gedauert habe und Hitler hinterher noch für Tage verstimmt gewesen sei.

Die Deutschen und vor allem die fünfzehnjährigen Schüler von Ettersburg erfuhren davon natürlich nichts. Nur der Kongress als solcher ist mir in Erinnerung geblieben, ich weiß schon nicht mehr, welche Kundgebungen stattfanden. Schon als wir uns wieder auf den Weg nach Ettersburg machten, sprachen wir über Gegenstände, die uns wirklich beschäftigten.

Sehr deutlich erinnere ich mich dagegen noch an den Kriegseintritt Amerikas, es war mitten in der Winterkatastrophe vor Moskau 1941. Die Japaner hatten Pearl Harbor, den amerikanischen Flottenstützpunkt auf Hawaii, bombardiert und Hitler hatte daraufhin, mitten in der Krise der Winterschlacht bei Moskau, den Vereinigten Staaten seinerseits den Krieg erklärt. Alle Welt, selbst fünfzehnjährige Schüler, sah darin vor allem den Kriegseintritt von Deutschlands Achsenpartner Japan. Das Reich und Italien hatten damit einen dritten mächtigen Verbündeten gewonnen, Deutschland stand nun nicht mehr allein gegen das britische Empire, das sich, wie die roten Flächen in unserem Schulatlas zeigten, fast über den ganzen Globus erstreckte, und die unheimliche Sowjetunion, die gleich hinter Königsberg begann und dann bis nach Wladiwostok am Ochotskischen Meer reichte.

An einem der Abende lagerten sich alle Schüler in der »Kapelle« des Schlosses, wo man sich nach dem Abendessen zu Konzerten, Gedichtlesungen oder Vorträgen versammelte. Ich weiß nicht mehr, wie der Name Kapelle zu Stande gekommen war. Die Herzöge von Sachsen-Weimar – denn erst Napoleon machte sie ja zu Großherzögen – hatten hier jedenfalls ihre Musikabende gehabt. Ein mittelgroßer, aber überhoher Raum mit einer kleinen Empore, in dem die Schüler bei festlichen oder gar feierlichen Anlässen zusammenkamen.

An diesem Abend sprach Alfred Andreesen, der oberste Leiter aller Hermann Lietz-Schulen, höchstpersönlich über die aktuelle Kriegslage. Andreesen stellte alles, was wir bis dahin gehört oder gelesen hatten, auf den Kopf. Es sei nicht Angriffslust gewesen, dass Japan aus heiterem

Himmel mitten im Frieden die Vereinigten Staaten überfallen habe. Tokio sei nach der Sperrung aller Lieferungen durch die USA gar nichts anderes übrig geblieben; ohne Öl, Kohle und Eisenerz hätte dem Kaiserreich das Wasser in wenigen Monaten bis zum Halse gestanden. Der Überfall auf Pearl Harbor sei in Wirklichkeit ein Verzweiflungsschritt gewesen, zu dem Roosevelt Tokio genötigt habe.

Andreesens Gedankengang lief darauf hinaus, dass Pearl Harbor zwar ein militärischer Überfall Japans, aber ein politisches Geniestück Amerikas gewesen sei. Damit habe es Roosevelt fertig gebracht, sein isolationistisches Land, das von dem europäischen Krieg nicht viel wissen wollte, in den Kriegseintritt zu manövrieren. Deutschland sehe sich in Zukunft drei mächtigen Alliierten gegenüber: England, Russland und Amerika. Nun werde es Ernst mit dem Krieg, auch für das Reich.

Wahrscheinlich war kaum einer von den Vierzehn- oder Fünfzehnjährigen alarmiert, die in der barocken Halle des Schlosses auf ihren mitgebrachten Decken lagerten, oft genug heimlich in zerfledderten Romanheften lesend. Unter uns Schülern wurde jedenfalls nicht darüber gesprochen. Haben sich die Lehrer darüber unterhalten? Ich glaube nicht. Erst später ging uns allen auf, dass die fernen Schlachten im Pazifik eine Wende des Krieges gebracht hatten. Damals kümmerte uns das nächste Sportfest mehr.

Dennoch war Pearl Harbor eigentlich das erste politische Ereignis, das ich bewusst wahrnahm. Der Kriegsbeginn vom September 1939 war mir mehr eine Unterbrechung der lang ersehnten Ferienwochen am Lehniner See gewesen, und ich weiß noch, dass mir an jenem Morgen augenblicklich durch den Kopf ging, nun, da Krieg sei, könne ich nicht mehr sitzen bleiben. Ich war eben dreizehn Jahre alt und die Versetzung in die nächste Klasse beschäftigte mich mehr als der Überfall auf Polen. Selbst der Angriff auf Frankreich ist mir eigentlich vor allem der nicht abreißenden Triumphmeldungen wegen in Erinnerung. Die handstreichartige Überrumpelung des belgischen Forts von Eben Emael durch Luftlandetruppen, die mit Lastenseglern im Morgengrauen auf dieser stärksten Festung der Welt abgesetzt worden waren, war natürlich Gesprächsstoff für Tage und ebenso die fluchtartige Einschiffung der englischen Expeditionsarmee in Dünkirchen. Das waren kriegerische Husarenstücke, die uns Schüler natürlich in Hochstimmung versetzten. Aber dass sehr bald ganz Westeuropa in Hitlers Hände fiel, nahmen wir als politischen Vorgang kaum wahr. Selbst der russische Krieg schien sich in diese Folge von »Blitzkriegen« einzureihen, und nur die skeptischen Ahnungen meines Vaters dämpften diese Hochstimmung.

Zwanzig Jahre nach dem Krieg erzählten mir Albert Speer und Erhard Milch, der halbjüdische Feldmarschall der Luftwaffe, dass Hitler selber dunkle Ahnungen gehabt haben musste. Im Sonderzug unterwegs zu seinem »Führerhauptquartier«, habe er kurz vor Beginn des »Unternehmens Barbarossa« halblaut vor sich hin gesagt: »Mir ist, als ob ich die Tür in einen dunklen Raum aufstoße. Und niemand weiß, was sich dahinter verbirgt.« Ich war von zu Hause gewohnt, dass man die Dinge zunehmend düsterer sah, auch wenn nach außen hin ein Triumph dem anderen folgte. Aber ich selber begriff die katastrophale Wendung des Krieges nicht beim Überfall auf die Sowjetunion, sondern erst beim Kriegseintritt Amerikas. Da war ich fünfzehn Jahre alt. Plötzlich wurde auch mir bewusst, dass Deutschland diesen Krieg kaum gewinnen konnte. Jetzt gewann das Wort Bedeutung für mich, das der Vater seit den späten dreißiger Jahren immer häufiger gebrauchte: »Finis Germaniae.«

Nur in einer Hinsicht hat mein Vater eine falsche Prognose gegeben. Schon als die deutsche Luftwaffe unangefochten erst Warschau, dann Rotterdam, Coventry und schließlich Belgrad in Schutt und Asche legte, war er sich ganz sicher, dass all das auf uns zurückschlagen werde. Es gab noch keine nennenswerten englischen Fernbomber, und die Vereinigten Staaten waren ja noch neutral; aber mein Vater hielt sich an den alten Satz, wonach Sturm erntet, wer Wind sät. Überhaupt war auch das Publikum in den Kinos merkwürdig bedrückt, als sich die Aufnahmen Londons im Bombenhagel häuften, und Hitlers Satz, dass wir ganz England »coventrieren« würden, wurde schweigend aufgenommen.

Meine Mutter hatte gesagt, Gott sei Dank liege Dahlem so weit von der Innenstadt, dass die Vororte weit draußen auf jeden Fall verschont bleiben würden. Mein Vater war sich dagegen ganz sicher, dass besonders Dahlem das Ziel der Bombenangriffe sein werde. Himmlers Villa im »Dohnenstieg«, Schachts Haus im »Vogelsang«, die schlossartige Residenz von Dönitz »Am schwarzen Grund« und die Häuser der halben Reichsregierung am »Hirschsprung«, wo Lutze, der nach Röhms Erschießung der Chef der SA geworden war, Darré, der Landwirtschaftsminister, von dem der Begriff »Blut und Boden« stammt, Rust, der Erziehungsminister, und Feldmarschall v. Brauchitsch, der Oberbefehlshaber des Heeres, Joachim v. Ribbentrop, der Reichsaußenminister in der Lentzeallee – sie alle wohnten ja ein paar Hundert Meter von unserem Haus im »Falkenried« entfernt. Ihre Landhäuser hatten einst den Industriellen, den jüdischen Kaufhauskönigen oder irgendwelchen Wirtschaftsführern gehört und waren nach 1933 auf die verschiedenste Weise in ihren Besitz gekommen.

Aber unser Dahlem, dem mein Vater ein so düsteres Schicksal vorausgesagt hatte, blieb vom Bombenkrieg nahezu unberührt. In den ersten Jahren des Krieges hatten wir Kinder mit der U- oder Straßenbahn fahren müssen, um Flaksplitter als Trophäen zu sammeln, die ein begehrtes Tauschobjekt waren. Als ich im Herbst 1947 aus der Kriegsgefangenschaft zurückkam, standen diese großbürgerlichen Landhäuser alle unberührt. Erst in den

Unser friedliches Dahlem blieb von den Bombenangriffen und den Straßenkämpfen unberührt. Es waren Reihenhäuser aus der Vorweltkriegszeit, die den Falkenried noch heute prägen.

fünfziger und sechziger Jahren wurden die meisten von ihnen abgerissen, um gesichtslosen Bungalows Platz zu machen. Einmal gingen Joachim Fest und ich mit Gregor von Rezzori durch eine Vorortstraße, die von dergleichen Flachbauten gesäumt war. »Ah«, sagte Rezzori, »schon wieder ein Haus von Professor Bungaloff.«

Auch meine Mutter hatte ganz offensichtlich trotz ihres Talents, die Dinge stets in optimistischem Licht zu sehen, dunkle Vorahnungen. Ein Jahr vor dem Krieg, im Sommer 1938, unternahm mein Vater mit anderen Herren der verschiedenen »Reichsverbände« der Wirtschaft eine Rundreise durch die Vereinigten Staaten. Erst nach dem Krieg erzählte sie, wie sie meinen Vater damals beschworen hatte, diese Reise zu nutzen, um nach den Möglichkeiten Ausschau zu halten, drüben ein Unterkommen zu finden. Sah sie den bevorstehenden Krieg? Oder fürchtete sie, dass die Judenverfolgungen auch die eigene Familie erfassen würden, obwohl sie doch, selbst nach den Nürnberger Gesetzen, nur »Vierteljüdin« war? Wahrscheinlich hatte sie ganz einfach Vorahnungen, dass etwas Düsteres bevorstand.

Mein Vater kam nach ein paar Wochen zurück, beeindruckt, fast überwältigt von seinen Erlebnissen. Man hatte auch Detroit besucht, die Stadt der großen Automobilkonzerne. Die kilometergroßen Parkplätze allein der Arbeiter seien so überfüllt gewesen wie bei uns noch nicht einmal die Plätze um das Reichssportfeld zur Zeit der Olympischen Spiele. Ein weiteres Detail ist mir in Erinnerung. In einem Hotel hatte mein Vater dem Portier ein paar Schuhe zur Reparatur geben wollen, aber der hatte ihn entgeistert angesehen; das koste doch mehr als ein paar neue Schuhe. Es war die Begegnung mit jener

Welt, die wir erst in den fünfziger, eigentlich erst in den sechziger Jahren kennen lernen sollten, als das Wort »Wegwerfgesellschaft« aufkam.
Was seine Erkundung der Möglichkeiten einer Auswanderung anlangte, so hielt er solche Gedanken meiner Mutter für weltfremd. Als sechzigjähriger Jurist könne er in Amerika bestenfalls Portier werden. Auch er sah den Krieg kommen, aber es ging ihm wie den Zehntausenden Juden, die wie gelähmt in Deutschland blieben, obwohl sie dort doch von Jahr zu Jahr weiter in Acht und Bann getan wurden. Zu Hause war man jedenfalls durchaus nicht gehobener Stimmung, obwohl doch von dem »Anschluss« Österreichs über die Angliederung des Sudetenlandes bis zur Errichtung des »Protektorats Böhmen und Mähren« die meisten Deutschen von Triumphgefühlen erfasst waren, denen sich auch nahe Bekannte meines Vaters nicht entzogen.
Zu seinen ältesten Bekannten, ich weiß nicht mehr, ob aus der Vorweltkriegszeit im Breslauer Korps Silesia, aus den gemeinsamen Jahren im Auswärtigen Amt oder aus den Nachkriegsjahren, gehörten zwei alte Berliner Freunde, die er sozusagen in die Ehe mitgebracht hatte, Herr v. d. Chevallerie und Edler v. d. Planitz. Natürlich waren sie keine Nazis, was ihr Herkommen und die Freundschaft mit meinem Vater wohl ausgeschlossen hätte. Aber ebenso natürlich waren sie konservativ und auf jene Spielart national, die man zur Zeit Bismarcks nationalliberal genannt hatte. Bei Gesprächen waren meine Eltern in ihrer Gegenwart vollkommen ungeniert, gemeinsam amüsierte man sich über die »Blockwarte«, »Zellenobmänner« und »Ortsgruppenleiter«, die gerade in den Anfangsjahren des Dritten Reiches herausfordernd

Vor dem Ersten Weltkrieg war mein Vater Konsul, erst in Konstantinopel und dann in Alexandria, wo er beim Khedive, dem Vizekönig von Ägypten, akkreditiert war. Aus dieser Zeit muss das Photo stammen.

auftraten. Die auftrumpfende und mitunter vulgären Züge der neuen Herren stießen sie ab. Und doch waren die alten Freunde nicht frei von dem traditionellen Antisemitismus der Konservativen; man hatte nichts Besonderes gegen Juden, aber man mochte sie nicht.

Zu Hause war man frei von solchen Vorbehalten. Das lag wohl weniger an dem Herkommen meiner Mutter als an der Erfahrung meines Vaters im diplomatischen Dienst. Er war vor dem Ersten Weltkrieg lange im Ausland gewesen, erst in Konstantinopel und dann in Alexandria, und aus dieser Zeit fühlte er sich zu allem Englischen hingezogen, woher es wahrscheinlich kam, dass englische Memoiren aus dem Empire, die vom Kyber-Pass oder vom Sepoy-Aufstand erzählten, ihm näher lagen als die Kämpfe der deutschen Schutztruppe in Afrika, obwohl doch ein Verwandter, Dr. v. Küttner, Gouverneur von Deutsch-Togo gewesen war. Stammte aus dieser Zeit seine Sympathie für das britische Parlament? Mein Vater war auf eine Weise konservativ, die heute Anstoß erregen würde, bis hin zu dem Monokel, das er zeit seines Lebens trug und nur beim Einmarsch der Roten Armee vorsichtshalber durch eine Brille ersetzte. Bei der ersten Begegnung mit Imkes Vater ergab sich die amüsante Situation, dass sich die beiden Schwiegerväter im zerbombten Berlin von 1948 mit Monokeln wechselseitig inspizierten. Aber der »Demokratischen Partei«, die aus den ursprünglichen »Freisinnigen«

hervorgegangen war, hielt er noch die Treue, als sie sich in »Staatspartei« umbenannt hatte, womit sie sich wohl zu dem Staat von Weimar bekennen wollte, von dem Hitler immer nur als »Systemzeit« sprach, und von Wahl zu Wahl weiter zusammenschrumpfte. Nur vorübergehend war er zur Stresemann-Partei übergeschwenkt, aber mit dem Tod des Reichsaußenministers kehrte er wieder zur Staatspartei zurück. »Du wirst sie noch wählen, wenn es sie gar nicht mehr gibt«, spottete meine Mutter. Jedenfalls wird seine gefühlsmäßige Abneigung gegen die Nazis auch damit zu tun haben, dass mein Vater im Grunde ein Mann des 19. Jahrhunderts war.

Meine Eltern an einem kühlen Frühjahrstag am Strand von Misdroy. Selbst hier trug mein Vater das Monokel, ohne das er nicht denkbar war.

Ich muss gerade vierzehn gewesen und zu den Weihnachtsferien nach Hause gekommen sein, als ich aus dem Nebenzimmer ein Gespräch meines Vaters mit Herrn v. d. Chevallerie unfreiwillig anhörte. Das war 1940, in der Zeit der merkwürdigen Ruhe zwischen dem Polen- und Frankreichfeldzug, als alle Welt auf die Ereignisse wartete, die kommen würden. Beide, mein Vater und v. d. Chevallerie, waren sich ganz sicher, dass sich eine deutsche Offensive im Westen sehr schnell festrennen würde. Es würde genau wie 1914 sein, ein monate-, vielleicht jahrelanger Stellungskrieg, noch aussichtsloser als im Ersten Weltkrieg, denn jetzt gebe es ja die Maginotlinie, ein Verteidigungssystem, wie es die Welt bis dahin noch nicht gesehen hatte. Chevallerie setzte seine Hoffnung darauf, dass die Armee rechtzeitig einschreiten und nicht sehenden Auges in ihr Verderben gehen würde.

Mein Vater hatte solche Illusionen nicht, von deutschen Generälen – damals waren es ja nur Generäle, Feldmarschälle sollte es erst nach dem Frankreichfeldzug geben – könne man keine geschlossene Demarche beim Staatsoberhaupt erwarten, geschweige denn einen Putsch. Ich höre noch wie gestern Chevalleries Satz: »Ja, ja, Hitler hat sie alle verhext. Die Generäle starren auf ihn wie das Kaninchen auf die Schlange.« Das Gespräch verfolgte ich nicht sehr lange, auch wurde bald zum Abendbrot gerufen. Aber ich weiß noch, wie sie auf das Geheimnis von Hitlers »Magie« kamen. Damals zitierte man oft das Wort aus der »Kampfzeit«, Hitler habe etwas von einem »stigmatisierten Oberkellner« an sich. Die Chevalleries und die Planitzens waren wirklich fern jeder Massenhysterie, die inzwischen fast das ganze Volk erfasst hatte. Und dennoch waren auch sie nicht frei von der Gefühlslage, die mit den Erfolgen allmählich jedermann zu beeinflussen schien.

Ich erinnere mich, wie ich als Junge einmal hereinplatzte, als Frau v. d. Planitz meiner Mutter beim Tee einen Vorfall erzählte, der sie noch im Nachhinein aufbrachte. Sie war von einem Gericht zu Schmerzensgeld und Schadensersatz verurteilt worden, weil ihr Hund in der Dahlemer Drogerie ein Kind angeblafft und seinen Mantel zerrissen hatte. Es ging um eine der bekannten jüdischen Familien des Berliner Westens, deren oft auftrumpfendes Gehabe als neureich empfunden wurde. Sie schloss das alles mit dem Satz: »Und gefreut hat's mich doch. Das Judenbalg hat mich mit seinen vorlauten Manieren schon immer geärgert.« Das muss Mitte der dreißiger Jahre gewesen sein, denn erstens wanderte die Familie in der zweiten Hälfte der dreißiger Jahre nach Amerika aus und außerdem hätte später kein Gericht es mehr gewagt, einem jüdischen Kläger Recht zu geben und Schadenersatz zuzusprechen. Damit aber war eine jahrzehntelange Freundschaft zerbrochen. Es war meine Mutter, die von meinem Vater verlangte, jeden Verkehr mit Planitzens abzubrechen. Erst viele Jahre nach dem Krieg haben die beiden, nun bald achtzigjährigen Freunde ihren Umgang wieder aufgenommen. Natürlich wurde über den Anlass ihres Zerwürfnisses nie gesprochen.

Meine Mutter meldete sich gleich bei Kriegsbeginn als Krankenschwester. Die Eindrücke Schwerverwundeter waren ihr noch im Alter lebendig. Das Photo wurde im zweiten Kriegsjahr, 1915, aufgenommen.

Auch mit den Chevalleries kam es Anfang des Krieges zur Entfremdung. Meine Mutter war Frau v. d. Chevallerie in einem Geschäft in Steglitz begegnet, wo man nach irgendetwas anstehen musste. Endlich war auch eine ältere Dame mit Judenstern an der Reihe. Aber Frau v. d. Chevallerie, die sicherlich in ihrem Leben nie etwas einem Juden zu Leide getan hatte, wies die alte Dame zurecht: »Sie wissen doch, dass Sie erst als Letzte bedient werden dürfen.« Das warf wiederum seinen Schatten über eine alte Freundschaft. Die Chevalleries kamen zwar noch hin und wieder zum Abendbrot, das aus ei-

ner Kanne Tee – eine Flasche Wein wäre unangemessen gewesen – und »Schnittchen« bestand, wie meine Mutter zu sagen pflegte, aber die alte Vertrautheit war dahin.
Dergleichen Erinnerungen machen mich vorsichtig, wenn von moralischer Integrität des deutschen Bürgertums gesprochen wird. Ich würde allerdings fragen, ob es beim französischen Bürgertum ganz anders gewesen sei. Noch nach dem Krieg hat mich bei meiner ersten Amerikareise Mitte der fünfziger Jahre konsterniert, dass gerade in den besseren *Country Clubs* als Ausschließungsgrund die Formulierung auf einem Schild stand: *No negroes, no jews, no dogs.*

War es in diesem oder im nächsten Jahr, dass die »Reichskristallnacht« stattfand, womit man einen organisierten Pogrom meinte, der 1938 zur Niederbrennung fast aller Synagogen in Deutschland führte? Albert Speer hatte davon im ersten Entwurf seiner »Erinnerungen« überhaupt nicht gesprochen und nur auf Befragen einen Passus eingefügt, wo er sich selber verwundert, dass dieses Ereignis auf ihn so wenig Eindruck gemacht habe. An diesem Mittag hatte die vertraute Runde mit Hitler in der Reichskanzlei zusammen gegessen, und dabei sei stets über alles Mögliche gesprochen worden. Nur die Ereignisse der letzten Nacht seien überhaupt nicht erwähnt worden. Wahrscheinlich, sagte Speer, sei ihm der Antisemitismus Hitlers zu selbstverständlich gewesen, als dass er Äußerungen des Judenhasses überhaupt registriert hätte.
Mir ist diese Erklärung immer fragwürdig erschienen, denn ich entsinne mich noch sehr genau, dass dieses Ereignis eine geradezu lähmende Wirkung in ganz Deutschland hinterließ. Meine Mutter nahm mich, ich war zwölf

Jahre alt, an der Hand und fuhr mit mir in der U-Bahn zum Wittenbergplatz am Ende des Tauentzien, des Straßenabschnitts zwischen der Gedächtniskirche und dem KaDeWe, dem legendären Kaufhaus des Westens. Der Tauentzien war die vornehmste Einkaufsstraße, schon seit den zwanziger Jahren, und hatte die Leipziger Straße mit dem »Wertheim« inzwischen abgelöst. Es hieß, bis auf einige wenige Grundstücke sei der ganze Tauentzien fest in jüdischer Hand, und so ähnlich muss es tatsächlich gewesen sein.

Die Straße war schwarz vor Menschen, die sich zu Tausenden nicht nur über den Bürgersteig, sondern auch über den Fahrdamm schoben, so dass kaum ein Weiterkommen war. »Das wirst du nie vergessen. Das wird dir immer im Gedächtnis bleiben«, sagte meine Mutter, der die Vorgänge der vergangenen Nacht offensichtlich ein Menetekel waren. Ich sehe noch die Menschenmenge, wie sie sich in vollkommenem Schweigen an den zerstörten Geschäften vorbeischob. Ein relativ kleiner Laden war besonders verwüstet, und es wurde erzählt, dass ein SA-Kommando eben erst den Ladenbesitzer herausgeholt habe, der mit dem EK1 am Rockaufschlag seines Zivilanzuges in dem zerstörten Geschäft gesessen hatte. Nicht eines einzigen Wortes entsinne ich mich, keines Beifalls, aber auch nicht der Missbilligung. Doch die Fassungslosigkeit dieser schweigenden Menge war beredt genug.

Meine Mutter, deren Vorname zwar Elisabeth war, aber die in der Familie wie von Freunden stets nur Lisa genannt wurde, war ihrer jüdischen Blutsbeimischung wegen gefeit gegen allen Antisemitismus; sie hatte von den Gersons eine Fülle von Geschichten parat, denn ihre

Mutter, meine Großmutter, war als Kind oft genug in der Villa der Gersons im Tiergarten gewesen. Aber meine sentimentale Schwärmerei für die Grunewaldjuden erschien meiner Mutter auch übertrieben. Wenn ich die Gesichtslosigkeit der neuen Zeitungs- und der Galerienwelt beklagte, weil eben die Mendelssohns und die Rathenaus fehlten, die Tucholskys und die Kerrs, die Cassirers und die Flechtheims, hörte sie das nicht ohne leichten Protest.

»Ja, ja«, sagte sie, »aber das ist nur das eine. Du hast es ja nicht erlebt«, sagte sie dann, »aber es war schon nicht angenehm, wenn das Publikum in den zwanziger Jahren der Proklamation der Weltrevolution auf der Bühne applaudierte, die sie doch selber als erste liquidiert hätte. Und dann sahst du in den ersten Reihen lauter neureiche Jüdinnen, untersetzte Madames mit übertriebenen Brillanten an den Fingern. Man hatte plötzlich Sympathie für die langweiligen aristokratischen Physiognomien in den hinteren Sitzreihen.«

Unserer Familie ist während des Dritten Reiches nie etwas geschehen, selbst meine Großmutter, die doch Halbjüdin war, bezog weiter ihre ungeschmälerte Pension als Witwe eines im Krieg gefallenen Regimentskommandeurs. Meine Eltern lebten immer in der Sorge, dass irgendwann auch sie »umgesiedelt« werden würde. Ein gewisser Schutz für meine Großmutter allerdings war, dass ihr Mann im Ersten Weltkrieg an der Spitze seines Regiments gefallen war, wodurch die Pension für »Kriegerwitwen« gesetzlich um einen Rang höher gestuft wurde.

Ettersburg 1941 war eine Schule im Dritten Reich, aber es war keine Schule des Dritten Reiches. Vielleicht mag dabei mitgespielt haben, dass die Hermann Lietz-Schulen

immer auf England orientiert gewesen waren; bis zum September 1939 hatte man einen regelmäßigen Schüleraustausch mit britischen Public Schools, vor allem mit Harrow, gehabt. Englische Lebensform war das Vorbild, und selbst beim Sport richtete man sich nach englischen Mustern. Fußball war verpönt, worin sich vielleicht auch elitäre Neigungen zu erkennen gaben. Man spielte stattdessen Handball, und selbst das britische Hockey suchte man einzuführen, natürlich nicht Eishockey. War auch der Blazer davon beeinflusst, den die Schüler in der Friedenszeit zu grauen Hosen trugen, kurzen in der Unterstufe und langen in der Oberstufe?
Den Krieg gegen England nahm man in den ersten Jahren sozusagen sportlich, sowohl das Abenteuer des U-Boots von Prien, das schon in den ersten Tagen des September in der Bucht von Scapa Flow ein englisches Schlachtschiff versenkt hatte, als auch die »ritterlichen« Gewaltstreiche von Rommels Afrikakorps in der Wüste. Die schwarzen, eigentlich unmilitärisch, eher sportlich aussehenden Uniformen der Panzertruppe hatten von nun an in der Schule geringere Geltung als die Khakiuniformen des Afrikakorps mit ihren romantischen Tropenhelmen.
Aber auch die Franzosen wurden von uns ganz ohne Abneigung, geschweige denn Hass, gesehen, wahrscheinlich allerdings mit ein wenig Geringschätzung. Der schnelle und vollständige Triumph nach nicht einmal sechs Wochen hatte den Glanz des Sieges in den Augen von uns Schülern und wahrscheinlich aller Deutschen geschmälert. Während meine Schwester sich noch im Frühjahr 1939 mit einer englischen Austauschschülerin, der siebzehnjährigen Engländerin Kathleen Haydorn, ange-

freundet hatte, die in unserem Gästezimmer einquartiert worden war, musste mein französischer Austauschschüler Daniel Guillonot nach wenigen Tagen schon überstürzt nach Paris zurückkehren, da seine Eltern den Krieg kommen sahen.

Mit dem Krieg verschwanden beide aus unserem Bewusstsein. Damals war ich dreizehn und meine Schwester siebzehn gewesen; als er zu Ende war, waren wir achtzehn und zweiundzwanzig und Deutschland war zerstört, amputiert, geteilt und besetzt. In den fünfziger Jahren hätten wir wieder Kontakt mit unseren einstigen Freunden aufnehmen können, aber niemand von uns hatte daran noch Interesse, Kathleen und Daniel waren aus unserem Bewusstsein verschwunden. Zu viel war inzwischen geschehen, zerstörte Städte, zerstörte Imperien, zerstörte Erinnerungen.

Ettersburg war ein typisch ärmliches Straßendorf nach Thüringer Art.

Das alles mag die abgeschlossene Welt von Ettersburg gewesen sein, wo ich mich nur an einen einzigen Lehrer erinnere, der, wie man sagte, ein »Nazi« sein sollte, was jedoch nicht sehr erkennbar war. Kaum gingen wir aber ins »Dorf«, das Dorf Ettersburg, das in meiner Erinnerung ziemlich armselig war und wenig von den weitläufigen Gehöften Westfalens oder Bayerns an sich hatte, so musste man mit dem Namen des »Führers« grüßen, wenn man beim Bäcker eine Schnecke, einen »Mohrenkopf«, einen »Negerkuss« oder einen »Amerikaner« verlangte. So war es auch unten in Weimar, das zwanzig Kilometer entfernt lag und wohin eine Chaussee führte, die nach Thüringer Art von Obstbäumen gesäumt war. Weimar war, wie im Grunde fast ganz Thüringen, völkisch-national gewesen, lange bevor es ein Drittes Reich gab. Neben dem »roten« Sachsen stand das »braune« Thüringen. Selbst auf der Straße begrüßten sich in Weimar viele mit dem Heil-Hitler-Gruß, was in der Reichshauptstadt undenkbar gewesen wäre.

Kurz vor dem Kriege war gegenüber dem Goethehaus am Frauenplan das alte Hotel »Elephant«, wo mein Vater stets abstieg, in der Manier Speers umgebaut worden. Dort hatte einst schon der Geheimrat seine Gäste untergebracht, weil er längst eine Weltberühmtheit geworden war, die zu besichtigen russische Großfürsten und englische Lords anreisten. Damals, in den dreißiger Jahren, wollte der Thüringer Gauleiter Sauckel Weimar gerade zur »Gauhauptstadt« ausbauen, mit Parteibauten, Foren, »Achsen« und Aufmarschplätzen, zu denen es durch den Krieg jedoch nicht mehr kam.

Für uns Schüler war Weimar eine fremde Welt. Nur ein oder zwei Mal im Jahr führte uns der Weg zu einem Theaterbesuch oder zu einem Konzert »nach unten«. Es hätte zu dieser Fremdheit nicht der unheimlichen Güterwagen bedurft, die man mitunter bei der Rückkehr aus den Ferien auf einem Nebengleis des Bahnhofes sah. Man sagte, dass die Insassen in ihren gestreiften Drillichanzügen »Häftlinge« für das Lager seien, das in dem Buchenwald nahe Ettersburg lag, das aber niemand jemals gesehen hatte. Man wusste natürlich, dass es ein »Lager« gab, das man damals noch KL und nicht KZ nannte. Auch war man beim morgendlichen Waldlauf mitunter auf Warnschilder mit dem Totenkopf gestoßen, was einen Sperrbezirk signalisierte. Aber was das für ein Lager eigentlich war, darüber hatte man sehr undeutliche Vorstellungen und man interessierte sich auch nicht sehr dafür. Ein oder zwei Mal hatte man nachts Sirenen und Hundegebell gehört, am nächsten Morgen erzählte dann ein Mitschüler, dass es auch nächtliche Schüsse gegeben habe. Aber auch das brachte keine Beunruhigung. Hat man geglaubt, dass »oben im Lager« Kriminelle interniert waren oder sonstwie Gemeingefährliche?

Als der Krieg auf sein Ende zuging, war ich schon längst in die Oberstufe nach Spiekeroog versetzt worden; dort wurde ich dann im Januar 1944 mit siebzehn Jahren verhaftet. Erst Jahre später hörte ich von den Bürgern Weimars, dass sie nach der Besetzung auf Befehl der Amerikaner starr vor Entsetzen durch die Barackenwelt geführt worden seien, in deren Nähe sie doch jahrelang gelebt hatten. Buchenwald ist heute der ganzen Welt ein Begriff, schon durch die prominenten Häftlinge wie Martin Niemöller, Ernst Wiechert und Ernst Thälmann. In Buchenwald war ja neben »normalen« Häftlingen auch politische Prominenz gefangen gehalten worden. Ich glaube aber nicht, dass die Eltern meiner Mitschüler mit dem Begriff Buchenwald irgendetwas Bedrohliches verbunden haben. Es war eine friedliche Welt, in der wir Schüler in Ettersburg lebten, auch in dem seinem Ende zutreibenden Krieg.
Aber als es wirklich ernst wurde, war ich ja schon auf der Oberstufe der Hermann Lietz-Schule in Spiekeroog. Als sechzehnjähriger Obersekundaner tat ich meinen Dienst bei der »Alarmflak« auf dem Feldflughafen von Wangerooge, auf dem die wenigen Jäger stationiert waren, die die Bomberverbände abfangen sollten, die weit außer-

halb der Reichweite unserer Jäger in 9000 oder 10 000 Meter Höhe auf ihrem Weg nach Hamburg, Hannover oder Berlin waren. Zwei Mal nur waren wir selbst das Ziel von Angriffen britischer Tiefflieger. Am nächsten Morgen stritt man dann in der Batterie, ob und welches Geschütz eines der Flugzeuge getroffen habe. Abgeschossen wurde während meiner Zeit aber nur ein Einziger der britischen »Jabos«, der Jagdbomber.

Als wir 1943 die Alarmflak auf dem Feldflughafen von Wangerooge bedienten, hatten wir eine reine Statistenrolle. Die Pulks der Bomber flogen weit außerhalb der Reichweite unserer 2-cm-Geschütze.

Alles das waren Nadelstiche gegen einen übermächtigen Gegner, dessen Kondensstreifen oben über den diesigen Himmel ihren Weg zogen. Die Übermacht des Gegners war vielleicht hier in der Friedlichkeit der friesischen Inseln noch spürbarer als in den erbitterten Schlachten des Ostens, wo man doch mit gleichen Waffen gegen einen greifbaren Gegner kämpfte. Hier aber stand man hilflos als Beobachter an den 2-cm-Geschützen und hatte eine bloße Statistenrolle.

Kein Wunder, dass von Kriegsbegeisterung nichts mehr zu spüren war, wenn es sie denn jemals gegeben hatte. Allerdings meldete sich 1943 fast die ganze Klasse geschlossen für die Berufsoffizierslaufbahn. Aber das hing damit zusammen, dass man sonst ja zwangsweise zur Waffen-SS »gezogen« worden wäre, was niemand wollte, auch die wenigen Schüler nicht, von denen es hieß, dass ihre Eltern »PGs« seien, Parteimitglieder.

Es war nur wenige Jahre her, dass man in Ettersburg die Sondermeldungen aus dem »Führerhauptquartier« verfolgt hatte, die Frontdurchbrüche im Westen oder Kesselschlachten im Osten gemeldet hatten. Jetzt galten die Gespräche eher den Aussichten, die man nach der endgültigen Niederlage haben würde. Scherzworte machten seit dem Herbst 1943 die Runde, die übrigens gar nicht einmal besonders vorsichtig weitererzählt wurden. Die Frage: »Was wirst du nach dem Krieg machen?« Die Antwort: »Ich nehme mir ein Fahrrad und fahre Deutschlands Grenzen ab.« Der Schluss: »Und was machst du nachmittags?«

Das war die Stimmung unter uns Schülern in Spiekeroog im Herbst 1943.

Begegnung mit der Wirklichkeit in Spiekeroog

Wir hatten übrigens keinen Einschnitt empfunden, als wir die Unterstufe und damit Ettersburg verließen und an die Oberstufe nach Spiekeroog kamen. Ich habe jedenfalls den Weggang von Ettersburg nicht als den Bruch empfunden, der er doch war. Erst im Nachhinein gliedert sich das Leben; solange es stattfindet, läuft es ohne merkbare Zäsuren dahin. Mit der Kindheit ist alles ganz offensichtlich, Elternhaus, Kindergarten und Vorschule gehen ineinander über. Dann beginnt die Jugendzeit, der Übergang in das Gymnasium markiert einen neuen Lebensabschnitt, der bei mir mit dem Eintritt in die Welt des Internats zusammenfiel, was das Verlassen des Zuhause bedeutete. Aber wann endete die Kindheit? Mit vierzehn oder fünfzehn? Der Sechzehnjährige hält schon an der Schwelle zum Erwachsenendasein. Ist das noch Jugendzeit? Wann liegen endgültig Kindheit und Jugend hinter ihm?

In meinem Fall war es die äußere Welt, die für Etappen sorgte. Der wirkliche Bruch kam ganz unvermittelt an jenem Morgen, als zwei Männer in Wangerooge erschienen, um Ernst Jünger und mich zu verhaften. Schließlich kam der Prozess vor dem Marinefeldgericht mit der Verurteilung, dann die Monate in der Zelle in der »Strafanstalt Wilhelmshaven«. Da war ich noch immer siebzehn. Ich erlebte meinen achtzehnten Geburtstag als Häftling, ohne dass jemand von meinem Geburtstag Notiz nahm, ich selber am wenigsten. War ich da schon, obwohl ich doch eigentlich noch ein Schüler war, ins Leben entlassen? Dann kam ein paar Monate später die Begnadigung zur »Frontbewährung«.

Das brachte nun wirklich den Ernstfall, in meinem Fall die Front und die Verwundung. Schließlich schloss sich die Gefangenschaft an, der Transport in ein Lager bei Brindisi, erst nach Ägypten, dann in die Cyrenaika. Dort erlebte ich in Benghasi die Huldigung der Beduinenstämme an ihren zukünftigen Herrscher, des ersten und letzten Königs von Libyen, Idris I. el Senussi. Auf dem Hauptplatz, wo früher die italienische Kolonialverwaltung ihren Sitz gehabt hatte, galoppierten, Staub aufwirbelnd, Dutzende von malerisch kostümierten Stammeskriegern auf ihren Kamelen auf den neuen König und sein Gefolge von Scheichs zu. Unablässig schossen sie aus ihren silberbeschlagenen Vorderladern in die Luft, eine beduinische Ehrenbezeugung.

Das war der letzte Abglanz jenes Kolonialzeitalters, das mein Vater so geliebt hatte, weshalb in seinem Bücherschrank unzählige Memoiren britischer Vizekönige von Indien und britischer Kolonialoffiziere standen; ein eigenes Fach war den Berichten aus dem Sepoy-Aufstand vorbehalten. Hier in Alexandria, wo er als junger Mann einst kaiserlicher Vizekonsul beim Khedive, dem osmanischen Vizekönig von Ägypten, gewesen war, war ich nun einer von unzähligen *prisoners of war*, die von indischen und afrikanischen Kolonialsoldaten an der ehemaligen deutschen Gesandtschaft vorbeigetrieben wurden.

Britische Offiziere inspizieren deutsche Kriegsgefangene in der Wüste am Rande Alexandrias.

So war ich dabei, als die italienische Kolonie Tripolitanien in eine Scheinselbstständigkeit entlassen wurde; nur wenige Jahre noch und es würde nirgendwo mehr Kolonien geben. Der achtzehnjährige Kriegsgefangene hatte einen historischen Moment miterlebt, wenn er das auch viele Jahre später erst begriff. Kindheit, Jugend, Erwachsensein – unmerklich war das eine vergangen und das andere hatte begonnen. Und wieder macht es Mühe, das Gleiten der Zeit während der Ereignisse zu gliedern, erst nachträglich ergibt sich eine Ordnung.

Nach langer nächtlicher Bahnfahrt – wegen der Gefahr von Luftangriffen fuhren die Fernzüge in den letzten zwei Kriegsjahren nach Möglichkeit bei Dunkelheit – erreichten wir Neuharlingersiel, wo das kleine Schiff lag, das uns

auf die Insel Spiekeroog brachte. Dort war die Pferdebahn, deren Schienen weit in das Wattenmeer hineingebaut waren, so dass die kleinen, aber stämmigen Pferde bei Flut bis zum Bauch im Wasser standen.
Statt des barocken Schlosses Ettersburg der Herzoginmutter Anna Amalia beherbergte uns nun ein nüchterner Klinkerbau aus den zwanziger Jahren, als Flachbau in die Dünen gelagert, weit im Norden der Insel, so dass der Fußweg zum Dorf mehr als eine halbe Stunde brauchte. In den nächsten zwei Jahren sollten wir hier in den Dünen oft die Sanddornbeeren sammeln, die ihres Vitaminreichtums wegen den Besatzungen der U-Boote mitgegeben wurden. Auf ihrer wochen- und monatelangen Feindfahrt suchten sie irgendwo dort draußen hinter dem Horizont die englischen und amerikanischen Geleitzüge abzufangen, die weit über England hinweg und dann an der norwegischen Küste entlang den sowjetischen Hafen Murmansk mit Nachschub versorgten.
Das Dorf Spiekeroog war eine bescheidene, eher reizlose Ansammlung von Häusern der Jahrhundertwende, die in Friedenszeiten karge Fremdenzimmer für die seltenen Feriengäste bereithielten. Die wenigen wirklich alten reetgedeckten Fischerhäuser lagen verteilt, oft am Rand des Dorfes, aber sie waren es, die stets in den ärmlichen Prospekten abgebildet wurden, die für Gäste warben. Eine gewisse Anziehung hatte für uns das »Inselhotel«, wohin wir uns nächtlicherweise mitunter schlichen, denn das war natürlich streng untersagt. Die Gaststätten und kleinen Landhotels auf den Nordseeinseln, die im Krieg ja zumeist Sperrgebiet waren, erhielten nämlich dieselbe Zuteilung an Getränken und »Rauchwaren« wie im letzten Friedensjahr, womit sie natürlich nichts anzufangen

Die Hermann Lietz-Schule auf Spiekeroog war ein nüchterner Klinkerbau aus den zwanziger Jahren, als Flachbau in die Dünen gelagert.

wussten, denn es gab ja keine Gäste mehr. So sahen es die Wirtsleute gern, wenn die Hermann Lietz-Schüler verbotenerweise mit mäßigem Genuss manche Flasche Wein oder sogar die eine oder andere Flasche Sekt leerten, eigentlich vor allem, weil es verboten war.

Auf jeden Fall war es die Inselwelt von Spiekeroog, die in Zukunft mein Zuhause sein sollte. Das war etwas ganz anderes als die milde Hügellandschaft von Thüringen, die ihre Vergangenheit schon an den Burgruinen zu erkennen gab, die überall von den Höhen grüßten.

Spiekeroog war meine erste Begegnung mit der Nordsee. Die Familie war in den großen Ferien immer an die Ostsee gefahren, wie alle Berliner, weshalb die Ostsee auch die »Badewanne Berlins« hieß. Ich wüsste nicht die Familie eines Freundes, die nach Amrum, Langeoog oder nach Borkum gefahren wäre. Nur als Fünfjähriger, als der Arzt »Blutarmut« diagnostizierte, was damals bei Bürgerkindern so en vogue war wie Rachitis im Portiersmilieu,

wurde ich für acht Wochen in das Kinderbad Wieck auf Föhr geschickt. Sylt habe ich zum ersten Mal in den fünfziger Jahren gesehen, übrigens war ich von dem städtischen Charakter Westerlands enttäuscht, das erst in der Kaiserzeit zu einem Seebad ausgebaut worden war. Es sollte noch zwei Jahrzehnte dauern, bis wir mit den eigenen Kindern regelmäßig nach Keitum oder Munkmarsch fuhren, wo wir dann für einige Wochen eine alte Schmiede von Freunden mieteten.
Die Nordsee war etwas für die Hamburger, die bestenfalls noch Thomas Manns Travemünde zur Kenntnis nahmen. Berlin aber war nach dem Osten orientiert, auch was die Ferienziele anlangte, wo die Seebäder auf Usedom oder Wollin geradezu eine Berliner Kolonie waren.

D-Zug Berlin-Trelleborg und die Ostseebäder.
Fleisch, das nackt ging.
Bis in den Mund gebräunt vom Meer.
Männerbraun stürzt sich auf Frauenbraun:
Eine Frau ist etwas für eine Nacht.
Und wenn es schön war, noch für die nächste.

Diese Verse Gottfried Benns von 1912 kannte ich damals natürlich nicht, wie sicherlich auch meine Eltern und Großeltern sie nie gehört hatten. Aber später, als ich selber an die Nordsee reiste, sollten sie mir nie aus dem Sinn gehen, wenn die Maschine in Sylt landete, wo die blassen Ehemänner von ihren gebräunten Frauen auf dem Flughafen von Westerland für das Wochenende in Empfang genommen wurden.
Einst war es noch weiter nach Osten gegangen, Zoppot bei Danzig, wo die Mutter ihre Kinderzeit erlebt hatte,

war eines der elegantesten Seebäder, wo sich fast wie in Biarritz oder in Knokke die große Welt traf. Noch weiter im Osten kamen dann das Frische Haff und das Kurische Haff, wo sich Thomas Mann sein Sommerhaus in die Steildünen von Nidden baute.

Berlin gehörte in vielerlei Hinsicht zur östlichen Welt, war selbst ein Teil von ihr. Man hatte seine Verwandten in Schlesien oder in Westpreußen und Ostpreußen. In meinem Fall waren es die Verwandten der Mutter, die, eher ärmlich, auf dem Rittergut Lomnitz bei Hirschberg saßen. Der Vetter des Vaters aber, Desiderius Siedler, lebte in Danzig, wo die Familie seit dem 18. Jahrhundert ihre Reederei hatte. In einer Vitrine stand in unserem Esszimmer noch das chinesische Porzellan, das ein Vorfahre mit seinem Dreimaster aus Fernost nach Danzig mitgebracht hatte, das viele Jahrhunderte hindurch nach Wien und Köln die drittgrößte Stadt Deutschlands gewesen war. Jahrhunderte später erst verdrängte Hamburg das uralte Danzig von diesem Platz.

Auch das ist dahin, nur dass Deutschland diese Verarmung, die zur Beruhigung Europas seine Verwestlichung mit sich gebracht hat, nicht wahrgenommen hat. Immer hatte man »Ostelbien« verspottet, als unheimlich-fremd empfunden und für die bedenklichen Züge in der deutschen Geschichte verantwortlich gemacht. Nun gibt es die deutsche Welt im Osten nicht mehr, und niemand merkt es, geschweige denn, dass man den Osten vermisst. Was jetzt aber der Osten Deutschlands genannt wird, die »neuen Länder«, ist ja das alte Mitteldeutschland, hinter dem erst der wirkliche Osten kam. Wann hätte man je in Thüringen oder Sachsen den Osten gesehen? Damit gingen aber auch ganze geistige Provinzen verloren, die schlesische Mystik von Meister Eckart und Angelus Silesius, der pommersche Pietismus Adolf v. Thaddens und der Königsberger Rationalismus von Immanuel Kant wie die Vorromantik von Johann Georg Hamann. Die ostdeutsche Romantik des Novalis mit ihrer Todessehnsucht hat ja wenig zu tun mit der rheinischen Romantik der Liedhaftigkeit von Clemens Brentano.

Das war die andere Seite Ostelbiens, das teilhatte an der östlichen Welt, weshalb für die slawische Seele, für Gogol wie Tolstoi, Dostojewski oder Lermontow und Turgenjew, Berlin das Eingangstor nach Deutschland war, niemals Köln oder München. Aber diese »Westverschiebung« Deutschlands, die Stalin und Churchill gemeinsam ins Werk setzten, hat Russland ebenso tief verändert wie Deutschland. Nun ist das Riesenreich im Osten russischer als je zuvor, ferner von Europa als in seinen glücklichen Jahrhunderten zwischen Peter dem Großen und Lenins Revolution. Auch der Panslawismus hat, fürs Erste zumindest, ausgespielt; die Sehnsucht der Polen und Tschechen gilt Paris oder London, nicht mehr St. Petersburg und Moskau. Deutschland ist möglicherweise am Verlust Preußens gesundet, denn nun gibt es die *incertitudes allemandes* nicht mehr, die Europa so lange beunruhigt haben. Aber vielleicht hat es mit seiner Gefährlichkeit auch sein Geheimnis verloren. Deutschland erschreckt die Welt nicht mehr, doch es fasziniert auch niemanden.

Das alles prägte nicht die Gefühlswelt des Hermann Lietz-Schülers. Die Nordsee mit ihrem Wattenmeer, das immer wieder trocken fiel, so dass nur wenige Priele den Schiffen den Weg zu den Inseln möglich machten, nahmen wir gar nicht richtig ernst. Wo waren denn die unheimlich dunklen Wogen von Heringsdorf, wo die Bran-

dung von Misdroy? Wo blieb das mächtige Donnern der Brecher, das uns schon in frühester Kinderzeit an den Bädern auf Usedom so geängstigt und gleichzeitig fasziniert hatte? Die Nordsee dagegen war, begegnete man ihr in Neuharlingersiel zum ersten Mal, von wo die Boote nach Spiekeroog gingen, ein gleichsam gezähmtes Meer. Mitleidig sahen wir auf den Modder, der bei Ebbe zurückblieb, wo wir doch den weißen Sand der Ostseeküste gewöhnt waren, hier und da sogar Steildünen, überall aber Strandhafer.
Die nächsten Jahre sollten diesen Eindruck gründlich umstürzen. Da erlebten wir die Nordsee wirklich als »Mordsee«, nicht nur, wenn die Schüler während der Herbst- oder Frühjahrsstürme mit den bedrohlichen Sturmfluten Wache auf den Deichen zur Wattseite zu halten hatten, wo uns dann nachts heiße Getränke gebracht wurden. Nun war es plötzlich die Nordsee, die ein wirkliches Meer war, unheimlich, wenn sie mit grün schimmernden Wogen, fast schwarzer Brandung und im Sturm wegspritzenden Schaumkronen die Deiche zu verschlingen drohte. Die Ostsee unserer Kindertage war dagegen eine wirkliche Badewanne gewesen. Es bedurfte dazu nicht des Wissens, dass hinter dem Horizont von Spiekeroog die Heimat des weltumspannenden Empire lag.

Das »Unternehmen Seelöwe«, das nach dem Sieg über Frankreich eine Landung bei Dover vorbereitet hatte, war in diesen Jahren 1942 und 1943 längst von der Tagesordnung abgesetzt. Niemand sprach mehr von einer Invasion, die zwei Jahre später in umgekehrter Richtung der »Festung Europa« galt. Der »Großdeutsche Rundfunk« spielte nicht mehr die triumphierenden Marschlieder, die eben noch unaufhörlich aus dem Volksempfänger gekommen waren, wie das bis zum Überdruss wiederholte Lied von Herms Niel »Denn wir fahren, denn wir fahren gegen Engelland«, wobei es sich um patriotische Verse handelte, die Hermann Löns in den ersten Wochen des ersten großen Krieges 1914 geschrieben hatte.

Zehn Jahre später erinnerte sich meine Frau, wir waren gerade ein Jahr verheiratet, an den Sommer 1940 in ihrer Schule in der Joachimsthaler Straße. Da war Imke gerade acht Jahre alt gewesen, und ihre junge Lehrerin, an die sie übrigens die besten Erinnerungen hatte, ließ die Kinder durch die Bänke marschieren, wobei sie das Engelland-Lied sangen. Jetzt aber gehörte die Nordsee längst unangefochten England und Amerika. Außer Vorposten- und Minenräumbooten wagte sich kein deutsches Schiff mehr hinaus. Stattdessen wurden die zwei oder drei Ausbrüche deutscher Kreuzer oder Schlachtschiffe aus französischen Häfen als Sieg gefeiert, weil es ihnen gelungen war, im Schutze der Nacht aus den sicheren Häfen aufzubrechen, um möglichst schnell die Deutsche Bucht zu erreichen oder im Heimathafen Wilhelmshaven Schutz zu finden.

Wir Schüler hielten nach ihnen Ausschau, wenn wir stundenlang am Strand wanderten. Denn nun gab es ja nicht mehr die Feldarbeit von Ettersburg und auch die heimeigenen Segelboote der Friedenszeit, die Spiekeroog bei den Schülern von Hermann Lietz so umworben gemacht hatten, gehörten seit dem September 1939 der Vergangenheit an. Wenn wir am zuweilen stürmischen Meer entlanggingen, geschah es aber hin und wieder, dass Leichen – ob deutsche oder englische war nicht mehr zu erkennen – an den Strand gespült wurden, mitunter in

dem Gewirr von Fallschirmleinen. Offensichtlich hatten sie wochen- oder monatelang schon im Meer getrieben, so dass wir ermahnt wurden, die gallertartigen Körperreste des Leichengifts wegen auf keinen Fall zu berühren.
Bisher hatte der Krieg nur ein Mal in unsere Klasse eingegriffen. Einer unserer Mitschüler war der Bruder eines Jagdfliegers des Afrikakorps, der mit Dutzenden von Abschüssen als neuer Richthofen galt. Aber eines Tages wurde unser Freund zum Direktor Franz Windweh gerufen, noch vor Schulbeginn, damit ihn die Nachricht nicht unvermittelt erreichte. Sein Bruder war bei einem Luftkampf über der nordafrikanischen Wüste abgeschossen worden. Nur das Kissen mit seinen Orden, vor allem das »Ritterkreuz mit Eichenlaub«, wurde seinen Eltern von zwei Offizieren seines Geschwaders nach Hause gebracht. Ich weiß nicht mehr, wie unser Mitschüler die Nachricht aufnahm, von der Befreiung vom Sportfest machte er jedenfalls keinen Gebrauch.
Aber das war eigentlich das einzige Ereignis, das uns das ferne Kampfgeschehen fühlbar machte. Jugendliche in diesem Alter sind ja noch halbe Kinder und die Schlachten betrafen uns wenig. Fronten in Europa gab es nach der Niederlage Frankreichs und der Besetzung Dänemarks und Norwegens nicht mehr und in Russland fand eine Kesselschlacht nach der anderen mit Millionen von Gefangenen statt. Der Luftkrieg aber galt nur dem Gegner, erst den Polen, dann den Engländern, schließlich den Jugoslawen. Belgrad hatte es ja gewagt, mit einem Staatsstreich aus dem Achsenbündnis auszuscheren.
Nun aber waren wir ein paar Jahre älter, lebten nicht mehr im stillen Thüringen, sondern an der Küste, in der Region also, die man »Heimatfront« nannte, was nur we-

Jetzt trugen wir Marinehelferuniformen und scheinen uns gar nicht schlecht darin gefallen zu haben. Wenige Wochen später wurden Ernst Jünger und ich verhaftet.

nig später für das ganze Reichsgebiet gelten sollte. Denn inzwischen hatte der Krieg eine Wende genommen. Aus Russland kamen jetzt vorzugsweise Nachrichten von »Frontbegradigungen«, so dass selbst bei uns Schülern der Ruf »Vorwärts, Kameraden, wir gehen zurück!« ein geflügeltes Wort wurde. England war nicht mehr eine waffenlose Insel, die zur Eroberung einlud; nun war der Krieg Deutschland selber nahegerückt, und wir mussten nur über den Horizont des Meeres blicken, um ihn fast greifbar zu haben. Oben aber waren die Bomberpulks an ihren Kondensstreifen zu erkennen. Fast täglich legten sie inzwischen in Deutschland eine Stadt nach der anderen in Schutt und Asche. Jetzt drängten sich die Schüler in Spiekeroog morgens vor dem Telephon, ob ihre Eltern den letzten Nachtangriff überstanden hatten. Spiekeroog brachte uns wirklich näher an den Ernstfall – das sollte unser Denken und Fühlen nun immer stärker bestimmen.

Merkwürdig zurückgetreten, wie hinter einem Dunstschleier, ist dagegen die Erinnerung an die Schule selber. Es fällt mir schwer, aus meinem Gedächtnis heraufzurufen, wie denn der Speisesaal in Spiekeroog aussah und wie die Klassenzimmer, in denen mir nun vor allem die Physik- und Chemiestunden zusetzten. Wie war eigentlich das Essen in diesen zwei letzten Kriegsjahren? Es muss ziemlich dürftig gewesen sein, denn man suchte die Rationen durch Krabben aufzubessern, die es ein paar Mal in der Woche gab, und zwar in einer Suppen- und Auflaufform, die mir den Geschmack an Krabben für Jahre verdarb.
Damals gab es auf den Nordseeinseln noch Krabbenfischer; die Zeit sollte erst kommen, da selbst der »Fischfiete« in Keitum, das berühmte Fischrestaurant, zu dem in den fünfziger und sechziger Jahren jedermann pilgerte, seine »fangfrische« Ware in Wirklichkeit aus Husum bezog; die kleinen Häfen auf den Nordseeinseln gaukelten romantisches Leben mit ihrer Fischerwelt inzwischen nur vor. Damals aber kehrten die wenigen Fischer, die noch nicht »eingezogen« waren, am späten Nachmittag in ihre Häfen zurück, und so waren Krabben so ziemlich das Einzige, was reichlich angeboten wurde. Die Abnehmer in Hamburg, Berlin und den Städten des Ruhrgebiets fehlten ja Ende des Krieges; die Eisenbahn stand seit 1943 nur für »kriegswichtige« Transporte zur Verfügung.

Das Schulleben selber spielte eine immer geringere Rolle, anderes drängte sich in den Vordergrund, die Batterien vor allem, wo wir als »Marinehelfer« einen Dienst taten, der uns mit dem Kriegsgeschehen immer stärker in unmittelbare Verbindung brachte. Wir trugen nun Marineuniform, und nach den Photographien von damals zu urteilen, gefielen wir uns gar nicht so schlecht darin. Es war eine gespaltene Existenz, die wir führten; wir hatten ja noch immer unregelmäßige Verben zu lernen und schlugen uns mit dem Lateinischen herum, weshalb mir noch heute der »Vokativ« und der »Ablativ« ein Albtraum sind.

Aber diese Unterrichtsstunden mit unseren alten Lehrern fanden immer später statt, denn oft, mit dem Vorrücken der Zeit sogar meist, hatten wir nächtlicherweise viele Stunden an unseren 8,8- und 10,5-cm-Geschützen stehen müssen, die inzwischen die 2-cm-Geschütze der Alarmflak ersetzt hatten. Russische Kriegsgefangene, die »Iwans«, schafften Munition heran, und mitunter warfen wir ihnen verstohlenerweise, denn das war streng untersagt, halb gerauchte Zigaretten und Brotkanten zu.

Inzwischen taten wir bei der Alarmflak auf dem Feldflughafen Dienst. Eine gemischte Existenz: vormittags unregelmäßige Verben oder Trigonometrie, nachts standen wir an den Geschützen.

Die Autorität der Lehrer verlor unmerklich durch diese Rollenverteilung. Die Wirklichkeit stellten nun die Geschütze dar und unser Umgang mit ihnen; die Trigonometrie, die wir in diesem Sommer durchnahmen, war daneben fast zur Nebensache geworden. Welche Bedeutung hatte solches Schulpensum noch, wo wir eben doch den Funksprechverkehr mit den Leitzentralen geführt und die optischen Messgeräte der Flak bedient hatten? Zuweilen machten wir unsere Vorgesetzten, oft nicht mehr »frontverwendungsfähige« Marineoffiziere und -unteroffiziere von der Kurland- oder Schwarzmeerfront, zu unseren Komplizen. Wenn eine besonders heikle Klassenarbeit bevorstand, verabredeten wir mit ihnen, dass sie zu einer bestimmten Stunde plötzlich Alarm gaben, und dann stürzten wir, den Stahlhelm übergestülpt, aus unseren provisorischen Klassenzimmern in den Wehrmachtsbaracken, um nichtexistente englische Bomber abzuwehren.

Es fällt schwer, sich in unsere Stimmung von damals zu versetzen. Eine Photomontage, die im Winter 1943/44 angefertigt worden sein muss, hat sich erhalten, und da steht die Klasse in Marineuniform und wird von Ernst

Haben wir eine Vorahnung gehabt, als der engere Freundeskreis sich zur Jahreswende 1943/44 auf einer Photomontage präsentierte? Ernst Jünger enthauptete uns gerade, mich selbst ganz rechts. Ein paar Monate später sollte uns die wirkliche Todesstrafe drohen.

Jünger mit einer Axt enthauptet, ich selbst auf dem linken Flügel. Ein abgeschlagener Kopf fällt gerade zu Boden und wir Hermann Lietz-Schüler, die jetzt aber »Kameraden« waren, schauen amüsiert zu. Es sollte noch drei Monate dauern, bis uns das wirkliche Todesurteil drohte, und ein Dreivierteljahr später würden die ersten, wie mein Freund Ernst Jünger, während der gnadenhalber gewährten »Frontbewährung« gefallen oder in den blutigen Schlachten der letzten Kriegsmonate im Osten oder im Westen verschollen sein. Aber die Zukunft bleibt immer verborgen und ich kann nicht sagen, dass uns damals das vor uns Liegende bedrückte. Wir waren eben Siebzehnjährige und fühlten wie Siebzehnjährige und hatten deren Freuden, Sorgen und Vergnügungen.

Im Grunde beschäftigten uns in diesem Herbst 1943, der unsere letzten Monate in einer halben Normalität brachte, ganz andere Dinge. Einer der Lehrer, Herr v. Thünen, hatte einen vertrauten Kreis um sich versammelt, der sich in den Abendstunden in seinem Zimmer traf. Da wurden Dinge gesagt, deren zweifelhafte, ja unzulässige Natur mir erst später ganz deutlich wurde. Vor allem lasen wir gemeinsam Bücher, die eigentlich weit über unser Fassungsvermögen hinausgingen und natürlich nicht in der Schulbibliothek standen. Die weitaus stärkste Wirkung hinterließ auf uns Spenglers »Untergang des Abendlandes«, bei dessen Lektüre wir die Empfindung hatten, dass nicht Gedachtes, sondern die Wirklichkeit selbst uns begegnete.
Was war es, das an Oswald Spengler damals so aufrührerisch wirkte? Es wird nicht die Lehre von den Kulturkreisen gewesen sein, die Beschwörung einer apollinischen,

faustischen oder magischen Seele oder die Lehre von der Morphologie der Völker. Das ging über unseren Begriffs- und vor allem über unseren Interessenhorizont und selbst Spenglers Unterscheidung zwischen Burg und Dom wird sich unserem Verständnis entzogen haben. Aber die Beschreibung des Napoleonismus als einer ersten Stufe des Cäsarismus ging uns offensichtlich selber an. Nach der Diagnose dieses herrischen Studienrats, zu dem mir später Spengler wurde, waren wir ja selber gerade in das »Zeitalter der großen Kriege« eingetreten und damit in die Endzeit unserer eigenen, der »abendländischen« Kultur.

Das war es, was der Titel des Werkes, das sich ein Vierteljahrhundert nach seiner Niederschrift zu bestätigen schien, sagen wollte: Über Europa war die Dämmerung hereingebrochen. Spenglers tragische Geschichtsphilosophie kommt offensichtlich in Zeiten von Umbrüchen und Untergängen am stärksten zur Wirkung. Im Dezember 1917 schrieb er das Vorwort zum ersten Band, als sich die Niederlage im Weltkrieg schon abzeichnete, und in den Bürgerkriegsjahren nach der Revolution kam sein Einfluss auf den Höhepunkt. Als wir in Spiekeroog Spengler begegneten, stand die zweite Niederlage unmittelbar bevor, wir sollten selber in ihren Strudel gezogen werden. Spengler war im wörtlichen Sinne ein Autor von Untergängen. Alles, was uns umgab, schien die Erfüllung seiner Prophetie zu sein, die den Anspruch erhob, Geschichte zum ersten Mal vorausbestimmen zu können. Auch die Sprache Spenglers schlug uns in ihren Bann; schon die ersten Sätze faszinierten uns in ihrer lapidaren Prägnanz: »Es handelt sich darum, das Schicksal einer Kultur, und zwar der Einzigen, die heute auf diesem Planeten in Vollendung begriffen ist, der westeuropäisch-amerikanischen, in den noch nicht abgelaufenen Stadien zu verfolgen. Die Möglichkeit, eine Aufgabe von so ungeheurer Tragweite zu lösen, ist bis heute offenbar nicht ins Auge gefasst, und wenn dies der Fall war, sind die Mittel, sie zu behandeln, nicht erkannt oder in unzulänglicher Weise gehandhabt worden.«

Das las man in der Endphase eines Krieges, der erkennbar seinem katastrophalen Ende entgegenging und voraussichtlich mit der Abdankung nicht nur Deutschlands, sondern ganz Europas enden würde. Die zukünftigen Weltmächte würden die verachteten Vereinigten Staaten, die unheimliche Sowjetunion und die im Hintergrund drohenden »Gelben« sein; ihr Triumph war sozusagen von der Geschichte selbst vorausbestimmt. Die eigene Propaganda, die längst niemand mehr ernst nahm, konnte tausend Mal von der »plutokratisch-bolschewistisch-jüdischen Weltverschwörung« sprechen; das wirkte nur immer armseliger. Ich wüsste niemanden von uns, den die »Führer«-Reden, zu denen wir nun des Dienstes wegen nicht mehr geschlossen zu gehen hatten, noch interessierten. Spenglers Untergangsphilosophie begleitete den tatsächlichen Untergang, den wir erlebten. Sein Denken im Kommandoton, das heute eher abschreckt, raubte uns damals die Nüchternheit.

Jeder liest das aus einem Buch heraus oder in ein Buch hinein, was ihn bewegt. Uns erfüllte tagtäglich die Stimmung des Endes, nicht nur unserer Jugendzeit und des Krieges, sondern unserer Kultur. Das war *unser* Spengler oder der Spengler unserer Internatszeit. Entsprach nicht der Nihilismus seiner Philosophie, die beanspruchte, lediglich Realismus zu sein, dem eigenen Erleben?

Eines Tages kam Herr v. Thünen zu der Passage, wonach in Spätzeiten dem großen Stil stets die letzte Phase folgt: »Dann folgt ein matter und greisenhafter Klassizismus, in hellenistischen Großstädten ebenso wie im Byzanz von 900 und im Empire des Nordens. Ein Hindämmern in leeren, ererbten, in archaistischer oder eklektischer Weise vorübergehend wiederbelebten Formen ist das Ende. Halber Ernst und fragwürdige Echtheit beherrschen das Künstlertum. In diesem Falle befinden wir uns heute. Es ist ein langes Spiel mit toten Formen, an denen man sich die Illusion einer lebendigen Kunst erhalten möchte.« Das ging uns mehr an als das Gerede von den jungen Völkern, den bisher zu kurz gekommenen Deutschen und Italienern, wie wir immer wieder hörten, wenn wir das Radio anschalteten. Spengler dagegen klang in unseren Ohren wirklich aufrührerisch, geradezu revolutionär, und vor allem traf er unsere Stimmung.

Überdies passte das Wort von den jungen Nationen schlecht zur Wirklichkeit des Krieges. Es war sonderbar, wenn Hitler sich über die Germanentümelei Himmlers lustig machte; die Vorfahren der Deutschen seien die »Dorer«, also die Griechen. Auch Mussolini beschwor ja bei jeder Gelegenheit die Römer, die seit zweieinhalb Jahrtausenden Europa immer wieder vor den Barbaren verteidigt hätten. Aber gleichzeitig kämpften die Deutschen und die Italiener als die »jungen Nationen«, die ihren Platz an der Sonne verlangten. Nichts passte zueinander, aber bei Hitler und Mussolini ging ja vieles kunterbunt durcheinander, was Herr v. Thünen durchblicken ließ.

Eines Tages las er uns einen Satz Spenglers vor, der nun wirklich geradezu revolutionär war: »Der Aufstieg von

New York zur Weltstadt durch den Sezessionskrieg 1861 bis 1865 ist vielleicht das folgenschwerste Ereignis des vorigen Jahrhunderts.« Also nicht Napoleon oder Bismarck, nicht Waterloo, Königgrätz oder Sedan waren die entscheidenden Ereignisse des 19. Jahrhunderts gewesen. Das wirklich Umwälzende war das Erscheinen New Yorks auf der Weltbühne, ein Vorgang, den das alte Europa gar nicht bemerkt hatte. Ich glaube nicht, dass uns das Emporkommen New Yorks besonders interessierte, aber dass man die Geschichte ganz anders sehen konnte, dass der Wolkenkratzer und der Highway weltgeschichtliche Erscheinungen und viel »moderner« waren als die Bildung der europäischen Nationalstaaten, das war in einem Maße provozierend, dass es unser Geschichtsbild vollkommen umstürzte. Spengler war wirklich ein Revolutionär, ganz jenseits seiner Morphologie und der Lehre von den Kulturkreisen.

Wir kamen, ein kleiner Kreis von vier oder fünf Freunden, zu denen Jürgen v. d. Hude und Klaus Küchenmeister gehörten, der als Neffe von Gründgens ein gewisses Ansehen in der Schule genoss, von diesen abendlichen Stunden wie von einem höheren Wissen erfüllt in unsere Zimmer zurück. Natürlich ist mir Spengler inzwischen ferner gerückt, obwohl ich die Verachtung, in der sich heute alle Welt bei seinem Namen ergeht, nicht teilen kann. Es war jedenfalls Oswald Spengler, durch den wir in den letzten Monaten des Jahres 1943 das Unentrinnbare aller Geschichte kennen lernten, das also auch uns bevorstand. In meinem Falle war es darüber hinaus wahrscheinlich die Entdeckung der Sprengkraft des Denkens überhaupt, die ich damals machte. Für einige Jahre drängte das provozierende Denken alle Poesie zurück.

So muss es auch den ersten Lesern seines Werkes ergangen sein, auch Thomas Mann, wie ich später in seinen Tagebüchern las, wo er 1919 vermutet, dass Spengler auf ähnliche Weise Epoche in seinem Leben machen werde wie Nietzsche in seiner Jugend. Erst Jahre danach kam sein Zweifel, dann seine Aversion, schließlich seine Verachtung, was aber vermutlich damit zusammenhing, dass Spengler ein Verächter der Republik von Weimar war, deren Verteidiger Thomas Mann inzwischen geworden war. Das Wollen steht ja oft, vielleicht sogar meist hinter dem Erkennen. Das las ich in diesem Herbst 1943 fast gleichzeitig aus Nietzsche heraus.

Meine Erinnerung heftet sich in diesen beiden letzten Spiekeroog-Jahren an keine Leseabenteuer der eigentlichen, der literarischen Literatur. Waren es in Ettersburg Romane und Gedichte gewesen, die mich gefangen nahmen, so wüsste ich jetzt kein Werk der Literatur mehr, das mich beschäftigte. Später, noch in der Kriegsgefangenschaft, stand mir die Begegnung mit Thomas Manns »Zauberberg«, Jakob Wassermanns »Fall Mauritius«, Alfred Döblins »Alexanderplatz« und Arnold Zweigs »Sergeant Grischa« bevor, ich holte sozusagen für mich die zwanziger Jahre nach. Dann waren es, nach der Rückkehr aus Afrika, die großen Amerikaner, die sich in den Vordergrund schoben, Hemingway, Faulkner, Dos Passos und Scott Fitzgerald und daneben natürlich, allerdings mit geringerem Enthusiasmus, Theodore Dreiser, Sinclair Lewis und Thomas Wolfe.

Alles Deutsche kam mir dagegen provinziell und merkwürdig altmodisch vor, selbst Remarque, Lion Feuchtwanger und die Seghers, von der mich nur ihr Erstling

»Aufstand der Fischer von St. Barbara«, für den die Siebenundzwanzigjährige den Kleist-Preis erhalten hatte, beeindruckte. Dies war ganz offensichtlich das Jahrhundert Amerikas. Der Kontinent, der in zwei Weltkriegen den Ausschlag gegeben hatte, betrat nun übermächtig auch die Bühne der Literatur. Sehr begreiflich schien mir das Wort, dass das 20. Jahrhundert das Jahrhundert des amerikanischen Romans sein werde.

Damals, Ende des Krieges, lag uns Schülern in Spiekeroog allerdings die Entdeckung der amerikanischen Literatur noch fern, ganz abgesehen davon, dass die Literatur für uns eben überhaupt zurückgetreten war. Es waren ganz andere Autoren, die uns jetzt faszinierten. Ich weiß noch, wie mich die Lektüre von Walter Schubarts »Europa und die Seele des Ostens« erregte, die mein Vater eines Tages von einer Reise in die Schweiz mitgebracht hatte. Überhaupt wurden russische Autoren ein auffallendes Gegengewicht zu der antirussischen Propaganda, die das Dritte Reich in dieser Endphase des Krieges beherrschte. Vor allem waren es Dostojewskis »Dämonen«, die wir fast atemlos lasen. Tolstoi kannte ich nur aus dem Bücherschrank meines Vaters; aber er ist wahrscheinlich in seiner Klassizität kein Autor für Schüler, jedenfalls trat er erst in meinen Zwanzigern in meinen Gesichtskreis.

Weshalb brach Nietzsche wie ein Blitz in diese Welt ein? Seinen »Zarathustra«, der im Ersten wie im Zweiten Weltkrieg in Massenauflagen gedruckt wurde, habe ich über die ersten paar Dutzend Seiten niemals zu Ende gebracht. Es störte mich dabei nicht so sehr die scheinbare Übereinstimmung mit der Naziideologie, sondern das Gefühlsklima dieser philosophischen Rhapsodie, von der ich mir kaum zu gestehen wagte, dass sie eigentlich dem

Kitsch verzweifelt nahe war. Vielleicht waren die Achtzehnjährigen ja wirklich 1914 mit diesem Buch im Tornister nach Langemarck gezogen, wie wir immer lasen; wenn man überhaupt ein Buch mit nach Stalingrad nahm, so war es auf keinen Fall der »Zarathustra«. Und was mich betraf, so waren es merkwürdigerweise gerade die späten, in der Nachbarschaft des Wahnsinns geschriebenen Schriften »Der Antichrist« und »Ecce Homo«, die mich mehr fesselten als seine Hauptwerke, die ich erst viel später kennen lernte.
Wahrscheinlich war es überhaupt der Psychologe und nicht der Philosoph, der für mich das Nietzsche-Erlebnis dieser Jahre war. Es kam also nicht in erster Linie auf das Gesagte an, sondern auf die Motive, aus denen etwas gesagt worden war. Die geheimen Hintergedanken musste man sehen, um einen Autor richtig zu verstehen. Auf jeden Fall habe ich Nietzsche damals nicht als Philosophen des Dritten Reiches gelesen, wenn ich auch die in Leder gebundene Gesamtausgabe noch vor Augen habe, die Hitler seinem italienischen Kollegen groteskerweise gerade zu einem Zeitpunkt zum Geburtstag überbringen ließ, als Mussolini durch einen Staatsstreich seines eigenen faschistischen Großrats gestürzt worden war. Damals wurde Mussolini erst auf der Verbannungsinsel Ponza, dann auf dem Gipfel des Gran Sasso östlich von Rom gefangen gehalten.

Verschlungene Wege, die das Abenteuer des Denkens für den Heranwachsenden geht. Nichts ist so eindeutig, wie es nach außen hin scheint. Der »faschistische« Philosoph Nietzsche, der nach dem Krieg in allen Ländern des Ostblocks fünfzig Jahre verboten blieb, unterminierte das offizielle Denken des Dritten Reichs, er wurde von uns fast als Konterbande gelesen. Ähnlich stand es mit Spengler, bei dessen Lektüre wir ebenfalls das Gefühl hatten, uns auf verbotenem Gelände zu bewegen.

Als ich dann später viele Monate in der Zelle saß, wurde mir als einzige Lektüre die Wahl zwischen »Mein Kampf« und der Bibel gelassen, wobei ich mich zur Überraschung der Vollstreckungsbeamten für Hitler entschied. Ich besitze noch heute das Exemplar, gedruckt im Jahr 1942, mit meinen handschriftlichen Unterstreichungen, Anmerkungen und Notizen. Ganz offensichtlich hat mich das Buch, das zu Hause niemand ernst nahm – und wahrscheinlich auch niemand gelesen hatte –, selbst in dieser Umgebung auf eine verquere Weise fasziniert. War es das Heraustreten aus den Gemeinplätzen des Tages, so in seiner Psychologie der Masse, deren weiblichen Charakter der Redner immer bedenken müsse? Es komme niemals auf die bürgerliche Welt an, sondern darauf, dass der Redner das Gefühl der Masse erreiche, weshalb er nicht vor Vereinfachungen, Wiederholungen und Banalitäten zurückschrecken dürfe. In seinem Hohn über die »gebildeten Schichten«, die er dem Volk gegenüberstellte, lag so viel Verachtung der Masse, dass Hitler selber zu den Intellektuellen zu gehören schien, die Goebbels tagaus, tagein attackierte.

Ganz offensichtlich hat mich diese Verachtung des Volkes, für das er ja zu reden vorgab, verblüfft und zugleich auch fasziniert. Goebbels sprach in seinen Reden, die wir allerdings kaum noch hörten und noch weniger lasen, vom deutschen Volk, das sich im gegenwärtigen Krieg seinen Platz an der Sonne erkämpfe. Hitler verachtete aber nun ganz offensichtlich dieses Volk, und wenn man »Mein Kampf« nur richtig las, so war das Buch die schärfste Beleidigung des Volkes. Ich weiß noch, wie es mir in der Zelle sonderbar vorkam, dass »Mein Kampf« im Dritten Reich nicht auf dem Index stand. Natürlich sah ich den Widersinn darin, die Ungeniertheit, mit der Hitler seine »Volksgenossen« behandelte, nahm mich jedenfalls gefangen. Stand er wirklich so jenseits der Platitüden, die die tägliche Propaganda beherrschten? Auf jeden Fall scheint mich in meiner Zelle beeindruckt zu haben, wie der junge Hitler sich überhaupt nicht um die geltende Meinung scherte und seine krausen Gedanken kunstlos herausschrie. Jedenfalls las ich, nach meinem Gefängnisexemplar zu urteilen, Hitlers Provokationen mit einer Faszination, die ganz offensichtlich von der eigenen Lage absah.

Das alles oder doch sehr Ähnliches hätte ich auch bei Le Bon oder bei Ortega y Gasset lesen können. Aber es war eben Hitler, durch den ich den Blick hinter die Kulissen des Demagogen tat. Bei der »bedingten« Entlassung ein halbes Jahr später händigte mir ein Beamter in der Asservatenkammer die wenigen Habseligkeiten aus, die man mir bei der Einlieferung abgenommen hatte, Schlüssel, ein Taschenmesser, ein Notizbuch. Mein Gefängnisexemplar von »Mein Kampf« wollte er wie selbstverständlich zu den Dingen legen, die in der Strafanstalt bleiben würden. Er war ein biederer, etwa sechzigjähriger Vollstreckungsbeamter, der vermutlich schon in der Weimarer Zeit in einem Gefängnis seinen Dienst getan und den keine Nazigesinnung an seinen jetzigen Platz gebracht hatte. War seine offenkundige Überraschung wirklich nur Verblüffung? Oder sprach daraus eine spontane Missbilligung meiner Wahl?

Als alles vorüber war und ich nach Jahren aus Gefängnis, Krieg und Gefangenschaft nach Berlin zurückgekommen war, pflegte meine Mutter zu sagen, ich hätte mich wahrscheinlich nur verhaften lassen, um einer Sechs in Latein zu entgehen. Damals aber waren der Prozess und das drohende Todesurteil ein Schock für alle, in höherem Maß noch als für mich selber für meine Eltern. Mein Vater erlitt eine Herzattacke, von der er sich erst nach Monaten erholte; heute würde man es wahrscheinlich einen Infarkt nennen.

Verhaftung und Gefängnis

Merkwürdig verschwimmen mir die Tage im Januar 1944. Die Verhaftung, die ständigen Verhöre, der Transport mit einer Barkasse von Spiekeroog zur Insel Wangerooge, wo der Prozess stattfand, und dann nach Wilhelmshaven, dort der Gang vom Hafen zur »Strafanstalt«, auf dem Ernst Jünger und mich zwei Marinesoldaten mit aufgepflanzten Seitengewehren flankierten – das alles ist zwar noch erinnerbar, aber doch wie hinter einem Nebel in verschleierten Umrissen.

Unser Pflichtverteidiger, ein Marinejurist, der ganz offensichtlich nicht ohne Sympathie für die Verhafteten war, hatte es schwer. Sehr bald schon zeigte sich, dass dem Gericht genaue Aufzeichnungen des Denunzianten und Protokolle der verhörten Klassenkameraden vorlagen. Wann immer wir Dinge abstritten, zuerst mit der Geste empörter Unschuld von uns wiesen, dann trotzig von böswilligen Gerüchten sprechend, las das Gericht aus den tagebuchartigen Aufzeichnungen jenes Mitschülers vor, der die ganze Sache ins Rollen gebracht hatte. Und was weiß man denn von Vorgängen vor einem viertel oder halben Jahr, wie soll man sich einer Unterhaltung in der Batterie erinnern, die vor Monaten stattgefunden hatte? Nach einer halben oder ganzen Stunde gaben Ernst Jünger, Klaus Küchenmeister und ich alle Ausflüchte auf. Erst in den Verhören, dann in der Verhandlung selbst wurden wir mit ins Detail gehenden Berichten über Gespräche konfrontiert, die uns selber längst entfallen waren. Jetzt aber wurden sie in offenkundiger Glaubwürdigkeit und mit allen Einzelheiten verlesen. Die Anstrengung des Verteidigers, das Ganze als Intrige eines missgünstigen Schülers darzustellen, ließ sich nicht durchhalten.

Bei einem Kampf zwischen zwei oder drei deutschen Abfangjägern und Hunderten von britischen Bombern, den wir von der Batterie aus beobachtet hatten, sollte Ernst Jünger gesagt haben, dass der Luftkrieg inzwischen einem Tontaubenschießen gleichkomme. So werde es, hatte ich dem Bericht zufolge gesagt, vermutlich auch in den Abwehrschlachten des Ostens aussehen, wo wenige deutsche Tiger- oder Pantherpanzer einer Übermacht russischer T 42 gegenüberstünden. Der Krieg sei überall verloren, darin waren wir uns einig, er werde nur noch fortgeführt, um das Regime zu verlängern. Das war für uns ausgemacht.

Vor allem aber hatte ich während eines Alarms in der Baracke davon gesprochen, dass sich hinter der »Umsiedlung« von Juden in den Osten nichts als Vernichtung verberge. Ein enger Bekannter meiner Eltern, der spätere Nobelpreisträger Otto Hahn, mit dessen Sohn meine Schwester Tennis spielte, hatte davon beim Abendbrot in seiner Wohnung in der Markgrafenstraße in Lichterfelde gesprochen. Frau Hahn hatte an diesem Abend meiner Mutter erzählt, dass zwar Tausende von Juden auf den Dachböden und in den Kellern Berlins versteckt gehalten würden, um dem Abtransport in den Osten zu entgehen;

aber ohne Lebensmittelkarten seien sie am Verhungern. Sie hatte Verbindung zu einer Gruppe, die Brot- und Fleischmarken sammelte und auf ihr selbst unbekannten Kanälen den illegal Lebenden ab und zu das Notwendigste zukommen ließ. Davon war zwischen Hahns und meinen Eltern die Rede gewesen, und wie heikel es sei, selbst gute Bekannte um Unterstützung anzusprechen. Noch nach dem Krieg, als die Wellen des Nobelpreises über den Hahns zusammenschlugen, bedankten sie sich bei meiner Mutter, dass sie und ihr Sohn, der damals noch in der Kriegsgefangenschaft war, in den Jahren 1943/44 zu den ganz wenigen gehört hätten, die sie mit Lebensmittelkarten und Bezugsscheinen für untergetauchte Juden unterstützten.

Das alles kam glücklicherweise während der Vernehmungen nicht zur Sprache, wohl weil wir nie davon in Gegenwart jenes Mitschülers gesprochen hatten und im Grunde selber wenig wussten. Aber der Rest war belastend genug. Für den Beisitzer, Korvettenkapitän Lampe, war Jüngers Satz, dass Hitler »gehängt« werden müsse, viel entscheidender; seine Bereitschaft, »mit am Strick zu ziehen«, brachte ihn fast aus der Fassung. Aber hier bewährte sich die Solidarität unter uns Hermann-Lietzern. Keiner wollte den Satz gehört haben, obwohl doch alle dabei gewesen waren. Als Trumpf rief man einen Mitschüler in den Zeugenstand, der besonders unverdächtig war. Klaus Spangenberg, der noch in den letzten Wochen des Krieges fallen sollte, war etwas wie die Geheimwaffe der Anklage. Spangenberg stammte aus einer Arztfamilie in Dömitz, deren »nationalsozialistische Gesinnung unzweifelhaft« sein sollte, wie Korvettenkapitän Lampe vor

Vernehmungsbeginn ausdrücklich bemerkte. Das soll eine unzutreffende Charakterisierung gewesen sein, denn die Spangenbergs haben offensichtlich in Wirklichkeit dem Regime niemals nahe gestanden. Aber Korvettenkapitän Lampe, der sich bei jeder Gelegenheit als linientreuer Nazi erwies, ging von dieser Voraussetzung aus, und das kam uns in diesem Fall zugute. Wir hatten nun einen unverdächtigen Zeugen. Daher blickten wir gespannt auf unseren Mitschüler, als er in den Zeugenstand trat. Aber Klaus Spangenberg, in der ganzen Klasse wegen seines jünglingshaften Glanzes umschwärmt, stritt heftig ab, dass eine Äußerung dieser Art gefallen war, das sei geradezu ausgeschlossen. Ja, die beiden Hauptangeklagten seien pessimistisch gewesen, was die Lage an den Fronten anlange, waren sogar skeptisch, was den »Endsieg« betreffe. Gegen den »Führer« sei aber kein einziges Wort gefallen, da wäre er auch sofort eingeschritten. Ich vermute, dass seine Aussage einen Stimmungsumschlag an diesem Tag gebracht, vielleicht sogar den Ausschlag gegeben hat.

Später wurde Klaus Spangenbergs Halbbruder Dieter der Staatssekretär im Bundespräsidialamt Gustav Heinemanns und dann der Berlin-Bevollmächtigte Helmut Schmidts, ein Vertrauter, fast ein Freund. Aber Dieter Spangenberg stand wohl mit seiner Familie auf gespanntem Fuße, vielleicht, weil sie der Partei zu nahe gewesen war, vielleicht, weil er es als vierzehnjähriger Junge nicht hatte verwinden können, nun plötzlich eine Stiefmutter zu haben. Dieter Spangenberg war Ende des Krieges unter der Anklage des Defätismus ebenfalls ein Prozess wegen »Wehrkraftzersetzung« gemacht worden, und nur mit Mühe und Not war er mit dem Leben davongekommen.

Wann immer ich die Rede auf seinen Halbbruder Klaus zu bringen suchte, wechselte er das Thema. Offensichtlich wünschte er kein Gespräch über seine Familie.
In seinem Abschlussplädoyer verwies der Verteidiger auf unsere Jugend, und offensichtlich ergriff das Gericht dankbar diese Ausflucht. Viele Jahre später besorgte mein Schwiegervater als Anwalt die Vernehmungsprotokolle und die Urteilsbegründung dieses 17. Februar 1944 aus der »Marinegerichts-Auffangstelle Mürwik«, deren Kopien ich noch heute im Keller aufbewahre. Da wurde uns von dem Gericht zugute gehalten, dass die »Angeklagten durch ihre Einberufung im Alter von sechzehn und siebzehn Jahren bis zu einem gewissen Grade aus ihrer normalen Entwicklung gerissen« worden seien. Erschwerend wurde dagegen ins Feld geführt, dass »auch nicht die Spur einer Einsicht, geschweige denn Reue« festzustellen sei. Bei dem Angeklagten Siedler sei »erschwerend ins Gewicht gefallen, dass er nach seiner körperlichen und geistigen Entwicklung den übrigen Angeklagten weit voraus ist und offenbar eine Führerrolle unter ihnen gespielt hat«. In der Urteilsbegründung wurde ausdrücklich festgehalten, dass nach Siedlers Feststellung im Kameradenkreis »die Partei nur noch kurze Zeit bestehen werde«. Im Falle eines Sieges aber wolle ich auswandern, soll ich im Kameradenkreis wiederholt erklärt haben, da man »in Deutschland keine Freiheit« habe.
Alle Kameraden, »die eine positive Einstellung zum Nationalsozialismus hatten«, habe Siedler verspottet. Einen Klassenkameraden, von dem bekannt war, dass sein Vater als Parteimitglied in der Kreisleitung tätig war, hätte ich bloßgestellt: »Wenn du noch nie in meiner Achtung gesunken bist, dann jetzt, nachdem ich weiß, dass dein Vater

in der Partei tätig ist.« Das alles steht in der Urteilsbegründung, die ich nach vierundfünfzig Jahren zum ersten Mal wieder in der Hand gehabt habe. Es ist ein Wunder, wie das Marinefeldgericht es fertig gebracht hat, Jünger und mich der Nazijustiz zu entziehen und uns mit ein paar Monaten Haft davonkommen zu lassen.
Begriffsstutzig wie wir waren, wurde uns auch erst in der Zelle klar, weshalb das Gericht immer wieder durch Rückfragen bei den Angeklagten aktenkundig zu machen gesucht hatte, dass die Vorwürfe sich auf die erste Hälfte des Jahres 1943 bezogen; da aber waren auch die Ältesten von uns noch minderjährig gewesen. So war es dem Gericht möglich, uns trotz unserer Einberufung als »Marinehelfer« nicht nach dem Militärgesetzbuch, sondern nach dem Jugendstrafrecht abzuurteilen. Eben das aber war juristisch sehr fragwürdig, und daher kam die Sorge, dass der hitlertreue Großadmiral Dönitz das Urteil wegen Rechtsfehlern kassieren und eine erneute Verhandlung vor dem Marinesondergericht anordnen werde.

Es waren jedenfalls keine parteitreuen Offiziere, die über uns zu Gericht saßen. Später, im Luftschutzbunker der Strafanstalt, sollten wir viel harmlosere Fälle kennen lernen, in denen Angeklagte wegen geringfügiger Vorgänge tatsächlich zum Tode verurteilt und dann auch hingerichtet wurden. So hatte ein sommersprossiger, blonder Leichtmatrose mit einem reinen Kindergesicht in aller Naivität im Kameradenkreise gesagt, »die Bonzen« würden ihre Villen schon in der Schweiz haben, wenn »alles schief« ginge. Als ihn eines Morgens zwischen drei und vier das Kommando zur Hinrichtung abholte, flehte er auf dem Gang verzweifelt, ihm noch eine Chance zu geben, auch ein Himmelfahrtskommando an der Ostfront. Wegen Wehrkraftzersetzung und vor allem wegen »Heimtücke«, der Untergrabung des Vertrauens zwischen Führung und Gefolgschaft, war er zum Tode verurteilt worden.

Nach einigen Wochen wurden Ernst Jünger und ich, wahrscheinlich auf Grund einer Intervention von Rommel oder v. Stülpnagel, in eine Zelle zusammengelegt. Wahrscheinlich hatte die alte Beziehung des Vaters meines Freundes zu Rommel ihre Wirkung getan. Beide hatten ja als ganz junge Offiziere im Ersten Weltkrieg ihren Pour le Mérite erhalten, und seitdem waren sie einander zwar nicht in Freundschaft, aber doch in Nähe verbun-

Das Gefängnis in Wilhelmshaven, wo Ernst Jünger und ich Anfang des Jahres 1944 eingeliefert wurden.

den. Nun waren wir nicht mehr einsam, was wir zuerst als Erleichterung empfanden, wenngleich wir uns später eingestanden, dass die Pritschen auf so engem Raum eigentlich eine zusätzliche Belastung waren.
Nächtelang beredeten wir mitunter, ob wir im schlimmsten Fall lieber am Strang oder unter dem Fallbeil, wie man die Guillotine nannte, sterben würden. Und, so fragten wir uns, was sollte man in seinem letzten Wort sagen? Trotzig sich zu seinen Taten bekennen, die ja in nicht viel mehr als in Worten bestanden hatten? Würde man die Nerven haben, in dieser Situation von Verbrechen der SS im Osten zu sprechen?
Der Vater Jünger hatte nach seinem Besuch an der Ostfront von Dingen erzählt, die so entsetzlich gewesen sein müssen, dass er immer nur vage von »Schinderstätten« sprach, wie er sie später auch in seinen »Strahlungen« nannte. Am Ende kamen wir nächtlicherweise überein, dass alles, wofür man sich auch entschied, einen zu pathetischen Anstrich haben würde. Richtiger sei, das Letzte schweigend über sich ergehen zu lassen.
Später ist immer wieder gesagt worden, dass das eine schreckliche Zeit für uns gewesen sein müsse, wo wir doch im Grunde noch Gymnasiasten waren. Aber es verhält sich genau umgekehrt. Als Erwachsener weiß man, wovon man Abschied nimmt, was man zurücklässt. Aber der Sechzehn- oder Siebzehnjährige empfindet sich in einer solchen Situation als Winkelried, und momentweise fühlt er sich sogar herausgehoben, allein gegen das Unrecht und gegen den Staat.
Jedenfalls erinnere ich mich dieser Wochen und Monate nicht als einer Zeit voller Verzweiflung. Nur in einer Nacht ergriff uns das Grauen und wir steigerten uns im-

mer weiter hinein. Wir stellten uns diesen letzten Augenblick ganz konkret vor und halb Todesangst, halb Entsetzen vor dem Nichts fasste uns. Wir sahen den Raum vor uns, in dem die Hinrichtung stattfinden würde, sahen die Vollstreckungsbeamten und dann unsere leblosen Körper. Ernst Jünger sagte in der Dunkelheit der Zelle, dass die Guillotine schmerzloser als das qualvolle Ersticken am Strang sein solle. Aber mich schreckte die Vorstellung, wie der Kopf vom Block hinunter in eine Kiste mit Sägemehl fallen würde, wobei mir wahrscheinlich ein Bild von der Enthauptung Ludwigs XVI. und Marie Antoinettes in einem Schullesebuch vor Augen stand. Seit dieser Nacht weiß ich, was der Alb ist, den Füssli kniend auf den Schultern des Träumenden gemalt hat. Aber auch diese nächtlichen Stunden gingen vorüber, und schon am nächsten Morgen war alles wie verflogen.

Nach der Entlassung aus dem Gefängnis wurde ich auf Grund eines Ratschlags von Jüngers altem Freund aus den zwanziger Jahren, dem »Staatsrat« Carl Schmitt, für einige Zeit in Jüngers altem Pfarrhaus in Kirchhorst verborgen gehalten, um mich einem möglichen Zugriff der Gestapo zu entziehen, denn ich stand ja nun nicht mehr unter dem Schutz der Marine. Die Verbindung Jüngers zu Carl Schmitt war auch nach seinem Wegzug aus Berlin nach Kirchhorst nicht abgerissen. Sie hatten sich regelmäßig auch während der Etablierung des Dritten Reichs getroffen, obwohl inzwi-

Jüngers alter Freund Carl Schmitt, der ihn oft beim Militärbefehlshaber in Paris besuchte, riet unseren Eltern, uns nach der bedingten Entlassung aus dem Gefängnis erst einmal dem Zugriff der Gestapo zu entziehen.

schen eine gewisse politische Entfremdung stattgefunden hatte.

Carl Schmitt war so etwas wie der inoffizielle Verfassungsrechtler der Nazis geworden, während Jünger sich allen Zudringlichkeiten des Regimes entzog und das Angebot von Goebbels zurückgewiesen hatte, der Sektion Dichtung der Preußischen Akademie vorzustehen oder Präsident der »Reichsschrifttumskammer« zu werden. Aber trotz aller, meist unausgesprochener Kontroversen waren sie Freunde geblieben, und Carl Schmitt nutzte jetzt seine Beziehungen zum Regime zu Ratschlägen und Warnungen an Jünger. Wahrscheinlich hatte er Recht, als er Jünger bedeutete, die Gestapo werde eine Hausdurchsuchung bei ihm nicht wagen. Es war bekannt, dass Hitler noch immer eine sentimentale Verehrung für den Pourle-Mérite geschmückten Stoßtruppführer des Ersten Weltkrieges hegte. Hitler und Jünger hatten in den zwanziger Jahren ihre Bücher »In Stahlgewittern« und »Mein Kampf« mit hochachtungsvollen Widmungen ausgetauscht, und nach dem 20. Juli 1944 war Jünger zwar aus der Wehrmacht nach Hause entlassen, auffallenderweise aber nicht »ausgestoßen« worden wie die Verschwörer. Hat Hitler auch dabei seine Hände im Spiel gehabt, woran Ernst Jünger noch Jahre nach dem Krieg nicht ohne Eitelkeit festhielt? Wie dem auch gewesen sein mag, ich tauchte jedenfalls in Kirchhorst unter, bis mir die offizielle Einberufung der Armee ausgehändigt wurde. Damit stand ich nun unter dem Schutz der allerdings selber geschwächten Armee.

In dem alten Pfarrhaus Jüngers wohnte ich in dem Dachzimmer meines Freundes, das Frau Jünger nur »Herbstklarwetterklause« nannte; er selber war schon in der Aus-

Ich sehe Kirchhorst noch vor mir, die Dorfkirche, die dicken Mauern des alten Pfarrhauses und das kleine Dachzimmer mit seinen Bücherregalen. Den Pfarrgarten mit seinen verfallenen Grabsteinen betrat ich nur nachts.

bildung bei den 73ern in Salzwedel, dem Traditionsregiment seines Vaters, in das auch ich nach meiner Entlassung aus Wilhelmshaven sechs Wochen später eintreten sollte. Während dieser acht oder zehn Tage betrat ich den alten Pfarrgarten nur nach Einbruch der Dunkelheit, damit mich die Dorfnachbarn nicht zu Gesicht bekamen. Jünger selber fuhr nach zwei Tagen schon wieder nach Paris zurück, Frau Jünger hatte viel in Haus und Garten zu tun, und so stöberte ich stunden- und tagelang in der Bibliothek.

Hier stieß ich auch auf den Band »Das abenteuerliche Herz« von 1931, der mit seiner Betrachtung »Über den Schmerz«, dem »Brief an den Mann im Mond« und der Sammlung »Blätter und Steine« den Ruhm Jüngers in einem kleinen Kreis begründet hatte und der auch mir über Jahrzehnte hinweg der eigentliche Jünger zu sein schien und noch heute ist. Der Jünger des Ersten Weltkrieges und der Jünger der zweiten Nachkriegszeit sind mir im Grunde fremd geblieben, der Autor der »Stahlgewitter« und des »theologischen« Romans »Heliopolis«. Nur die »Strahlungen« von 1949 haben mich noch einmal fasziniert, wobei es wahrscheinlich gerade jener scheinbar unbeteiligte Blick auf die Dinge war, dem alles zur Käferkunde wird, der Jünger in der Nachkriegsliteratur zum großen Außenseiter und für die »Gruppe 47« zur Skandalfigur machte. Das war die Schwierigkeit, als ich 1982 die Rede in der Paulskirche zu seinem Goethepreis zu halten hatte.

Im »Abenteuerlichen Herz« fand ich in jenen Tagen eine Eintragung, die unsere Empfindungen in jener Gefängnisnacht wiederzugeben schien:

»Es gibt eine Art von dünnem und großflächigem Blech, mittels dessen man an kleinen Theatern den Donner vorzutäuschen pflegt. Sehr viele solcher Bleche, noch dünner und klangfähiger, denke ich mir in regelmäßigen Abständen übereinander angebracht, gleich Blättern eines Buches, die jedoch nicht gepresst liegen, sondern durch eine sperrige Vorrichtung voneinander entfernt gehalten sind.

Auf das oberste Blatt dieses gewaltigen Stoßes hebe ich dich empor, und so wie das Gewicht deines Körpers es berührt, reißt es krachend entzwei. Du stürzest, und stürzest auf das zweite Blatt, das ebenfalls und mit heftigerem Knalle zerbirst. Der Sturz trifft auf das dritte, vierte und fünfte Blatt und so fort, und die Steigerung des Falles lässt die Schläge in einer Beschleunigung aufeinander folgen, die einem an Tempo und Heftigkeit anwachsenden Trommelwirbel gleicht. Immer noch rasender werden Fall und Wirbel, in einen mächtig rollenden Donner sich verwandelnd, der endlich die Grenzen des Bewusstseins sprengt.

So pflegt das Entsetzen den Menschen zu vergewaltigen – das Entsetzen, das etwas ganz anderes ist als das Grauen, die Angst oder die Furcht. Eher ist es schon dem Grausen verwandt, das das Gesicht der Gorgo mit gesträubtem Haar und zum Schrei geöffnetem Munde erkennt, während das Grauen das Unheimliche mehr ahnt als sieht, aber gerade deshalb von ihm mit mächtigerem Griff gefesselt wird. Die Furcht ist noch von der Grenze entfernt und darf mit der Hoffnung Zwiesprache halten, und der Schreck – ja, der Schreck ist das, was empfunden wird, wenn das oberste Blatt zerreißt. Und dann im tödlichen Sturze steigern sich grelle Paukenschläge und rote Glühlichter, nicht mehr als Warnungen, sondern als schreckliche Bestätigungen, bis zum Entsetzlichen.

Ahnst du, was vorgeht in jenem Raume, den wir vielleicht eines Tages durchstürzen werden und der sich zwischen der Erkenntnis des Unterganges und dem Untergange erstreckt?«

War es die gerade wenige Wochen zurückliegende Erfahrung des Schauders vor dem möglichen Ende, dass mir diese Zeilen nie aus dem Gedächtnis gehen sollten und ich sie noch nach Jahrzehnten Zeile für Zeile präsent habe? Es ist mehr als ein halbes Jahrhundert vergangen seitdem, aber ich sehe von diesen Tagen in Kirchhorst alles noch vor mir – das kleine Dachzimmer mit seinen Bücherregalen, die dicken Mauern des alten Pfarrhauses und den nur nach Eintritt der Dämmerung betretenen Pfarrgarten mit seinen halb verfallenen Grabsteinen.

Nach zehn Tagen schon kam der Adjutant – oder Ordonnanzoffizier – General Lindemanns und händigte mir den rettenden Einberufungsbefehl aus. Er brachte ja nicht neue Bedrohung, sondern die Sicherheit, dass ich nun unter dem Schutz der Armee stand. Wir selber haben General Lindemann nie zu Gesicht bekommen, entweder waren wir im Gefängnis oder an der Front. Aber der Vater meines Freundes hatte ihn mehrmals bei Gesprächen über die militärische, politische und moralische Aussichtslosigkeit getroffen, die sie beide gleich sahen. General Lindemann zog daraus die Konsequenzen und schloss sich der Widerstandsgruppe General Fellgiebels, des Chefs der Nachrichtenzentrale im Führerhauptquartier, an, der auch ein Opfer des fehlgeschlagenen Staatsstreichs wurde.
Die Mitwisserschaft Lindemanns, der im Fall eines gelungenen Attentats wegen seines auffallend eindrucksvollen Organs die erste Proklamation der Verschwörer im Rundfunk hätte verlesen sollen, wurde sehr bald von der Gestapo entdeckt, und noch im Juli 1944 wurde er verhaftet. Der Festnahme suchte er sich durch einen Sprung aus dem Fenster des dritten Stocks zu entziehen. Hatte er in die Freiheit oder in den Tod fliehen wollen? Aber er brach mit einem Bauchschuss zusammen und wurde dann von einem Gefängnis zum anderen geschleppt. Nach sechs Wochen »starb« General Lindemann angeblich in der Gestapohaft. Das war also Ende Juli oder Anfang August 1944, und da waren Ernst Jünger und ich schon längst in Salzwedel. Aber Lindemann hatte zu unserem Glück einen vertrauten General aus Hannover – von dem ich nicht mehr weiß, ob er der Stadtkommandant von Hannover oder Wehrbezirkskommandeur war –

gebeten, sich um uns zu kümmern, da er sehr häufig zwischen dem Berliner Bendlerblock und dem Führerhauptquartier in Rastenburg unterwegs sei. So griff wieder ein Unbekannter in unser Schicksal ein, als neue Gefahr drohte.

Am Tag nach dem Erhalt des Einberufungsbefehls machte ich mich – sicherheitshalber, als wenn ich wirklich noch ein Schüler wäre, begleitet von Frau Jünger – nach Hannover auf und fuhr dann nach Berlin in den Falkenried, wo mich meine Eltern für einen »Sonderurlaub« von zwei Wochen erwarteten. Die Mädchen, das Dienstmädchen Gertrud und die Hausgehilfin Margarete, Tochter eines Oberförsters aus der Schorfheide, die bei uns ihr »Pflichtjahr« ableistete, wussten natürlich nicht, weshalb ich ein paar Monate verschollen gewesen war.

Gretha Jünger, die erste Frau von Ernst Jünger, brachte mich sicherheitshalber selber zum Bahnhof nach Hannover. Die Stadt war schon eine Trümmerwüste, nur der Bahnhof war noch unbeschädigt. Einige Wochen später fiel er in Schutt und Asche.

Später wollte jedermann ein Gegner des Regimes gewesen oder nur gezwungenermaßen in die Partei eingetreten sein. Viel davon war nachträgliche Gegnerschaft, von der während der Ereignisse nichts zu spüren gewesen war. Aber das hing auch damit zusammen, dass man eigene Schwierigkeiten mit der Partei oder gar Prozesse und Verhaftungen verschwieg. Meine Eltern bewahrten ja nicht nur dem Dienstmädchen und der Hausgehilfin, sondern auch Bekannten und selbst Verwandten gegenüber Stillschweigen, als wenn mit der Tatsache einer Verurteilung des Sohnes ein Makel verbunden gewesen wäre. Als sie nach dem Krieg zum ersten Mal offen davon sprachen, gaben sich plötzlich manche Bekannte als Gegner der Nazis zu erkennen, von denen man damals nie ganz sicher gewesen war, wie sie es aufnehmen würden.

Zweifel am »Endsieg« waren nach der Katastrophe von Stalingrad 1943 verbreitet, und vom Jahr 1944 an gab es nur wenige, die an der Siegeszuversicht der Propaganda festhielten, wobei kritische Äußerungen durchaus nicht von vornherein als Kritik am Regime verstanden wurden. Aber von »Verbrechen« der SS zu sprechen und die »Umsiedlung« der Juden in den Osten einen ersten Schritt zum Massenmord zu nennen, das war auch bei der Mehrheit der Bevölkerung noch Ende des Krieges ein todeswürdiges Verbrechen. So hielt man sich selbst im Bekanntenkreis zurück.

In den fünfziger Jahren, ich war wohl schon in meinem sechsten Semester, spielte ich mit dem Gedanken eines Eintritts in die Diplomatenschule in Speyer, und mein Vater mobilisierte seine alten Bekanntschaften aus der Zeit vor dem Ersten Weltkrieg, da sie gemeinsam junge Attachés oder Konsuln in Konstantinopel und Alexandria gewesen waren. Ein Vertrauter aus der gemeinsamen Jugendzeit fand sich, der seine Verbindungen spielen lassen wollte. Aber er empfahl meinem Vater, sein Sohn solle seine Gefängniszeit nur sehr am Rande erwähnen, man wisse nie, mit wem man es zu tun habe.

Meiner Mutter schrieb ich im Januar 1944 noch aus der Einzelzelle, dass sie sich nicht allzu viele Sorgen machen solle. Sie müsse sich vorstellen, dass ich in der Situation eines mittelalterlichen Mönchs sei; nur mache ich zwangsweise die Erfahrung, die jener sich aus freien Stücken auferlege. Mein Vater war entgeistert, als er diesen Brief, mit dem ordnungsgemäßen Stempel des Gefängnisses, in der Hand hielt. »Der Junge wird nie vernünftig werden«, sagte er kopfschüttelnd. »So etwas zu schreiben, wo er doch weiß, dass jeder Brief aus dem Gefängnis durch die Zensur geht!«

Am deutlichsten habe ich die Urteilsverkündung in Erinnerung, die für uns siebzehn Angeklagte alle zusammen nicht einmal zwei Stunden dauerte. Ich erhielt, als »Spiritus rector«, die Höchststrafe, mein Freund kam mit einigen Monaten weniger davon. Bei den anderen Mitangeklagten ließ das Gericht es mit geschärftem Arrest von sechs Wochen bewenden, wobei ihnen zugute gehalten wurde, dass sie unter unserem Einfluss gestanden hatten. Offensichtlich hätten wir beide die ganze Schule beherrscht.

Die Aussage des Heimleiters und einiger Lehrer bei ihrer Vernehmung spielte dabei eine gewisse Rolle. Heinrich Dücker, der Direktor von Spiekeroog, hatte ein ziemlich vernichtendes Urteil über uns abgegeben, wonach wir immer schon Unruhestifter gewesen seien, aufsässig in jeder Hinsicht. Aber er sei ja machtlos gewesen, nachdem die Schüler als »Marinehelfer« nicht mehr dem Internat, sondern der Wehrmacht unterstanden. Hatte Dücker Spiekeroog retten wollen und hatten alle seine Aussagen diesem Ziel gedient? Oder war er Ernst Jünger und mir gegenüber immer voller Vorbehalte, vielleicht sogar Abneigung gewesen? Ich nehme an, dass beides eine Rolle spielte.

Als mein Vater einige Wochen nach meiner Einlieferung ins Gefängnis die Hermann Lietz-Schule um eine Bescheinigung bat, bis zu welcher Klasse und mit welchem Erfolg ich Spiekeroog besucht habe, erhielt er jedenfalls einen kühl-abweisenden Bescheid Heinrich Dückers. Eine Bescheinigung »in der von Ihnen gewünschten Form kann laut Erlass des Herrn Reichserziehungsministers Dr. Rust rechtskräftig Verurteilte nicht ausgestellt werden«. Kein Wort der Anteilnahme, kein Satz des Bedauerns, kein Wort der Hoffnung, dass wir Gefängnis und Frontbewährung überstehen würden. Nur: »Mit vorzüglicher Hochachtung. Mit deutschem Gruß, Heinrich Dücker«. – Fünf Jahre später gab es übrigens eine eher amüsante Bestätigung seines schlechten Gewissens. Als ich im Herbst 1947 aus der Kriegsgefangenschaft zurückgekommen war, musste ich, um studieren zu können, das Abitur nachmachen, und dafür brauchte ich jenes Zeugnis, das Dücker meinem Vater verweigert hatte. Es stellte sich heraus, dass er noch immer Direktor von Spiekeroog war. Nicht ohne Ironie schrieb ich ihm, dass ich vermutlich zu Recht annähme, die erwähnte Verordnung des Herrn Reichserziehungsministers Rust sei nicht mehr in Kraft, und so stehe der Bescheinigung meines Schulbesuchs wohl nichts mehr im Wege.

Statt einer Antwort erhielt ich einige Wochen später ohne jedes Anschreiben eine angebliche Kopie meines Abiturzeugnisses aus dem Januar 1944. Danach hatte ich die schriftliche Prüfung so vorzüglich bestanden, dass ich von dem mündlichen Examen hatte befreit werden können. Selbst in den Fächern Chemie und Physik, mit denen ich mich meine ganze Schulzeit hindurch ziemlich ergebnislos herumgeschlagen hatte, war ich plötzlich weit über dem Durchschnitt gewesen. Hatte Dücker Sorge vor den Entnazifizierungsbehörden gehabt? Mit dieser Bescheinigung über ein niemals bestandenes Abitur erhielt ich dann meine Zulassung zur Humboldt-Universität. Das sollte das Letzte sein, was ich von meinem alten Internat hörte. Kein Heimleiter, kein Lehrer meldete sich jemals.

In diesem Januar 1944 haben wahrscheinlich sowohl freundliche Geister als auch gute Beziehungen ihre Hände über uns gehalten. Alles ging glimpflich, am Ende sogar gut aus, allerdings nur für mich. Mein Freund aber sollte an einem seiner ersten Tage an der Front, angeblich durch einen Kopfschuss, fallen. War es ein Himmelfahrtskommando gewesen? Fast in derselben Zeit schrieb Gottfried Benn an seinen Freund Oelze: »Ein weiterer Bruder von mir ist gefallen, im Westen, Infanterie, Oberleutnant, das ist nun der 3. Ein Mal Bajonettstich in Galizien, zwei Mal – angeblich – Kopfschuss. Gegen Kopfschüsse bin ich misstrauisch, klingt so sauber u. harmlos, gut für Angehörige.«

Mein Freund Ernst Jünger kurz vor unserem Einrücken zur italienischen Front. Wenige Wochen später fiel er in den Marmorbrüchen bei Carrara.

Das Feldgericht war wohl nicht ohne verstohlenes Wohlwollen gewesen, wie an den Kreuzverhören zu spüren war. Und dennoch war der Vorsitzende des Gerichts ahnungslos. Während die Plädoyers gehalten, das Urteil verkündet und dann die Urteilsbegründung verlesen wurde, suchte ich die Fassung zu bewahren. Die meisten unserer Mitschüler hatten in ihrem Schlusswort davon gesprochen, wie sehr sie unter unserem Einfluss gestanden hätten und dass sie inzwischen das Vorgefallene bedauerten. Solche Selbstzerknirschung wollten wir dem Gericht und uns selber ersparen, und so waren wir übereingekommen, zu unseren Äußerungen über das nahende Kriegsende zu stehen, was uns in der schriftlichen Urteilsbegründung als »Reuelosigkeit« angekreidet wurde. Später las ich in Ernst Jüngers Tagebüchern, dass er das mit Befriedigung gehört habe. Es wäre ihm unangenehm gewesen, von einer Selbstdemütigung in der Zelle zu hören.
Was mich anging, so griff ich, um nicht die Nerven zu verlieren, nach einem äußeren Ablenkungsmittel. Vor dem Fenster des Gerichtssaals stand eine Kastanie, deren Zweige in diesem Winter 1944 kahl in den Winterhimmel ragten. Es war bitterkalt, und selbst auf dem nackten Gezweig lag eine dichte Schneedecke. Bei starken Bewegungen stäubte der Schnee von den Ästen. Ich zwang mich während jener zwei Stunden der Verlesung der Urteile zu einer Berechnung, wie stark der Wind sein musste, damit die Zweige ihre Schneedecke abwarfen. In der Urteilsbegründung wird daran der Vorwurf geknüpft, dass die Arroganz des Angeklagten deutlich geworden sei, als er mit ostentativer Gleichgültigkeit gelangweilt aus dem Fenster geblickt habe. Wie wenig weiß ein Richter von einem Angeklagten, dessen Schicksal in seinen Händen liegt.

Wochen und Monate in der Zelle fließen ohne Konturen dahin. Sehr bald schon beginnt der Gefangene das Gefühl für die Zeit zu verlieren. Das karge Frühstück, das Mittagessen, das meist aus einer Suppe und einem Kanten Brot bestand, die Scheiben Kommissbrot zum Abend sind das Einzige, was das Einerlei unterbricht; außer den fast täglichen Fliegeralarmen. Im Januar 1944 war ich eingeliefert worden. Wann besuchte mich meine Mutter, auf welchen Monat fiel der Besuch des Vaters Jünger, dessen Offiziersuniform mit dem Pour le Mérite in so merkwürdigem Kontrast zu der tristen Umgebung stand?

Hin und wieder kam der Adjutant des Festungsbefehlshabers Wilhelmshaven, Dr. Emmel, der uns vor allem beruhigen, aber auch zu verstehen geben wollte, dass die Dinge nicht schlecht standen. Dr. Emmel kam im Auftrag zweier Admiräle, die sich um uns kümmerten, des »Oberbefehlshabers Nordsee« Erich Förste und des »Admirals Deutsche Bucht« Ernst Scheuerlen. Jünger erzählte mir Jahre später, dass Admiral Scheuerlen noch eine Woche vor dem Ende, in den letzten Tagen des April 1945, bei Walsrode in der Lüneburger Heide gefallen sei, wohl als Kommandeur einer zusammengewürfelten Marineinfanterie-Einheit.

Weshalb beide Admiräle sich um zwei Marinehelfer kümmerten, habe ich nie herausgefunden; wahrscheinlich wird es ihre Verbindung zum Pariser »weißen« Stab Stülpnagels gewesen sein. An solchen Vorkommnissen wird mir deutlich, wie Armee und Marine in weiten Teilen dem Regime nicht in den Untergang folgen wollten. Das galt für oben wie für unten. Auch die Wachtposten gaben mitunter ihre verstohlene Sympathie zu erkennen, wenn sie uns den Napf mit dem Essen in die Zelle schoben.

Im Frühjahr kam die Botschaft Dr. Emmels, dass die Gerichtsakten erfolgreich »sekretiert« worden seien und dass man nur den Urlaubsantritt des Großadmirals Dönitz abwarte, um das milde Urteil des Kriegsgerichts zu bestätigen und zur Frontbewährung auszusetzen. Mein Freund konnte das gar nicht erwarten, während ich mich bei dem Gedanken an eine »Bewährungszeit« an der Ostfront in der Zelle ganz gut aufgehoben fühlte. Ernst Jünger aber war darin ganz der Sohn seines Vaters und drängte an die Front. Hatte der aber in seinen wenige Jahre später erschienenen »Strahlungen« Recht, als er schrieb, der Sohn habe es dem Vater gleichtun wollen und sich wahrscheinlich freiwillig zu einem Stoßtrupp gemeldet?
Ich habe immer meine Zweifel daran gehabt, auch der eigenen Erfahrung wegen. Auch ich war ja wenige Tage nach der Ankunft in der Hauptkampflinie für eine besonders heikle Unternehmung vorgesehen gewesen. Ganz offensichtlich war in unseren Papieren ein Vermerk angebracht worden, wonach wir niemals befördert werden durften. Selbst in einem dreißigjährigen Krieg wären wir nicht einmal Gefreite geworden, was uns amüsierte. Unsere Vorstrafen sollten uns in Zukunft begleiten, und selbst noch in der Kriegsgefangenschaft wusste der englische Captain, ein rundlicher ehemaliger Kinderarzt aus Berlin, der rechtzeitig in dem britischen Mandatsgebiet Palästina Zuflucht gesucht und bei Rommels Vorstoß auf Ägypten in die englische Armee eingetreten war, über meine Vergangenheit Bescheid. Waren unsere Personalpapiere mit uns in die Gefangenschaft gekommen?
Jedenfalls sollte ich damals mit einem anderen Achtzehnjährigen ein nächtliches Stoßtruppunternehmen auf ein festungsmäßig ausgebautes Bauernhaus führen, von dem

aus unsere Stellungen seit Tagen schon mit einem schweren Maschinengewehr bestrichen wurden. Nur durch ein in meiner Hand explodierendes »Ofenrohr«, eine Raketenwaffe, die ein Vorgänger der legendären »Panzerfaust« war, kam es zu diesem Heldenstück nicht mehr. Zu meinem Glück entzündete sich nur die Treib-, nicht die Sprengladung. Ich sehe noch den abgesprengten Sprengkopf leise zischend auf dem Boden einen Meter vor mir und höre den Ruf »Deckung« meiner Kameraden. Aber nach zwanzig oder dreißig Sekunden machte es ein leises »Blub«, und ich hatte Zeit, in einem Granattrichter Zuflucht zu suchen. Erst dann sah ich meine zerfetzte Hand, aus deren verbrannter Wunde die hellen Knochen fast weiß hervorschimmerten. Es sind zumeist Details, die sich der Erinnerung einprägen. So sehe ich die Haut des Zeige- und des Mittelfingers noch vor mir, die sich wie bei einem Handschuh an den Knochen hochgeringelt hatten, was ich neugierig, wie unbeteiligt inspizierte. Der Frontabschnitt selber im Niemandsland ist meinem Gedächtnis fast gänzlich entschwunden. Schmerzen hatte ich überhaupt keine, sie stellten sich erst auf dem Hauptverbandsplatz ein, wohin mich ein Sanitäter eine Stunde später mit einem Beiwagen-Krad brachte. Diese Verwundung brachte mich für Monate in das Lazarett, erst auf dem Hauptverbandsplatz, dann in ein Feldlazarett nahe Faenza, schließlich nach Abano Terme, dem damals noch eleganten Kurort, der Ende des Krieges in eine deutsche Lazarettstadt verwandelt worden war.

Von den Monaten in Wilhelmshaven sind mir nur Momentaufnahmen haften geblieben, so das Duschen, wozu wir ein Mal in der Woche unsere Zelle verlassen konnten und dann auch den Mitgefangenen begegneten. Seit diesem Frühjahr 1944 wurde Deutschland fast täglich von alliierten Bomberflotten angeflogen, und in Wilhelmshaven war eigentlich ständig Alarm. Selbst wenn der alte Kriegshafen des Kaiserreichs nicht selber das Ziel der Angriffe war, überflogen die Bomberverbände fast täglich die Küste, um Ziele weit im Landesinneren anzugreifen. Für die Häftlinge bedeutete das den Marsch durch die belebten Straßen von Wilhelmshaven in den Hochbunker, wozu wir in unserer Häftlingskleidung durch die Stadt geführt wurden, gleichgültig oder misstrauisch von den Passanten betrachtet, die den Zug der Gefangenen und der Wachposten mit ihren aufgepflanzten Seitengewehren mit einer Mischung von Neugier, Furcht und unverhohlenem Abscheu beobachteten.

Im Bunker waren uns abgetrennte Räume vorbehalten, und diese Stunden waren unsere einzige Gelegenheit, mit den Mitgefangenen zu sprechen. Selbst die zum Tode Verurteilten wurden ja während des Alarms in den Bunker geführt, sofern ihre Urteile noch nicht bestätigt waren. In der feuchten Enge des Bunkers, der nur von einer nackten Birne Licht erhielt, kam es dann zu halblauten Gesprächen, wobei wir die Mitgefangenen fast noch misstrauischer als die Wachen betrachteten. Man wusste ja nicht, wofür der andere die Häftlingskleidung trug. Ein »Politischer«? Ein gewöhnlicher Krimineller? Hatte er Feldpostpäckchen im Schutz der Verdunkelung entwendet, worauf Todesstrafe stand? Also hütete man sich vor jedem, und diese Zurückhaltung auch den Schicksalsgenossen gegenüber prägte die Atmosphäre.

Ein Kapitänleutnant der Schwarzmeerfront war von einem Unteroffizier angezeigt worden, weil er von der Notwendigkeit gesprochen hatte, Hitler zu entmachten, auszuschalten oder notfalls zu beseitigen; nur so sei ein leidlicher Ausgang des Krieges zu erhoffen. Das Sondergericht der Marine hatte das Todesurteil verhängt, das aber noch nicht bestätigt war. Im Grunde wartete er nur auf die Unterschrift von Dönitz und damit auf seine Hinrichtung. Zusammengedrängt, mehr flüsternd als sprechend, redeten wir von dem, was gerüchteweise von der Front in die Heimat drang.

Der junge Offizier, für uns allerdings mit seinen wohl dreißig Jahren nach vier Jahren Russlandkrieg eine Autoritätsperson, bestätigte die Gerüchte aus dem Osten. Da würden Häftlinge geschlagen, gefoltert, gehängt, erschossen, ein Menschenleben gelte wenig. Manche seiner Kameraden hätten sogar von Massenerschießungen berichtet, die er selber allerdings nicht erlebt habe. Auf jeden Fall müsse die SS nach dem Kriege zur Rechenschaft gezogen werden. Aber Todesfabriken, sagte er in der Dunkelheit des Bunkers, in denen die Häftlinge »maschinenmäßig« liquidiert würden, gebe es natürlich nicht. Das sei »Feindpropaganda«, so wie während des Ersten Weltkrieges die Legende von belgischen Kindern, denen Deutsche die Hände abgehackt hätten.

In jenem Frühjahr 1944 glaubte niemand, auch hier im Gefängnis von Wilhelmshaven nicht, dass es im Osten »Todesmühlen« gebe, wie man damals sagte. Den jungen Seeoffizier sehe ich noch vor mir, wie er alle Erzählungen dieser Art Achsel zuckend abtat. Es war das letzte Mal, dass ich ihn sah, zwei Wochen später wurde er abgeholt.

Die Urlaubstage im Berlin der Jahre 1943 und 1944 sind in meiner Erinnerung anders, als sie doch offensichtlich

in Wirklichkeit waren. Die Innenstadt lag inzwischen unter einem ständigen Bombenhagel; nun erst entstand die Trümmerwüste, die man aus wenigen deutschen und vielen amerikanischen Filmaufnahmen vom Kriegsende kennt. Doch die Vororte von Dahlem über Grunewald bis Wannsee spürten davon wenig. Einmal aber saß die Familie im Garten und zur Feier meines Abschieds zur Front hatte das Mädchen noch einen Kuchen gebacken und meine Mutter einen Rest Bohnenkaffee aufgetrieben, den wir bei strahlendem Wetter im Garten tranken. Plötzlich schob sich eine giftig-gelbe Wolke über den Himmel, die süßlich nach Brandgeruch schmeckte. Schließlich sanken immer mehr Brandflocken aus der brennenden Innenstadt auf den Rasen. Meine Mutter, meine Großmutter und die beiden Mädchen mussten die Kaffeetafel abräumen. Hauptsächlich dies ist mir von einem der verheerendsten Angriffe auf den Lindenbereich in Erinnerung geblieben, dem auch fast alle Bauten auf der Museumsinsel zum Opfer fielen.
Im Sommer 1943, als ich als Marinehelfer wieder einmal auf Urlaub in Berlin war, spielten fast alle Bühnen, Gustav Gründgens im Großen Schauspielhaus am Gendarmenmarkt und Heinrich George in seinem Schillertheater in der Bismarckstraße. Erst zu Ende dieses Jahres, im November 1943, wurden beide Bühnen zerstört. Merkwürdigerweise sind es nicht die berühmten Aufführungen, die in meiner Erinnerung geblieben sind, der »Faust« oder der »Wallenstein«. Zwei Nebenwerke Hauptmanns und Grabbes haben sich mir so tief eingegraben, dass mir noch heute einzelne Szenen, Dialoge und Bühnenbilder vor Augen stehen. Beide Stücke habe ich nie wieder gesehen, nicht einmal gelesen, und so weiß ich nicht, ob es

Bei einem Urlaub 1943 war ich zum letzten Mal in Heinrich Georges Schillertheater. Wenige Wochen später brannte es bei einem Angriff aus.

mehr die Atmosphäre des übervollen Theaters im brennenden Berlin war, die mich gefangen nahm, oder doch die Dramen selber, deren Inhalt zur Untergangsstimmung jener Tage passte.
Hauptmann hatte die »Winterballade« nach einer Erzählung Selma Lagerlöfs dramatisiert, und die unendliche Schneewelt dieser Szenen muss es wohl gewesen sein, die das Publikum in einem Theater, das wenige Wochen später zerstört werden sollte, in ihren Bann schlug. Die Zeit selber spielt ja immer auf der Bühne mit und die offiziellen Wochenschauen hatten in den letzten Jahren so oft Bilder von den schneegepeitschten Weiten Russlands gebracht, dass sich den Zuschauern Stalingrad unvermeidlich vor die Szenen Hauptmanns schob.
In Grabbes damals und heute selten gespieltem Drama »Hannibal« war der Untergang fast greifbar. In der letzten Szene ist es Hannibal müde, von einem phrygischen oder lydischen Hof zum anderen zu fliehen, um der Ausliefe-

rung an das unerbittlich rachsüchtige Rom zu entgehen. Während Hannibal den Giftbecher schon in der Hand hält, fragt ihn sein ebenfalls zum Sterben bereiter Negersklave, was wohl sein wird, wenn sie getrunken haben. Unvergesslich die Antwort, unvergesslich sowohl Grabbes als auch Heinrich Georges wegen: »Was soll schon sein? Aus der Welt werden wir nicht fallen, wir sind einmal drin.«

Das war das letzte Theatererlebnis für viele Jahre. Durch die Ruinen des »Knies«, des jetzigen Ernst-Reuter-Platzes, ging ich an der ausgebrannten Technischen Hochschule, wo Onkel Ete Dekan für Architektur gewesen war, zum Eingang der U-Bahn. Das Berlin dieser Zeit war eine Stadt, die überall Ruinen zeigte; das Berlin meiner Rückkehr aus der Gefangenschaft vier Jahre später war eine Trümmerwüste, in der hier und da noch ein Haus stand.

Das war eine der vielen Unbegreiflichkeiten der letzten Monate und Wochen des sterbenden Berlin – dass die U-Bahn eigentlich bis in die letzten Wochen ging; selbst nach schweren Angriffen brauchte es nur einige Stunden, dass sie wieder durch die hier und da eingestürzten Tunnel fuhr. Das Büro meines Vaters am Nollendorfplatz war längst ausgebombt, im Haus des Papierkonzerns »Feldmühle« am Kurfürstendamm, der zu den Mitgliedsfirmen seines Wirtschaftsverbands gehörte, wurde ihm eine Etage freigemacht, und dahin fuhr er je-

Am Knie, dem jetzigen Ernst-Reuter-Platz, lag die Technische Hochschule, wo der Bruder meines Vaters Dekan für Architektur war. Als die Waffen schwiegen, fuhr ein Panjewagen an den Ruinen vorbei.

den Morgen pünktlich um halb neun von dem strohgedeckten U-Bahnhof in die Innenstadt. Der Kaiser hatte Wert darauf gelegt, dass die Bahnhöfe in den westlichen Vororten Stadttoren märkischer Kleinstädte nachgebildet wurden. Im modernistischen Aufbaufieber der Nachkriegszeit habe ich sie mit Sympathie gesehen, wie einem ja überhaupt das hilflose Rückwärtssehnen des Kaiserreichs nahegerückt war.

Meine Eltern frühstückten auch in den letzten Monaten und Wochen des Frühjahrs 1945 noch in der alten Manier im Wintergarten, wo das Mädchen gedeckt hatte, wenn auch der Tisch immer ärmlicher aussah. Dann fuhr mein Vater in sein Büro, wo es nichts mehr zu beraten und zu entscheiden gab. Erst in den letzten zehn Tagen des April ging er nicht mehr in sein Kontor, wo er zuletzt allein an seinem Schreibtisch gesessen hatte.

In den letzten Tagen vor meinem Aufbruch kamen die wenigen noch in Berlin gebliebenen Bekannten und Verwandten meiner Eltern zum Abschied. Anderthalb Millionen Berliner hatten die Stadt bereits verlassen. Auch Else Meyer kam, die für uns nur »Tante Else« war, weil sie uns als Freundin meiner Großmutter seit Kindertagen vertraut war. Ihr Mann war auch schon im Herbst 1914 als Bataillionskommandeur im Regiment meines Großvaters gefallen – ein »Konzessionsschulze« auch er, denn Major Meyer war Jude, was in der kaiserlichen Armee in den höheren Rängen eine Ausnahme war.

Schon 1942 hatte ein Besuch Else Meyers zu einer Aufregung geführt. Seit dem Anfang des Russlandkrieges war der »Judenstern« obligatorisch geworden, um jeden Verkehr zwischen »Ariern« und »Nichtariern« unmöglich zu

machen. Von nun an war es ein offener Verstoß gegen die Rassenbestimmungen der »Nürnberger Gesetze«, mit Juden Umgang zu haben. Meine Eltern hatten Else Meyer zum Abendessen in den Falkenried geladen. Den Mädchen war Ausgang gegeben worden. Aber sowohl das Dienstmädchen Gertrud als auch die Hausgehilfin Margarete hatten es abgelehnt, diesen Abend frei zu nehmen. »Wir werden Sie doch nicht im Stich lassen, wenn Sie gerade Gäste erwarten«, hatte Gertrud in unerwarteter und auch unüblicher Hilfsbereitschaft gesagt, auch, als meine Mutter erklärte, dass sie nur ein kaltes Abendessen mit ein paar »Schnittchen« geben werde. Aber der SA-Freund von Gertrud und die der Partei nahestehenden Eltern von Gertrud schienen meinem Vater so bedenklich, dass er darauf bestand, meine Mutter solle alles daran setzen, beide Mädchen aus dem Hause zu schaffen. Schließlich kam meine Mutter auf den Gedanken, Karten für die Albrechtshof-Lichtspiele in Steglitz zu kaufen, um sie den beiden Mädchen als Überraschung zu schenken. Und tatsächlich räumten Gertrud und Margarete einigermaßen verwirrt über die unerwartete Freundlichkeit das Feld. Die Allgegenwart der Partei war Anfang des Krieges noch keine wirkliche Bedrohung, aber man nahm doch selbst in Bagatellen dieser Art auf sie Rücksicht und vermied alles, was ihr missliebig sein konnte.
Else Meyer war als Witwe eines dekorierten Offiziers des Ersten Weltkrieges lange von der Deportation verschont geblieben, aber nun stand auch ihr der Abtransport bevor. So war ihr Besuch ein Abschied in doppelter Hinsicht. Aber sie war zuversichtlich auch jetzt. Zum Abschied brachte sie eine KPM-»Ziertasse« mit dem Brandenburger Tor. Am nächsten Morgen musste sie sich am

Bahnhof Grunewald einfinden. Wusste die Siebzigjährige, was sich hinter dem Wort »Umsiedlung« verbarg? Sie sprach jedenfalls vom Wiedersehen – »wenn alles vorüber ist«. Die letzten Tage hatte sie in ihrer Zweizimmerwohnung in Lichterfelde-West in der Nähe der alten Kadettenanstalt mit Aufräumen, Silberputzen und Staubwischen verbracht. Niemand solle sagen können, dass sie eine Judenwirtschaft hinterlassen habe.

Mein Vater versuchte über seine Bekannten im Auswärtigen Amt herauszufinden, wohin sie verschickt worden war. Irgendwann wurde ihm berichtet, dass die Waggons im östlichen Polen von der Lokomotive abgekoppelt worden waren, da Nachschubzüge für die immer näher rückende Front Vorrang hatten. Im »Generalgouvernement« sollen die Wagen dann nach Wochen geöffnet und die längst verhungerten und erfrorenen Insassen beseitigt worden sein.

Diese – verklausulierte – Nachricht in einem Brief von Zuhause war eine der letzten Botschaften aus Berlin, bevor ich mich auf den Weg vom Lazarett in Abano Terme zurück an die Front machte.

Front und Verwundung

Die Erinnerung spielt merkwürdig mit der Zeit. Der Einzug Hitlers nach dem »Tag von Potsdam« 1933 ist mir noch ganz gegenwärtig, obwohl ich da gerade sieben geworden war. Auch den Tod Hindenburgs im Jahr darauf sehe ich noch vor mir, das plötzliche Verstummen des bunten Strandtreibens in Misdroy, wo die Fahnen an der Seebrücke auf Halbmast gegangen waren. Das Arndt-Gymnasium in Dahlem und die Hermann Lietz-Schule in Ettersburg stehen mir vor Augen, und bei Verhaftung, Prozess und Gefängnis ist es, als sei es gestern gewesen. Aber der Hochsommer 1944 nach meiner Einberufung zu den 73ern in Salzwedel ist mir kaum noch im Gedächtnis. Selbst die Kaserne in Salzwedel, die »Adolf Hitler-Kaserne«, wo ich nach unserer »vorläufigen« Entlassung aus dem Gefängnis – über unser endgültiges Schicksal sollte nach dem Krieg entschieden werden – in zwölf Wochen meine Ausbildung erhielt, ist nur eine verschwommene Erinnerung. Selbst die Kaserne sehe ich nicht vor mir, ich wüsste nicht zu

Nach den Monaten im Gefängnis erhielt ich 1944 eine Schnellausbildung im Traditionsregiment des Vaters Ernst Jünger. Hier, in der »Adolf Hitler-Kaserne« in Salzwedel, besuchten uns Ernst Jünger und mein Vater.

sagen, ob es sich um einen weitläufigen Kasernenkomplex gehandelt hat. War es eigentlich ein typischer Klinkerbau der Kaiserzeit oder ein Neubau des Dritten Reiches? Wie ausgelöscht ist das Bild der Kaserne, in der ich doch Monate verbrachte. Natürlich sehe ich noch die staubige Landstraße, die wir morgens zum Truppenübungsplatz marschierten. Die drei oder vier Nachtmärsche, wobei einige Male befohlen wurde, die Gasmaske aufzusetzen, sind bei aller momentanen Qual nicht als Schikane in Erinnerung. War die Verpflegung in der Kaserne wirklich so miserabel, wie Frau Jünger in ihrem Tagebuch sagt, wonach sich die stets hungrigen Jugendlichen zusätzlich von trockenem Brot und Mostrich ernährt hätten? Dass mich ein Mal mein Vater besuchte, weiß ich noch. Aber ob ich da nur für eine Stunde oder für einen ganzen Nachmittag Urlaub bekam, wüsste ich nicht zu sagen. Erhielt ich die Genehmigung, das Kasernengelände zu verlassen, um meinen Vater in einem der kleinen Cafés der altmärkischen Kleinstadt zu treffen? Ich weiß es beim besten Willen nicht mehr.

Sehr genau steht mir dagegen der 21. Juli 1944 vor Augen. Da mussten wir plötzlich morgens zu ungewohnter Stunde auf dem Kasernenhof antreten, und der Kommandeur gab bekannt, dass am Vortag ein Anschlag auf den »Führer« verübt worden sei. Drei Reihen hinter mir sagte jemand halblaut: »Nur angesengt.« Aber das war wohl kaum zu verstehen gewesen, und von den Kameraden meldete es niemand, so dass der Zwischenfall folgenlos vorüberging.

Der Hitlermythos war in diesem fünften Kriegsjahr merklich brüchig geworden, vielleicht nicht in der Bevölkerung, aber doch in der Armee, zumindest bei der

Fronttruppe. Von Göring und seiner Luftwaffe sprach man nach dem offensichtlichen Debakel des Luftkrieges nur noch voller Spott als Herrn Meier, weil Göring bei Kriegsbeginn versichert hatte, er wolle »Meier« heißen, wenn auch nur eine einzige feindliche Maschine nach Deutschland gelange und heil zurückkehre. Von Goebbels, dem »Schrumpfgermanen«, wurde mit kaum verhohlener Abneigung geredet, Himmler mit seiner Gasmaskenbrille war immer eine Unperson gewesen. Hitler aber war noch immer »der Führer«, und sofern man überhaupt noch an einen passablen Ausgang des Krieges glaubte, setzte man seine Hoffnungen auf ihn. Vor zwei oder drei Jahren hätte eine Bemerkung wie die des jungen Soldaten auf dem Kasernenhof vermutlich sofort zur Anzeige des Betreffenden geführt. Es war typisch, dass jetzt im Juli 1944 niemand ein Wort sagte. Der Stimmungsverfall war offensichtlich.

An diesem Abend unterhielten mein Freund und ich uns natürlich auf dem weitgestreckten Kasernengelände über das Attentat im »Führerhauptquartier«. Das war also der Staatsstreich gewesen, von dem man, auch unsere beiden Väter, seit Monaten schon sprach, obwohl natürlich niemand Genaues wusste. Während der nächsten Tage brachten die Zeitungen Einzelheiten aus der »Wolfsschanze« und vor allem Listen von den am selben Tag noch standrechtlich Erschossenen, von Verhafteten oder Gesuchten. Den Namen Stauffenberg hatten wir nie gehört, und die Namen der übrigen im Hof des Bendlerblocks Füsilierten sagten uns ebenfalls nichts. Aber als Generaloberst Beck angeblich bei einem Handgemenge erschossen worden war, Feldmarschall v. Witzleben verhaftet und der flüchtige Botschafter v. Hassell und Oberbürgermeister Goerdeler mit einer Million Kopfgeld gesucht wurden, wurde ganz deutlich, dass dies der Putsch gewesen war, auf den viele seit Monaten gewartet hatten. Deshalb also hatten uns die Adjutanten in der Zelle beruhigt, wir sollten Geduld haben, ohne dass sie sagten, in welcher Weise sich unser Schicksal wenden werde.

Erst nachträglich wurde uns deutlich, dass das jener Kreis gewesen war, der von sehr weitem seine Hand über uns gehalten hatte. Rommel und v. Stülpnagel überlebten den Putsch nicht, der eine musste eine Giftkapsel nehmen, der andere endete am Strang. Es waren diese beiden gewesen, die unsere Zusammenlegung in eine Zelle in Wilhelmshaven veranlasst hatten. Rommels Generalstabschef, General Speidel, dessen Erinnerungen ich ein Vierteljahrhundert später verlegte, ließ sich immer wieder Bericht geben, wie es den »Marinehelfern Jünger und Siedler« gehe, was in der Strafanstalt ziemliche Aufregung verursachte. Auch Speidel wurde wenig später von der Gestapo verhaftet und erst von den Amerikanern im allerletzten Moment vor seiner Liquidierung befreit.

Hans Speidel, nach dem Krieg Befehlshaber der Nato, Abschnitt Mitte, hat mehrmals in meinem Leben eine Rolle gespielt. Nach dem fehlgeschlagenen Staatsstreich war er selber Gefangener der SS. Die Amerikaner befreiten ihn kurz vor seiner Liquidierung. Wiederum einige Jahrzehnte später sollte ich seine Memoiren veröffentlichen.

Wie wäre es uns ergangen, wenn das Attentat sechs Monate früher stattgefunden hätte? Dann wäre niemand mehr da gewesen, der seine Hand über uns hätte halten können. Zwei Siebzehnjährige waren in die Geschichte verwickelt, wenn sie davon auch keine Ahnung gehabt hatten.

Irgendwann ging ein Transport der notdürftig Ausgebildeten von Salzwedel aus nach Süden. Am Vorabend hatte ein einarmiger Obergefreiter, der aber noch »heimatverwendungsfähig« geschrieben worden war, zu unserem Aufgebot gesagt: »Ich habe in den dreißiger Jahren noch eine zweijährige Ausbildung erhalten, dann hat man sie auf ein Jahr, schließlich auf zehn Monate verkürzt. Jetzt schickt man euch nach ein paar Wochen schon an die Front.« Einen Kommentar gab er nicht, aber es war deutlich genug, was er sagen wollte. Unser Zug bestand ja wirklich fast nur aus Siebzehn- oder Achtzehnjährigen und Männern im Rentenalter.

Alle hatten wir gefeiert, als der Zug auf der Höhe Münchens nicht die gefürchtete Wendung nach Osten, sondern nach Süden nahm und damit immer wahrscheinlicher, endlich sicher wurde, dass wir als Ersatz für Kesselrings Italienfront, nicht für Sepp Dietrichs bunt zusammengewürfelte Panzerarmee, bestimmt waren, die gerade zur Verteidigung Budapests zusammengezogen wurde.

Kurz vor Fortezza, der österreichischen »Franzensfeste«, die im alten Habsburgerreich den Zugang nach Innsbruck sichern sollte, war unser Zug von britischen Jagdbombern zusammengeschossen worden. Wir hatten gerade noch Zeit gehabt, im Unterholz des Hanges Schutz zu suchen, und so beobachteten wir in der Deckung von Krüppeltannen aus noch nicht einmal hundert Metern Entfernung, wie die Waggons einer nach dem anderen in Flammen aufgingen. Zwei Tage später brachte uns eine Kolonne Lastwagen im Schutz der Nacht weiter nach Süden. In meiner Erinnerung waren wir gleich zum Gardasee gefahren worden, aber meine Schwester hat meine

Feldpostbriefe aufbewahrt, und da las ich jetzt, dass die Lastwagen uns nur bis kurz nach Bozen fuhren. Dann wurden sie abgerufen, da irgendwo anders Transportfahrzeuge gebraucht wurden. So marschierten wir, frühmorgens oder spätabends, denn auch hier waren ständig englische Flugzeuge am Himmel, in der Sicherheit des Halbdunkels nach Trient. Dort, las ich in meinen Feldpostbriefen, holten uns einige Lastwagen ab und fuhren uns weiter zum Gardasee, wieder im Schutz der Nacht. Das war ein Vorgeschmack auf das Kommende, wo deutsche Soldaten nicht mehr Jäger, sondern Gejagte sein würden und wo wir uns ständig verbergen mussten.

Einige Tage lagen wir dann am Ufer des Gardasees in dem damals noch idyllischen Peschiera. Später bin ich mitunter dort vorbeigekommen, aber ich fand jenen malerischen Ort nicht mehr, der in meiner Erinnerung lebte. Hatte mir die verstrichene Zeit die Vergangenheit verklärt und Peschiera war immer die banale Ansammlung von Häusern gewesen, die sich aus dem ursprünglichen Fischerort entwickelt hatte? Oder waren es die vielen gesichtslosen Neubauten, die das alte Ortsbild fast unkenntlich gemacht hatten, so dass ich die Häuser nicht mehr fand, auf die wir damals verteilt worden waren? Aber auch die alten Villen waren nicht wiederzuerkennen, und die Landhäuser im Stil der zwanziger und dreißiger Jahre konnte ich nicht mehr finden, in denen der imperiale Geschmack von Mussolinis Italien sich auf unverwechselbare Weise mit der Modernität verbunden hatte. Offensichtlich waren die breit hingelagerten Häuser die Landsitze der reichen Mailänder gewesen, von Industriellen, Unternehmern und faschistischen Honoratio-

ren. Eine Schnellstraße führt heute hart am Ort vorbei, dessen Zurückgezogenheit uns damals so bezaubert hatte.
Wie lange lagen wir eigentlich in Peschiera und warteten, dass wir aufgeteilt wurden? Werden es nur drei oder vier Tage gewesen sein, oder war es eine ganze Woche? Das ist nicht mehr erinnerbar, nur der halbverlassene Ort steht mir vor Augen, mit den meist leerstehenden Häusern, die aber vielleicht immer von ihren Besitzern nur als Sommerquartiere benutzt worden waren. Es war Italien, das uns hier zum ersten Mal begegnete, in seiner heiteren Morbidezza, dem mitgenommenen Charme, seinem südlichen Klima, das hier am Südende des Gardasees schon Palmen möglich macht, und der Bougainvillea, die überall die Hauswände emporrankte. Die Truppenverpflegung in Italien war in diesem fünften Kriegsjahr noch immer ausreichend und zudem öffnete unsere Reichsmark auch verborgene Quellen. Nachmittags holten wir uns in einer Trattoria eine Korbflasche Wein, die nur Pfennige kostete. Dienst gab es nicht mehr.
Nach den Monaten im Gefängnis und der anschließenden Zeit in der Kaserne in Salzwedel empfanden wir diese Tage als Befreiung, fast als Urlaub. Wir wendeten wenige Gedanken an die vor uns liegende Front. Dass wir nur noch Niederlagen und Rückzüge erleben würden, war offensichtlich, aber das bedrückte uns wenig. Auch die Front selber, die noch zweihundert Kilometer entfernt jenseits der Po-Ebene an den nördlichen Ausläufern des Apennin lag, so dass man selbst bei Südwind das Grollen der Artillerie kaum hörte, beschäftigte unsere Gedanken sonderbarerweise nicht. Wir waren nach dem hinter uns Liegenden merkwürdig zuversichtlich, dass

wir alles überstehen würden, und machten Pläne für die Zeit danach.

Mein Freund war vom Anblick von Büchern seines Vaters, dem Kriegstagebuch des Frankreichfeldzuges »Giardini e stradi« und dem kryptischen Widerstandsroman »Sulle scogliere di marmo«, in dem Schaufenster der kleinen Buchhandlung von Trient auf den Gedanken gekommen, nach dem Krieg zuerst einmal in Italien zu bleiben und die vermutlich chaotischen Monate des Zusammenbruchs draußen abzuwarten. Die Mondadori-Ausgaben der Bücher seines Vaters, so rechnete er mir vor, würden genug Honorar abwerfen, so dass wir einige Monate davon leben könnten. So schmiedeten wir Pläne, in der Zeit nach dem Ende den Süden zu durchstreifen, den ich bisher nur aus einem der Lieblingsbücher meines Vaters kannte, Seumes »Spaziergang nach Syrakus«.

Wir waren ganz sicher, dass Deutschland besetzt werden würde und auf lange Zeit mit Besatzungstruppen rechnen müsse. Den Gedanken, ein Viertel Deutschlands könne Russland, Polen oder der Tschechoslowakei zugeschlagen werden, hielten wir für abenteuerlich. Die Westmächte würden nach der Beseitigung Hitlers ja kein Interesse daran haben, Russland tief nach Europa hereinzuholen. Solche Gerüchte, die hier und da umgingen, schoben wir der Goebbelsschen Durchhaltepropaganda zu, die ja seit einiger Zeit dazu übergegangen war, nicht mehr den »Endsieg« zu beschwören, sondern die »Horden aus Innerasien« an die Wand zu malen, die Deutschland überschwemmen würden. »Genieße den Krieg, der Friede wird fürchterlich« war das Wort dieser Monate.

Ernst hatte den Plan, dass wir uns einen der zweirädrigen Eselskarren besorgten, um auf eigene Faust unsere »Italienische Reise« zu machen. Kraftstoff würden wir nicht brauchen, dem Esel würde Gras am Wegrand genügen, und Weißbrot, Käse und selbstverständlich Wein würde man überall finden. Könnten wir nicht hier und da Bauern beim Bestellen der Maisfelder und dem Ernten der Oliven helfen? Es waren Tage, in denen Vergangenheit und Gegenwart von uns abfielen und wir uns ganz den Träumen hingaben; zwei Achtzehnjährige. Wir hatten beide inzwischen ja unseren achtzehnten Geburtstag gehabt, ich im Gefängnis, Ernst in der Kaserne. Es sollten die letzten Tage sein, an denen wir zusammen waren, und der letzte Geburtstag, den mein Freund erlebte.

Am nächsten Morgen wurden wir aus solchen Träumen gerissen. Der Kompaniechef, ein einundzwanzigjähriger Leutnant, rief uns vor das Glied der Angetretenen und erklärte, dass »zwei so gefährliche Verteidiger des Vaterlands an verschiedenen Orten eingesetzt werden« müssen, wie Frau Jünger in ihren Tagebuchblättern offensichtlich auf Grund eines Briefes von Ernst festhält. Nach dem Appell meldeten wir uns bei ihm und baten, unter allen Umständen zusammenbleiben zu dürfen. Aber er war kühl und ironisch, wahrscheinlich hatte er unsere Papiere eingesehen. »Die Front muss überall gestützt werden«, sagte er mit schneidender Ironie, »wir können es uns doch nicht leisten, Ihre Vaterlandsliebe an einer Stelle zu verschwenden.«
Ich war für den Ersatz einer Einheit vorgesehen, die inzwischen in schwere Kämpfe gegen brasilianische und polnische Verbände nahe Faenza verwickelt war, nicht allzu weit der Adria. Ernst wurde einer Einheit zugeteilt, die an der entgegengesetzten Küste am Tyrrhenischen

Meer bei Carrara lag. In der allerersten Zeit schon fiel er dort am 29. November 1944 bei einem Stoßtruppunternehmen, zu dem er sich angeblich freiwillig gemeldet hatte, wie der Kompaniechef ein paar Tage später an die Eltern schrieb. Wirklich?

Hatte Ernst Vorahnungen gehabt? Er war jedenfalls nach dem Tagebuch Frau Jüngers am letzten Tag »in großer Melancholie« gewesen, als er sich in Kirchhorst von seiner Mutter verabschiedete. Seinen Eltern schrieb er in seinem letzten Brief, das Wichtigste sei, dass er nicht von mir getrennt werde: »Wolf wird mich einmal nicht liegen lassen.« Wir sahen den Krieg eben noch ganz in dem Bild des Ersten Weltkrieges, wo Stacheldrahtverhaue die gegnerischen Linien trennten. Aber es gab keine Stacheldrahtverhaue an der italienischen Front, wie es ja auch keine Gräben mit ausgebauten Unterständen gab. Dies war ein Bewegungskrieg, zuerst waren die Deutschen vorwärtsgestürmt, nun gab es für sie nur noch Rückzüge, in Russland wie in Frankreich und Italien.

In einer solchen Absetzbewegung ist mein Freund in den Marmorbrüchen bei Carrara gefallen. Das letzte Buch seines Vaters, das wir in Peschiera zusammen in italienischer Übersetzung zu lesen versuchten, war »Auf den Marmorklippen« gewesen. Er war der einzige wirkliche Freund, den ich jemals gehabt hatte. Als die Nachricht mich erreichte, lag ich schon selber in einem Hauptverbands-

Kirchhorst, über Hannover, den 14. Januar 1945

Nach langer Ungewißheit erhielten wir die traurige Nachricht, daß unser geliebtes Kind, mein unvergeßlicher Bruder, der

Schütze

Ernst Jünger

am 29. November 1944 im Marmorgebirge bei Carrara in Mittelitalien im Alter von 18 Jahren gefallen ist. Er fand auf dem Friedhofe von Turigliano bei Carrara seine letzte Ruhestatt.

Ernst Jünger und Frau Gretha, geb. v. Jeinsen
Carl Alexander Jünger

platz in der Nähe von Forlì. Frau Jünger hatte die Nachricht meiner Mutter geschrieben, da sie meine Feldpostnummer im Lazarett nicht besaß.

Gretha Jünger ist über den Tod meines Freundes eigentlich nie hinweggekommen. Sie war ganz offensichtlich in den Schmerz versunken, so dass ich mitunter an den zweiten Sohn Alexander dachte, wie er diese unendliche Trauer seiner Mutter aufnehmen würde. Als ich noch in einem nordafrikanischen Gefangenenlager lag und die beiden Mütter ihren Kontakt brieflich aufrechterhielten, sprach fast jeder Brief von Gretha Jünger von dem gefallenen Sohn. Jahre später, ich glaube im Jahr 1948, sah ich diese Korrespondenz, und da las ich auch jenen Brief, den sie am 20. Juli 1946, als ich noch für verschollen galt, an meine Mutter geschrieben hat. Das symbolische Datum vom 20. Juli hatte sie wohl gar nicht bemerkt.

»Immer hoffe ich, meine liebe Frau Siedler, dass Wolf lebt und endlich wieder bei Ihnen ist. Wie naiv wir waren, dass wir glaubten, unsere Jungen würden auf Grund ihrer politischen Haft mit die Ersten sein! Welche Träume von den beiden, gemeinsames Studium, Ferien in der Schweiz, in Italien – das Weltbild hat sich inzwischen entscheidend verändert. Diese Jugend wird wie die Greise leben müssen, und oft frage ich mich, ob Ernst nicht besser dran ist als wir alle. Wäre der Schmerz nicht um ihn, dieser immerwährende, so könnte ich einen Trost darin finden, aber er vergällt mir doch das eigene Leben, dem die Freude fern bleibt seit dem 29. November 1944. Es ist nur noch von der grenzenlosen Sehnsucht nach ihm ausgefüllt.

Dass Wolf noch die Schlacht am Arno mitmachen musste,

hat uns sehr berührt; wie wird er heimkommen, das werden Sie sich fragen! Aber das alles ist gleichgültig, wenn Sie ihn nur wiederhaben, wenn er nur lebt. In diesem Wort Leben liegt für die Mütter der erste und letzte Sinn ihres Daseins, wenn es um die Kinder geht. Seien Sie geduldig und hoffen Sie. Es kann nicht immer nur ein Chaos um uns sein. Vielleicht wird Wolf ja auf seiner Heimreise nach Kirchhorst kommen, und ich werde ihn empfangen, als wäre es Ernst selber, der ihn mir noch in seinem letzten Briefe ans Herz gelegt hat.
Der Denunziant, das ist ein dunkles Kapitel. Ich hatte längst die Absicht, ihn aus dem Dunkel herauszureißen und an das Licht zu zerren. Mein Mann war dagegen und ist der Ansicht, dass er die Früchte seines Verrats ernten wird, ob wir etwas dazu tun oder nicht. Leben Sie recht wohl, hoffentlich bleiben Sie verschont, ich wünsche es Ihnen zuversichtlich. Herzlichste Grüße auch von meinem Mann
Ihre Gretha Jünger.«

Die Jahre in der Hermann Lietz-Schule, die Tage der Verhaftung und des Prozesses, die Monate im Gefängnis, die Zeit in der Kaserne von Salzwedel und dann die Fahrt an die Front – immer waren wir zusammen gewesen, selbst die Zeit danach hatten wir uns nur gemeinsam vorstellen können. »Nach dem Krieg winkt dir das gemeinsame Studium mit Wolf«, hatte Frau Jünger ihren Sohn beim Abschied getröstet, wie sie in ihrem Buch schreibt. Beide hatten wir die Absicht, Geschichte zu studieren, Ernst las ein Buch nach dem anderen über die Hohenstaufen, vor allem über Friedrich II., meine Helden waren Napoleon und sein Vizekönig von Italien, Joachim Murat, der dem auf den Thron zurückgekehrten bourbonischen König Ludwig XVIII. Treue geschworen hatte. Er fand sein Ende für den doppelten Verrat unter den Schüssen eines Pelotons an einer Mauer in Pizzo.

Viele Jahrzehnte später sind Joachim Fest und ich auf der Fahrt nach Sizilien einmal in den kleinen Küstenort gefahren, um den Platz zu sehen, wo die romantische Figur dieses jünglingshaften »Napoleoniden« in einer unzeitigen Auflehnung gegen die europäische Restauration des Ancien régime erschossen worden war. Ein staubiger, in der Hitze des Mittags verlassen daliegender Ort, eine kleine Kirche und drei, vier Häuser mit geschlossenen Läden. Da war also Murat, eine der gewinnendsten Figuren dieses kurzlebigen Empire, also an der staubigen Mauer vor seiner Füsilierung auf und ab gegangen und hatte halblaut zu sich gesagt: »Hier also soll es sein.« Auf diesem Platz hatte ein abenteuerliches Leben sein Ende gefunden, das so nur in den Wirren des napoleonischen Zeitalters möglich gewesen war.

Ob wir wirklich eines Tages mittelalterliche und neue Geschichte studiert hätten, wie wir es uns damals ausmalten, das steht dahin. Die Neigungen und Vorlieben der Jugend ändern sich, und wer weiß, welche Interessen sich nach dem Krieg in den Vordergrund geschoben hätten. Mein Vater und sein Bruder waren vor und nach dem Ersten Weltkrieg im diplomatischen Dienst gewesen, und zeitweise lockte mich nach dem Krieg die Vorstellung eines Postens im Auswärtigen Amt. Willy Brandt hat mir zwanzig Jahre später noch einmal eine solche Karriere schmackhaft machen wollen, und bei meinem Freund Hans-Werner Graf Finck von Finckenstein ist ihm das gelungen. »Fink« quittierte seine Position als diplomatischer Korrespondent der »Welt«, wie seine offizielle Berufsbezeichnung hieß, und ging erst als Attaché nach Prag, dann als Gesandter nach London und schließlich als Botschafter nach Südamerika; jetzt lebt er als retired gentleman in Bonn. Ich dagegen blieb bei meinen Büchern, erst nahezu zwei Jahrzehnte im Propyläen und Ullstein Verlag, dann zwanzig Jahre in jenem Verlag, der meinen Namen trägt.

Willy Brandt lernte ich kennen, als er in Begleitung Ernst Reuters regelmäßig in den »Kongress für kulturelle Freiheit« kam, den ich damals leitete. Oft erinnerten wir uns an diese frühen Tage, auch, als nach der »Wende« im Cecilienhof eine Tagung stattfand, bei der sich Politiker, Schriftsteller und Wissenschaftler der beiden noch immer getrennten deutschen Staaten trafen. Die Aufnahme zeigt Willy Brandt und mich während einer Kongresspause beim Spaziergang.

Nun waren alle Pläne einer gemeinsamen Zukunft nur Erinnerung. Bis dahin hatte ich den Tod nicht kennen gelernt oder doch nur aus der Ferne. Ein Vetter war beim »Blitz« über London abgeschossen worden, aber das sagte wenig, im Grunde war es eine Nachricht, die meine Mutter aus einem Brief vorlas. Später, als ich die Eltern verlieren sollte, waren es abgeschlossene Leben, mit denen ich zwar seit der Kindheit noch immer im selben Haus in Dahlem gewohnt hatte, aber bei allem Abschiedsschmerz entsprachen doch solche Abschiede der Natur und waren in irgendeiner Weise immer zu erwarten gewesen. Mit Ernst aber griff der Tod in mein eigenes Leben und in unsere gemeinsamen Zukunftspläne ein. Nie habe ich das Unwiederbringliche so empfunden wie an jenem Tag im Lazarett von Abano

Terme, als mir der Feldpostbrief die Nachricht seines Todes brachte. Es war die erste Erfahrung eines Abschieds für immer.

Nach dem Krieg zog Ernst Jünger erst an den Bodensee, bis ihm die Stauffenbergs ihr barockes Forsthaus in Wilflingen zur Verfügung stellten – gleich gegenüber dem Schloss.

Fast zehn Jahre später, Jüngers waren aus Kirchhorst bei Hannover erst zu Ernsts Bruder Friedrich Georg nach Überlingen am Bodensee und dann nach Wilflingen zu Stauffenbergs gezogen, ließen sie ihren Sohn in Carrara exhumieren und nach Wilflingen überführen, wo er auf dem kleinen Dorffriedhof noch heute liegt. Immer wenn Imke und ich in den kommenden Jahren Jüngers besuchten, führte uns Gretha Jünger an ihren Barocksekretär, auf dem sie die Kugel bewahrte, die man in seinem Schädel gefunden haben wollte – eine Reliquie, die uns stets mit Schaudern erfüllte.
Aber auch der Vater blieb mit dem gefallenen Sohn in großer, eigentümlich ergreifender Nähe verbunden. Noch kurz nach seinem neunzigsten Geburtstag, als wir den Neunzigsten seines alten Freundes Martin v. Katte in dem Schloss der Stauffenbergs feierten, sagte Ernst Jünger plötzlich zu mir: »Sie wollen gewiss Ihren Freund besuchen.« Wir gingen dann zusammen auf den kleinen Friedhof, wo Ernst und inzwischen auch seine Mutter unter den anderen Toten lagen. Er blieb lange, fast überlange in Gedanken stehen, so dass mich die Situation bedrückte. Dann gingen wir – ohne ein Wort zu sagen – zu der Runde der Feiernden zurück.

Dieser Abend, der sich bis in die Nacht hineinzog, ist mir lange in Erinnerung geblieben. Gräfin Yorck v. Wartenburg und Ulrich Biel, der seit Jahrzehnten schon ihr Leben teilte, waren dabei. Dann Martin v. Katte mit seiner Tochter, beide Stauffenbergs und als Tischherr meiner Frau der ebenfalls neunzigjährige Fürst Dohna. Das Gespräch kam auf die Katarakte, in die das Jahrhundert alle gezogen habe. Der eine war, wie Gräfin Yorck v. Wartenburg, Monate in Gestapokellern gewesen, der andere hatte die Drangsal der Kommunisten erlebt, und ich selber konnte auch mit meinen Monaten prunken, die mich in die Gemeinsamkeit einschlossen. Plötzlich beugte sich Alexander Dohna zu meiner Frau: »Das ist mir ja direkt peinlich, gnädige Frau. Ich selber habe noch 1943 an den Endsieg Hitlers geglaubt.«
Seine ostpreußische Gutsnachbarin Marion Dönhoff, der ich diese Begebenheit später amüsiert erzählte, wies Dohnas Selbstbezichtigung zurück. Natürlich sei er kein Widerstandskämpfer gewesen, aber sie alle, die ostpreußischen Finckensteins, die Lehndorffs und eben die Dohnas, hätten ganz offen über das Verderben gesprochen, in das Hitler sie ziehen werde. Tatsächlich hatte Fürst Dohna als Einziger der großen Magnaten Ostpreußens, schon vom Herbst 1944 an, den Treck vorbereitet, mit dem er dann im Frühjahr Hunderte der ihm Anvertrauten in den Westen brachte. »Das war wahrscheinlich nur eine Wendung, mit der sich Alexander dagegen verwehren wollte, nachträglich zum Widerstand gezählt zu werden.«

Später hat Frau Jünger unter ihrem Mädchennamen Gretha von Jeinsen ein schmales Gedächtnisbuch »Die

Palette« geschrieben, das die Erinnerung an ihren Sohn und auch an unsere Freundschaft festhält und ihre Besuche in der »Strafanstalt Wilhelmshaven« schildert. Sie – wie auch Ernst Jünger in seinen Tagebüchern – spricht darin von unserer »Widerstandsbewegung«. Aber so haben wir uns eigentlich niemals gesehen. Wahrscheinlich hat das mehr mit ihrem Schmerz über den während der »Frontbewährung« gefallenen Sohn als mit den Vorgängen zu tun, die uns in das Gefängnis geführt hatten. Frau Jünger ist niemals über diesen Tod hinweggekommen, und in ihrem Buch läuft alles auf Ernst hinaus und erhält von ihm seine Bedeutung.

Am Tag seines Todes hatte sie, wie Ernst Jünger in den »Strahlungen« berichtet, einen merkwürdigen Traum gehabt. Der »Augenzahn« sei ihr gezogen worden, und sie wusste nicht, wie das zu deuten war. Erst acht Wochen später kam der Brief des Kompaniechefs aus Italien, dass Ernst gefallen sei. Ich hatte immer den Eindruck, dass sie danach eigentlich keine wirklich glückliche Stunde mehr gehabt hat, und als ich später den jüngeren Sohn Alexander wiedertraf, hatten Imke und ich mehrmals darüber gesprochen, wie es für ihn wohl sein müsse, so ganz und gar die zweite Rolle zu spielen. Jahrzehnte später hat sich Alexander Jünger, der inzwischen Arzt geworden war, in Berlin das Leben genommen. Ein paar Tage danach rief ich in Wilflingen an. Aber Ernst Jünger war nicht zu sprechen. »Mein Mann hat sich ein wenig zurückgezogen«, sagte Lieselotte Jünger, die zweite Frau Ernst Jüngers, »es ist ja bedrückend für einen Vater, beiden Söhnen ins Grab nachschauen zu müssen.«

Aber während unserer Zeit in Wilhelmshaven hat es dramatische Tage und Wochen gegeben, von denen wir gar nichts wussten. Ernst Jünger war auf der Fahrt nach Cuxhaven gewesen, um bei Admiral Scheuerlen, dem Oberbefehlshaber »Deutsche Bucht«, zu sehen, was man für uns tun könne. Von einem Nachbarn im Abteil wurde er während der Eisenbahnfahrt auf Grund seines Pour le Mérite erkannt und angesprochen. Es stellte sich heraus, dass er Beisitzer in der Kriegsgerichtsverhandlung von Wangerooge gewesen war; er gab ganz offen zu erkennen, dass er das milde Urteil für einen Skandal hielt.

»Wissen Sie«, hatte Ernst Jünger den unbekannten Offizier, bei dem es sich um jenen Korvettenkapitän Lampe handelte, der während des Prozesses besonders bösartig zu uns gewesen war, in einer Mischung von Hohn und Drohung gefragt, »dass sich der Volksgerichtshof dieser Sache annehmen will? Auch die HJ hat sich eingeschaltet.« Erst nach Jahrzehnten hörte ich, dass es in der HJ-Führung tatsächlich Bestrebungen gegeben hatte, uns nach der »Volksschädlings-Verordnung« abzuurteilen, was ganz sicherlich ebenfalls auf ein Todesurteil hinausgelaufen wäre. Nur Lampes sofortige Versetzung zur Marineinfanterie in den Osten hatte die Gefahr abgewendet. Wieder hatte ein unbekannter Helfer rettend eingegriffen. Der Generaladmiral in der Personalabteilung von Dönitz? Admiral Förste? Admiral Scheuerlen? Wir haben es nie erfahren.

Immer hat es in der Armee wie bei der Marine Unbekannte gegeben, die aus der Ferne in unser Schicksal eingriffen. Rommel, Stülpnagel, Speidel, Scheuerlen, Förste – in unserer Sache waren viele Fäden gezogen worden, ohne dass wir es überhaupt gewusst hatten. Nach dem Krieg, als die vielfältigen Kreise der Verschwörung deutlicher geworden waren, sah man klarer, wie Wenige zur Tat entschlossen gewesen waren, wie nur Einzelne in ihren Bereichen Widerstand geleistet hatten, aber wie häufig es gewesen war, dass man den in die Mühlen des Systems Geratenen Sympathie gezeigt hatte. Selbst Klemperers Tagebücher erzählen davon.

Solche Erlebnisse waren es wohl, weshalb mir die Armee damals als Hort der alten Werte erschien. Meine Eltern und deren Freundeskreis hatten auf die Generäle gesetzt, dass es zum Schlimmsten nicht kommen werde, wenn mein Vater auch skeptisch war, ob sich diesmal ein York von Wartenburg finden werde, der dem Schicksal in die Speichen fiele. Natürlich waren es aber auch die Erzählungen meines Freundes von dem Pariser Kreis seines Vaters, all der Rommels, v. Stülpnagels, Speidels und v. Hofackers, die mein Bild von der Armee als einer Insel in einem Meer der Barbarei prägten. Aber dieses Vertrauen wurde mit den Jahren immer geringer, und wahrscheinlich hat Feldmarschall v. Rundstedt am meisten dazu beigetragen. Er saß jenem »Ehrengericht« vor, das die Offiziere des 20. Juli aus dem Heer ausstieß, damit sie vom Volksgerichtshof Freislers gehängt werden konnten. Nach dem Krieg ist mir dieses Bild um so brüchiger geworden, je mehr Einzelheiten man von den Marschällen wie v. Manstein, v. Rundstedt, v. Kluge, v. Kleist oder v. Bock erfuhr. In den siebziger Jahren veröffentlichte ich die Erinnerungen jenes Generals v. Gersdorff, der sich mit Hitler zusammen im Zeughaus hatte in die Luft sprengen wollen, eines der zahllosen fehlgeschlagenen Attentate auf den Diktator. Hitler hatte die Besichtigung russischer Beutewaffen entgegen dem Zeitplan nach wenigen Minuten schon abgebrochen und war zum Aus-

gang gestürmt. Dem damaligen Oberst v. Gersdorff war es nur mit Mühe möglich gewesen, die schon entsicherte Sprengladung an seinem Körper wieder zu sichern.
Im Hauptquartier der »Heeresgruppe Mitte«, der eigentlichen Zelle der Staatsstreichvorbereitungen, hatte Gersdorff zu jenen Offizieren wie v. Tresckow, v. Kleist-Schmenzien und v. Schlabrendorff gehört, die – mehr oder weniger mit Wissen des Feldmarschalls – mit dem Plan umgingen, Hitler notfalls in die Luft zu sprengen.
Ich besuchte Gersdorff in München, als ich seine Memoiren unter dem Titel »Soldat im Untergang« herausbrachte. Darin erzählt er auch von jenem gespenstischen sechzigsten Geburtstag des Feldmarschalls Hans Günther v. Kluge, in dessen Verlauf plötzlich gemeldet wurde, die »Condor« aus dem Führerhauptquartier sei gelandet, General Engels, einer der Heeresadjutanten Hitlers, wolle die Geburtstagsgrüße des »Führers« persönlich überbringen. Aber das festliche Essen der in die Verschwörung Eingeweihten konnte trotz des Besuches aus dem Führerhauptquartier ungestört zu Ende gehen, da der Abgesandte Hitlers nach einer Stunde zum Oberbefehlshaber der Heeresgruppe Süd aufbrach.
Gersdorff, der bei meinem Besuch durch einen Reitunfall schon querschnittgelähmt war, war noch immer fassungslos, als er erzählte, wie Tresckow Feldmarschall v. Kluge in der alten Manier gefragt hatte: »Bitte Herrn Feldmarschall gehorsamst fragen zu dürfen. Was war in dem Briefumschlag, den General Engel überbrachte?« Kluge, der das Papier wie angewidert auf einem Tisch abgelegt hatte, habe geantwortet: »Was soll schon darin gewesen sein? Natürlich ein Trinkgeld.« Es war jener Scheck über einige hunderttausend Mark, den Hitler an seine Genera-

lität in solchen Fällen zu verteilen pflegte, wenn es nicht ein paar hundert Morgen im Warthegau oder in Schlesien waren.

Die Offiziere aus dem Stab v. Kluges beschworen ihren Chef, dass er nicht Geld von dem Mann annehmen könne, in dem sie das Unglück Deutschlands sahen, das nur durch seine Beseitigung abgewendet werden könne. Was solle er denn machen?, hatte Kluge geantwortet. Die Annahme von Glückwunsch und Scheck verweigern, Hitler offen herausfordern? »Dann kann ich mich ja gleich an den Galgen liefern. Übrigens«, so hatte er hinzugefügt, »Dotationen hat es in der preußischen Armee immer gegeben.« Tresckow hatte, bis an die Grenze der offenen Brüskierung gehend, geantwortet: »Ja, Herr Feldmarschall, nach gewonnenen Kriegen. Aber nicht nach verlorenen Schlachten.« Es gäbe nur die Möglichkeit, Hitler zu danken und ihm durch ein Fernschreiben mitzuteilen, dass der Scheck an das Deutsche Rote Kreuz überwiesen worden sei.

Kluge hatte das Gespräch kurzerhand abgebrochen: »Meine Herren, lassen wir uns den Tag nicht stören und die Stimmung verderben.« Dann habe er die Ordonnanzen die Flügeltüren zum Speisesaal öffnen lassen, wo die Geburtstagstafel gedeckt gewesen sei. Gersdorff war noch immer, Jahrzehnte später, zugleich schockiert und desillusioniert. Denn in den nächsten Tagen hatten sie nach dem Verbleib der Summe geforscht und herausgefunden, dass sie auf das Konto der Familie v. Kluge überwiesen worden war.

Vorgänge dieser Art traten in den fünfziger und sechziger Jahren immer neu ans Licht – von dem als strategisches

Genie geltenden Feldmarschall v. Manstein bis hin zu Feldmarschall v. Rundstedt. Kluge übrigens, der die Verschwörer gewähren ließ, aber sich selber in den Staatsstreichplänen nicht engagieren wollte, wurde ein Jahr später dennoch ein Opfer des fehlgeschlagenen Aufstands. Während der Kämpfe an der Invasionsfront war er stundenlang ohne Verbindung mit dem Führerhauptquartier, das seinen Übergang zu den Alliierten vermutete und ihn daraufhin nach Rastenburg bestellte. Kluge wiederum deutete diese dringliche Einladung als Zeichen, dass man im Umkreis Hitlers darauf gestoßen war, dass er in die Putschpläne eingeweiht gewesen sei. Der Feldmarschall nahm sich daraufhin in einer Kurzschlusshandlung das Leben. In einem Abschiedsbrief an Hitler beteuerte er aber, der Führer habe nie gewusst, wie treu er ihm ergeben gewesen sei und dass er sein Genie immer bewundert habe.

Damals, im Jahr 1944, waren mir die Generäle und Feldmarschälle mit ihren gestrafften Figuren und ihren preußisch-markanten Physiognomien Halbgötter, sicherlich auch, weil sie meinen Freund und mich vor dem Schlimmsten bewahrt hatten. Auch sah die ganze Familie in der Generalität die letzte Chance Deutschlands, den Krieg leidlich zu beenden und gleichzeitig die Ehre der Armee zu bewahren. Aber es ist nicht weit her mit solcher Ehrenrettung.

Theodor Fontane schrieb in seinen allerletzten Jahren an seine Frau: »Ach, Emilie, unter Tränen sage ich mich von meinem Antisemitismus los.« So neige ich jetzt unter Tränen dazu, meinen Glauben an die Integrität der Armee des Dritten Reiches aufzugeben.

Ich hatte Victor Klemperer übrigens lange vor dem Welterfolg seiner Tagebücher aus dem Dritten Reich »entdeckt«, nicht nur mit seinem LTI, der Analyse der Sprache des Dritten Reiches, »Lingua tertii imperii«, sondern auch mit seinen, mich übrigens nicht sonderlich faszinierenden Arbeiten über den französischen Geist des 18. Jahrhunderts. Lange vor seinem Tagebuch »Ich will Zeugnis ablegen bis zum letzten« brachte ich in zwei Bänden seine Jugenderinnerungen heraus, die er aber unter einem Titel geschrieben hatte, der ihrer Wirkung in der Öffentlichkeit im Wege stand: »Curriculum vitae«. Ich versuchte das Buch ein wenig öffentlichkeitsfähiger zu machen, indem ich die Bände »Jugend um neunzehnhundert« nannte und den eigentlichen Titel nur als Untertitel brachte. Aber das half dem Band wenig, nicht einmal die bescheidene Erstauflage fand Leser.
Von seinen Tagebüchern wusste man natürlich, denn sie waren ja in der frühen Sowjetzone von einer, meiner Erinnerung nach thüringischen Tageszeitung in Fortsetzungen gebracht worden. Aber aus unerfindlichen Gründen schien die Veröffentlichung im Westen dem Politbüro in den siebziger und achtziger Jahren nicht opportun und so scheiterten alle Versuche, die Veröffentlichungsrechte eines Dokuments zu erhalten, das ich zu den großen deutschen Tagebüchern dieses Jahrhunderts zähle.
Ich habe oft darüber nachgedacht, warum Tagebücher aus dem Dritten Reich so viel bedeutender sind als Erzählwerke. Es gibt ja keinen Roman, der der Gewaltherrschaft, dem Krieg, der den Phantasien von einem Großreich und dem Auszug von sechzehn Millionen aus ihrer Heimat, den Massentrecks aus Ostpreußen und Pommern wie aus Schlesien, eine literarische Form gege-

ben hätte, wie sie der Dreißigjährige Krieg bei Grimmelshausen und der Napoleonische Krieg bei Tolstoi gefunden hat. Was bleibt, sind vor allem die Tagebücher. Zuerst kamen die »Strahlungen« Ernst Jüngers, dann folgte das »Doppelleben« Gottfried Benns, darauf die beiden Bände der Erinnerungen von Elias Canetti und schließlich das Tagebuch Victor Klemperers und alle die Diarien aus jenen zwölf Jahren; selbst die Tagebücher Brigitte Reimanns »Alles schmeckt nach Abschied«, das erst nach dem Tod der jungen Autorin ans Licht trat, könnte man dazu zählen.
Entzog sich das ungeheure Geschehen dem Romanhaften und konnte nur in Form eines Tagebuchs festgehalten werden? Wahrscheinlich ist das eine jener Fragen, die Gottfried Benn »überwältigend unbeantwortbar« nennt.

»So weit ist es noch nicht gekommen, dass der Volksgerichtshof bei uns etwas zu sagen hat.« Das notiert Frau Jünger in ihrer »Palette« als einen wegwerfenden Satz des »Admiral Nordsee«. Es war in den kritischen Tagen des frühen Februar 1944, als unser Schicksal sich zum Schlechten zu wenden drohte. Wenige Tage später suchten Ernst Jünger und mein Vater das Hauptquartier von Großadmiral Dönitz in Berlin auf, um eine Bestätigung des Urteils zu erreichen. Wieder war es ein Unbekannter aus der Umgebung von Dönitz, der uns zu Hilfe kam. Das Verfahren werde vom Großadmiral mit Sicherheit an ein Sondergericht überwiesen werden, da »die Schwere des Verbrechens« geahndet werden müsse. Die einzige Möglichkeit unserer Rettung bestehe darin, das Urteil erst einmal verschwinden zu lassen. Während des Jahresurlaubs von Dönitz, vermutlich im September, könne es dann durch seinen Vertreter, einen Generaladmiral, bestätigt werden.

Selten nur wagten sich deutsche Fahrzeuge aus ihren Verstecken – meist wenn diesiges Wetter und tiefliegende Wolken wie auf diesem Photo die gegnerische Luftaufklärung unmöglich machten.

Es war in den ersten Tages des November, dass wir von Peschiera aus in Marsch an die Front gesetzt wurden. Keiner kannte den anderen, ein bunt zusammengewürfeltes letztes Aufgebot, das wenig Gemeinschaftsgefühl hatte, wie es die Zugehörigkeit zur selben Einheit an der Front mit sich bringt. Die Fahrt auf Lastwagen fand auf staubigen Straßen immer nur nachts statt, geteerte Straßen gab es im alten Italien nur auf den Hauptverbindungen zwischen größeren Städten, die oft mit den römischen Heerstraßen identisch waren.
So folgte unser Weg der alten Via Emilia, deren Brücken über die vielen Entwässerungsgräben der Po-Niederung immer nur notdürftig wiederhergestellt waren. Sowie man sich auf Nebenstraßen bewegte, kam man auf sandige Wege, die bestenfalls aus gestampftem Lehm bestanden. Man vermied sie nach Möglichkeit, nicht ihrer Schlaglöcher wegen, sondern weil jeder Wagen jetzt im Spätherbst Staubfahnen hinter sich herzog, die auf Hunderte von Metern sichtbar waren, so dass sich die britische Artillerie sofort darauf einschoss.
Eigentlich waren über uns ständig britische Beobachtungsflieger, die in direkter Funkverbindung mit der Artillerie standen. Das Gelände sei, so wurde uns später in der HKL, der Hauptkampflinie, von einem Feldwebel erklärt, vom Gegner in Beobachtungsquadrate eingeteilt

worden. Es genügte die Meldung, dass sich deutsche Einheiten auf einem bestimmten Gebiet bewegten, und in Minutenschnelle setzte ein Feuerüberfall ein. Wie einige Monate später, als der Krieg deutschen Boden erreicht hatte, waren auch einzelne mitunter das Ziel.
So überquerte man die Straßen stets erst, nachdem man sich vergewissert hatte, dass kein Artilleriebeobachter am Himmel war. Dann suchte man in schnellen Sprüngen die Sicherheit des Grabens auf der anderen Straßenseite zu erreichen. Niemand schoss noch auf die gegnerischen Flugzeuge, damit hätte man ja seine Position verraten und einen Angriff provoziert. So duckte man sich unter das nächste Gebüsch und wartete. Man schoss nicht und wollte nicht beschossen werden.

Kurz zuvor waren wir für etwa eine Woche in einem Dorf einige Dutzend Kilometer hinter der Hauptkampflinie einquartiert worden. Mir war ein halb verfallenes Bauerngehöft zugeteilt, das von einem alten Paar allein bewirtschaftet wurde, deren einziger Sohn bei der Eroberung von Tobruk gefallen war. Sie nahmen mich freundlich, aber mit deutlicher Reserve auf und führten mich gleich in den einzigen Wohnraum des Hauses, der ihnen offensichtlich als Schlafzimmer gedient hatte. Sie selber würden sich, sagte die etwa fünfzigjährige Bäuerin, die einen solchen Dialekt der Romagna sprach, dass ich sie mit meinem bisschen Italienisch kaum verstehen konnte, in der Scheune einquartieren. Natürlich gab ich zu verstehen, dass das unter keinen Umständen in Frage käme. Mir genüge das Strohlager, sie sollten selbstverständlich in ihrem Zimmer bleiben.
Beide waren ganz offensichtlich vollkommen überrascht,

als hätten sie so etwas noch nie erlebt. Es stellte sich heraus, dass zuletzt deutsche Fallschirmjäger bei ihnen einquartiert gewesen waren, und da hätten sie natürlich ihr Zimmer für die Neuankömmlinge räumen müssen. Sie konnten es gar nicht glauben, dass nun ein deutscher Soldat seinerseits sich mit dem Notlager zufrieden gab, das ja immer noch luxuriös im Vergleich mit dem Graben war, der mich bei der Rückkehr an die Front erwartete.

In diesen knapp acht Tagen entwickelte sich eine fast herzliche Beziehung zu dem alten Ehepaar. Mittags bereiteten sie oft frische Pasta, wobei ich mitunter half, den Teig auf einer Kommode in der Küche auszurollen, die das einzige Möbelstück im ganzen Haus war. Sonst gab es nur Haken an der Wand, auf die die Arbeitskleidung und die Regensachen gehängt wurden. Fast jeden Morgen wurden mir Rühreier gemacht, denn Hühner waren ihr einziger Reichtum. Am letzten Tag vor meiner Rückkehr an die Front schlachteten sie einen Hahn, der mir allerdings wenig schmeckte, weil er auf italienische Art merkwürdig gewürzt war.

Als sich eines Tages gegen zehn Uhr morgens die Einheit wieder am Rande des Fleckens sammelte, um sich auf den Weg zur Hauptkampflinie zu machen, begleitete mich nicht nur mein Wirtspaar, sondern das halbe Dorf wehklagend eine ganze Strecke. Offensichtlich hatte sich der geringe Beweis einer Anständigkeit herumgesprochen, die mir gar nicht bewusst gewesen war, weil ich sie als selbstverständlich nahm. Am Sammelpunkt wurde ich wie ein verlorener Sohn von allen umarmt und der »schreckliche Krieg« verwünscht, der meinen Gastgebern ja schon den eigenen Sohn genommen hatte. Ich habe sie nach dem Krieg immer besuchen wollen, aber es ist nie dazu gekommen, und wahrscheinlich hätte ich die unscheinbare Ansammlung von Häusern gar nicht mehr gefunden. Den Namen des Fleckens habe ich längst vergessen.

Es waren also Fallschirmjäger gewesen, die eine so düstere Erinnerung hinterlassen hatten. Auch später fand ich, dass es nächst der SS immer Fallschirmjäger waren, deren Rücksichtslosigkeit und manchmal Brutalität Schrecken verbreitet hatte. Mir war das fremd und doch ist es mir verständlich gewesen. Stets wurden Fallschirmjäger an den Brennpunkten der Front eingesetzt, vor allem seit Monte Cassino, wenn es besonders düster stand. Auch sie waren Achtzehn- oder Zwanzigjährige, ebenfalls noch halbe Kinder, die der abenteuerliche Glanz einer Elitetruppe, wie es die Fallschirmjäger einst gewesen waren, verführt hatte. Nun, da sie längst nur noch im Erdkampf eingesetzt wurden, da es die Flugzeuge nicht mehr gab, von denen sie mit ihren Fallschirmen abspringen konnten, kämpften sie sich von einem Krisenherd zum anderen.
Im Grunde war es nicht unbegreiflich, dass sie in den wenigen Tagen der Ruhe rücksichtslos geworden waren, so dass ihr Ruf bei der Bevölkerung solchen Schrecken verbreitete. Auch in dieser Hinsicht war die Wirklichkeit der Front weit von jener Ritterlichkeit entfernt, die in der Heimat gefeiert wurde und nach dem Krieg ihr Bild verklärt hat. Nach dem Krieg hat man ja alles auf die SS geschoben und von der »anständigen« Kriegführung der Armee gesprochen. Aber das knappe halbe Jahr vom Herbst 1944 bis zum Frühjahr 1945, das ich selber an der Front war, hat mir ein anderes Bild hinterlassen, und ich

bin misstrauisch, wann immer von der Wirklichkeit des Krieges geredet wird. Dazu bedurfte es nicht der Wehrmachtausstellung des Hamburger Instituts für Sozialforschung von Jan Philipp Reemtsma, die auf ihre Weise genauso einseitig ist, wie die Verklärung der Frontsoldaten es gestern war.

Die Stimmung in der Aufklärungsabteilung der 26. Panzergrenadierdivision war nicht eigentlich schlecht. Jedermann rechnete mit dem baldigen Kriegsende, aber den englischen Gegner sah man eher respektvoll-sportlich, wozu wahrscheinlich Rommels und Montgomerys »ritterliche Afrikafeldzüge« beigetragen hatten. In der Silvesternacht 1944 auf 1945, als ich selber noch im Lazarett in Abano Terme lag, soll es um Mitternacht sogar zu einer Begegnung im Niemandsland gekommen sein, die im Divisionsbefehl »unerlaubte Verbrüderung« genannt wurde.

Britische und deutsche Soldaten hatten sich getroffen und mit Leuchtspurgarben in den Himmel als Raketenersatz die Silvesternacht gefeiert. Dann war es zum Austausch von Verpflegungsrationen gekommen, wobei die Engländer ein schlechtes Geschäft machten. Für ihre ungewohnt süß parfümierten Virginia-Zigaretten hatten sie die deutschen schlecht riechenden und schmeckenden Orient-Zigaretten »Juno« erhalten. Im Tausch gegen das britische Corned Beef hatten die Deutschen ihnen etwas von unseren Verpflegungsrationen gegeben, die sie zwar genommen, aber kaum gegessen haben werden.

Beide Seiten hatten gemeinsam darauf getrunken, dass der Krieg in wenigen Wochen, spätestens in Monaten, zu Ende sein werde, und dann war man mit Shakehands auseinander gegangen. Die eingeleitete Untersuchung der Division verlief im Sande, wahrscheinlich hatte sie auch oben niemand ganz ernst genommen.

Merkwürdigerweise ist mir nicht der Name oder das Gesicht eines meiner neuen Kameraden in Erinnerung geblieben. Aber dass wir einmal an einem ruhigen Tag ins rückwärtige Gelände gingen, um Jagd auf die Truthähne zu machen, die hier im Niemandsland umherliefen, weiß ich noch mit allen Einzelheiten. Endlich gelang es uns, eines der Tiere einzufangen, und auf mich fiel das Los, dass ich es vom Leben zum Tode bringen musste, keiner der Kameraden war dazu bereit gewesen. Man schoss zwar notgedrungen auf die gegnerischen Linien, aber ein mit heftigen Flügelschlägen sich wehrendes Tier zu erlegen, dazu war niemand der Siebzehn- oder Achtzehnjährigen in der Lage. Es waren eben halbe Kinder, gerade der Lehre oder der Schulbank Entwachsene, die die letzten Schlachten des Zweiten Weltkrieges schlugen. Schließlich wurde eine Münze »Kopf oder Zahl« geworfen und mich traf das Los.

Die Gruppe gab mir gute Ratschläge, wie man den Vogel an den Füßen so an einen Holzblock halten müsse, dass man ihn sachgerecht mit einer Axt köpfen könne. Das aber erwies sich als kaum möglich. Ein ausgewachsener Truthahn hat außerordentliche Kräfte und schlägt wild flatternd um sich. Schließlich besorgten wir aus einem Stall eine Kiste, in die wir eine Öffnung schnitten. Dann wurde der Vogel so unter die Kiste gezwängt, dass Hals und Kopf nach draußen ragten. Ich setzte mich schlechten Gefühls auf den Delinquenten und schoss den halben Armeerevolver auf den Kopf leer.

Der Genuss des Truthahns, den ich aus familiärer Gewohnheit noch »Puter« nannte, war aber gering – sei es, dass mir seine Hinrichtung noch im Magen lag, sei es, dass die Zubereitung durch die Bäuerin, die übrigens wahrscheinlich nur die Frau des Pächters war – denn Eigentum an bäuerlichem Besitz gab es im alten Italien selten –, mir den Appetit verdarb. Jedenfalls war er so stark mit Knoblauch gewürzt, den ich damals wenig kannte und noch weniger mochte, dass ich nach einigen Bissen verzichtete.

Das ist kein besonderes kriegerisches Erlebnis, aber dieser Vormittag ist mir eben deutlich in Erinnerung geblieben. Es kam zu keinem der gefürchteten Nahkämpfe, weil die Engländer nach einem Feuerüberfall, der meist um vier Uhr früh für eine Stunde einsetzte, immer nur einige hundert Meter vorrückten, um sich dann in respektvoller Entfernung wieder einzugraben, wie auch wir längst rückwärtige Stellungen ausgebaut hatten. So fürchteten wir vor allem die Sikhs, die indisch-pakistanischen Hilfstruppen der Engländer. Ohne jede Artillerievorbereitung und nur mit Krummdolchen und Messern bewaffnet, sickerten sie nachts in unsere Linien ein, wo wir dann am nächsten Morgen Kameraden mit durchschnittener Kehle fanden.

Aber die absolute Stille klingt mir noch in den Ohren, aus der plötzlich das Geräusch der Dutzende von Panzermotoren deutlich wurde, die alle zur selben Zeit angeworfen wurden. Dann heulten sie auf, und das Rasseln der Panzer erfüllte den beginnenden Tag, bis sie zwanzig Minuten später schemenhaft im Morgendunst und Pulverqualm deutlich wurden. Dann aber setzten wir uns auch schon ab, und die Engländer machten sehr bald Halt. Für ein paar Tage wurde eine neue Stellung bezogen, und dann begann alles wieder von vorn. Aber die zwanzig Minuten, in denen die dumpf rasselnden, aber unsichtbaren Kolosse sich näherten, waren jedes Mal wieder Augenblicke des Schreckens und auch der Angst, obwohl es nur sehr selten zur Begegnung mit den »Tommys« kam, die sich im Schutz der Panzer den deutschen Linien näherten.

Natürlich gab es mitunter Verwundete und manchmal auch Tote. Einmal, bei einem heftigen Feuerüberfall, wurde fast ein ganzer Zug unseres Bataillons ausgelöscht. Das nächtliche Wimmern der Schwerverwundeten höre ich noch heute. Aber im Allgemeinen wollten die Englän-

Wann immer die englischen Beobachtungsflugzeuge uns ausfindig machten, deckte die Artillerie das entsprechende Planquadrat mit einem Feuerüberfall ein. So bewegten wir uns nur nach Einbruch der Dunkelheit oder in dem sparsamen Gebüsch, das die Straßen säumte.

der ganz offensichtlich so kurz vor Toresschluss nichts mehr riskieren, und unser Heldenmut war auch nicht besonders ausgeprägt. So folgte einem schrittweisen Angriff stets ein schrittweises Absetzen. Nur das erklärt ja, weshalb die zehnfache Übermacht des Gegners Monate für die paar Dutzend Kilometer von den Apenninpässen herunter in die Ebene brauchte.

Nach einigen Wochen, als mir gerade das Himmelfahrtskommando eines Unternehmens auf eine ausgebaute englische Stellung bevorstand, kam es zu meiner Verwundung. Die restlichen Monate des Jahres 1944 und den Januar 1945 verbrachte ich in verschiedenen Lazaretten – und die Wochenenden in Padua oder Venedig.

Erst nach gut drei Monaten kam ich aus dem Lazarett zu meiner Einheit zurück, die inzwischen in schwere Abwehrkämpfe gegen die letzte große Offensive der Engländer verwickelt war. Die Schlacht fand auf Befehl von Hitler, der den von Kesselring immer dringender verlangten rechtzeitigen Ausbau einer Verteidigungsstellung nördlich des Po untersagt hatte, in aussichtsloser Stellung südlich des Stromes statt. Die deutschen, längst dezimierten und abgekämpften Divisionen, die oft nur die Stärke von ein paar Bataillonen hatten, konnten die Stellung natürlich nur wenige Tage halten, dann fluteten ihre Trümmer ungeordnet nach Norden zurück. Diese Schlacht am Po, nach der es keine deutsche Front mehr gab, war wie ein Vorspiel zu den Ereignissen an der Oder bei Seelow, die im Frühjahr darauf das endgültige Ende besiegeln sollten.

Die Luftherrschaft des Gegners war seit Jahren schon vollkommen. Nach den immer neuen Krisen an der russischen Front – erst dem Desaster vor Moskau 1941, dann der Katastrophe bei Stalingrad 1942 und schließlich der verlorenen Panzerschlacht von Kursk 1943 – hatte Kesselring auf die ihm unterstellte »Luftflotte Süd« verzichtet. Sie sollte stattdessen helfen, die Lage im Osten einigermaßen zu stabilisieren. Die Brücken über den Po waren seit einem Jahr zerstört, und die wenigen improvisierten Fähren konnten es nur nachts wagen, Verbände auf das Nordufer überzusetzen. So versuchte jeder mehr oder weniger auf eigene Faust, der Gefangenschaft zu entgehen. Drüben sah man Anschläge wie: »Versprengte Angehörige der 26. Panzergrenadierdivision sammeln im Raum Verona« oder: »Reste der 4. Fallschirmjägerdivision melden südlich von Ferrara.« Es gab ja wirklich nur noch Versprengte, Splitter von Bataillonen oder sogar Reste von Kompanien. Eine Front gab es jetzt nicht mehr, jeder hatte nur noch das Verlangen, über den Brenner nach Norden zu kommen.

Die wenigen gepanzerten Fahrzeuge, oft italienische Beutepanzer, hatten in den letzten Wochen schon keinen Treibstoff mehr gehabt, mitunter war er ihnen nur für drei Stunden zugeteilt worden – eine Stunde für das Vorrollen aus dem Schutz von Scheunen, wo sie verborgen gewesen waren, eine Stunde dann wieder für den Rückzug hinter irgendeine Deckung, und nur für eine einzige Stunde des Kampfes war Treibstoff genug vorhanden. Jetzt wurden die Panzer an den Deichen von den eigenen Besatzungen gesprengt, sofern sie überhaupt noch den Po erreicht hatten. Auch den schweren Waffen gelang der nächtliche Übergang über den Strom nur ausnahmsweise.

Später erzählte mir eine Gruppe abgerissener Männer,

dass sich an den Deichen des Po im letzten Moment chaotische Szenen abgespielt hatten. Schwere Maschinengewehre hatten von den Deichen auf die Schwimmenden geschossen, die sich über die Alpenpässe nach Norden durchschlagen wollten, um so kurz vor Toresschluss der Gefangenschaft zu entgehen. Besonders auf ein Bild kamen sie immer wieder zurück. Wohl zehn Männer hatten sich an eine halb mit Wasser gefüllte Badewanne geklammert, deren Abfluss sie notdürftig verschlossen hatten, damit sie nicht zu weit aus dem Fluss rage. In deren Schutz suchte man das Nordufer zu erreichen. Aber Maschinengewehrgarben hatten die Wanne durchlöchert, und alle waren in den Strudeln des in diesem April Hochwasser führenden Stromes untergegangen.

Ich selber war bei der Rückkehr aus dem Lazarett im Frühjahr einer Genesungskompanie, die in der Nähe von Ferrara lag, zugeteilt worden. Sie wurde von einem »Vomag«, einem »Volksoffizier mit Arbeitergesicht« kommandiert, wie jedermann mit freundlichem Spott, aber durchaus nicht herablassend sagte. So nannte man Mannschaftsdienstgrade, die nach Jahren der Bewährung an der Front unter Überspringung der Leutnantsdienstgrade gleich zum Hauptmann befördert worden waren. Mein vielleicht vierzigjähriger »Vomag« hatte ganz offensichtlich väterliche Gefühle für diesen gerade Achtzehnjährigen, der da plötzlich seiner Kompanie zugeteilt worden war. Das wurde schon am nächsten Morgen deutlich, als ich mich um acht Uhr früh, zwei Stunden zu spät, noch verschlafen bei ihm meldete und er mich als »Burschen« für sich selber reklamierte.

Ich weiß nicht mehr, welchen Zivilberuf Hauptmann Gutzeit eigentlich gehabt hat, aber es war irgendein Handwerksberuf in einer Kleinstadt bei Hildesheim. Zu den Pflichten eines Burschen gehörte es, dem Vorgesetzten die Stiefel zu putzen und ihm auch sonst in privaten Dingen zur Hand zu gehen. Das wischte Gutzeit beiseite. Erstens habe er seine Schuhe sein Leben lang selber geputzt, und zweitens werde er das nicht nur schneller, sondern auch besser machen. So hatte er wohl mit seinen Gesellen und Lehrlingen auch im heimatlichen Dorf geredet.

In dieser Woche brachte sich plötzlich Abano Terme wieder in Erinnerung. Hier hatte ich im Winter 1944 auf 1945 Wochen im Lazarett gelegen, da meine Verwundung sich doch als hartnäckiger erwies, als es den Anschein gehabt hatte. Die Explosion hatte mir die Hand ziemlich zerfetzt, so dass ihre Bewegung noch heute eingeschränkt ist. Die Ärzte waren beunruhigt, als das relativ hohe Fieber auch nach Wochen nicht abklingen wollte. Der Chirurg vermutete Wundbrand. Doch er scheute die Amputation, obwohl er mich vorsorglich tröstete. »Ein Pianist werden Sie doch sicher nicht werden wollen, und zu einem Stenographen scheinen Sie mir auch nicht gerade geboren.« Er wollte mich wohl auf das möglicherweise Unvermeidliche vorbereiten, wovor er aber selber zurückschreckte. Aber wenn das Fieber auch nach zwei weiteren Tagen nicht zurückgegangen sei, müsse er wohl oder übel zwei oder drei Finger abnehmen.
Am kommenden Morgen, ich hatte die Nacht bei dem Gedanken an die Amputation kaum geschlafen, kam er mit einem anderen Militärarzt zur Morgenvisite, von dem sich herausstellte, dass es der Facharzt für Inneres war,

mit dem er eine letzte Untersuchung vor der Operation verabredet hatte. Der weißhaarige Arzt, der im Zivilberuf an einem Hamburger Krankenhaus gearbeitet hatte, erklärte bereits nach zehn Minuten: »Ein einfacher Fall. Der Junge hat Wolhynisches Fieber.« Mein ständiges Fieber hatte eine banale Erklärung gefunden und mir blieb der Eingriff erspart, obwohl das Fieber erst nach weiteren acht Tagen abklang.

Später pflegte Imke mich, wenn ich unter Hinweis auf meine Verwundung erklärte, Möbel und Koffer nicht tragen zu können, einen »Kriegsgewinnler« zu nennen. Meine Gefängniszeit habe mir die Abiturprüfung erspart und mir eine Sonderzulassung zur Humboldt-Universität verschafft, wozu Oberst Tulpanow, der oberste sowjetische Kulturoffizier, selber die Anweisung gegeben hatte. Schließlich verhalf mir meine Zeit im Gefängnis zu einer Sonderstellung, einem »Passport of free movement« sogar, in der englischen Gefangenschaft in Nordafrika. Die Zeit in den verschiedenen Lazaretten und vor allem das Fieber in Abano Terme waren tatsächlich eine Art von Urlaub für mich gewesen und machten es später unmöglich, mich zu Hausarbeiten heranzuziehen. Ganz Unrecht hatte Imke nicht.

In Abano Terme trug ich nur meinen Arm in einer Schiene, und wenn das Fieber wieder einmal abgeklungen war, ging ich am Rand der milden Hügelkette stundenlang spazieren. Am Wochenende fuhr ich mitunter nach Padua oder Venedig, ein Mal sogar machte ich eine Fahrt auf einem altersschwachen Dampfer auf der Brenta, dem verwunschenen Wasserlauf zwischen Padua und Venedig mit den unzähligen Villen der Renaissance.

Im Sommer 1945 fuhr ich auf dem Dach des Führerhauses eines britischen Militärlastwagens in den Süden, meist abseits der wenigen großen Straßen durch die Dörfer und Kleinstädte. Ich erlebte noch das alte Italien, selten wurde der Charme des Südens durch moderne Bauten unterbrochen.

Damals war die Brenta noch ein romantisches Flüsschen, an dessen Ufern keine Verkehrsstraßen liefen, auf denen heute unaufhörlich Lastwagen ihren Lärm und ihren Gestank hinterlassen. Die Villen, mitunter von Palladio, waren zum Teil noch bewohnt, doch sehr verkommen, aber diese Vergänglichkeit erhöhte nur ihren morbiden Reiz. Alles in allem waren es acht Wochen Urlaub von der Wirklichkeit. Nur die Tatsache, dass am späten Vormittag hoch oben am Himmel die Bomberschwärme, die gerade auf dem Weg nach Deutschland waren, uns Kondensstreifen zeigten, rief uns die Wirklichkeit immer in Erinnerung.

Ich benutzte die Zeit, um auf eigene Faust Italienisch zu lernen; meinen Wehrsold verwendete ich zur Anschaffung einer kleinen italienischen Bibliothek, die ich bei meiner Abreise zur Front einer Krankenschwester gab. Wir hatten verabredet, uns nach dem Krieg wiederzusehen, aber dazu ist es natürlich nie gekommen. Ein Buch vor allem ist mir in Erinnerung geblieben, das ich mir damals Satz für Satz übersetzte – Grazia Deleddas Roman »Piccolo Mondo Antico«. Später habe ich Grazia Deledda wieder zu lesen versucht, aber ich fand die Erzählerin, die in Italien fast als Klassikerin gilt, ziemlich ermüdend, wie übrigens auch Manzonis wirklichen Klassiker »I promessi sposi«, die berühmten »Verlobten«.

Eine Entdeckung für mich war dagegen Ippolito Nievos Roman »Pisana oder Die Bekenntnisse eines Achtzigjährigen«, der Roman eines Autors von gerade einmal siebenundzwanzig Jahren, der auf der Fahrt zu Garibaldis Briganten, denen der Sturz des spanischen Königshauses nach Jahrhunderten der Fremdherrschaft gelang, vor der Küste Siziliens mit seinem Schiff und der ganzen Besatzung 1861 im Sturm unterging.

Wäre aus Nievo einer der großen Romanciers Italiens geworden, wenn ihm noch Jahrzehnte gegeben gewesen wären? Alle diese Jugendwerke sind ja von schwer begreiflicher Frühvollendung, Hofmannsthals Loris-Ge-

dichte, die er schrieb, während er mit seinem Maturum beschäftigt war, Thomas Manns »Buddenbrooks«, mit denen er nach durchaus konventionellen Novellen als Dreiundzwanzigjähriger vollendet vor die Öffentlichkeit trat, und eben Ippolito Nievos »Pisana«.
Wäre den »Hymnen an die Nacht« von Novalis ein Lebenswerk gefolgt, wenn Novalis nicht mit noch knapp achtundzwanzig Jahren gestorben wäre? Und Georg Büchner, auch er ein unbegreifliches Jugendgenie, der mit dreiundzwanzig Jahren im Schweizer Exil schon starb? Alle diese Jünglingsgestalten werfen Rätsel auf, die zu jenen gehören, auf die es im Grunde keine Antwort gibt. Ein theoretischer Physiker von der Atomforschungsstelle Karlsruhe, mit dem wir in den fünfziger Jahren in den Dolomiten Ski liefen, fragte sich und mich, weshalb man in seinem Fach nur in seinen Zwanzigern wirklich revolutionäre Entdeckungen mache, ob Einstein, Heisenberg oder Carl Friedrich v. Weizsäcker. Mit dreißig gehöre man eigentlich schon zum alten Eisen. Und dann fügte er melancholisch hinzu: »Dann muss man sich eben damit abfinden, dass man nur noch für die Lehre taugt.«

Die Liebe zu Italien, zu seiner Landschaft, seinen Städten, seiner Kunst, seiner Literatur und schließlich auch zu seinen Menschen ist mir geblieben. Nicht zuletzt deshalb sind Joachim Fest und ich in den sechziger und siebziger Jahren immer wieder in den Süden gefahren. Von italienischen Malern und Bildhauern wie Marino Marini, Fabrizio Clerici, Giacomo Manzù, Emilio Greco und Renato Guttuso habe ich drei Jahrzehnte später ihr graphisches Werk im Propyläen Verlag herausgegeben und viele Monographien veröffentlicht.

Eines Abends saß ich mit Renato Guttuso und Alberto Moravia und seiner Frau, der Schriftstellerin Dacia Maraini, in einem Restaurant in Trastevere zusammen. Ich sehe den langsam in die Nacht übergehenden Abend noch vor mir, wie Moravia, seine Frau und ich natürlich Wein tranken, zwei oder drei Flaschen sogar. Aber Guttuso trank ausschließlich Whisky, wie er das immer zu tun pflegte. Der Abend dauerte sehr lang, und das Ergebnis dieser Nacht war, dass Marainis Roman »La Ladra«, die »Diebin«, den viele für bedeutender als alle Bücher Moravias halten, im nächsten Jahr im Propyläen Verlag erschien.
Zu unserer Runde war sehr spät auch Giuseppe Ungaretti gestoßen, dem der Nobelpreis zugesprochen wurde, als er schon auf die achtzig zuging, ein kleines, schütteres Männchen in einem überkorrekten hellen Anzug, der aber von oben bis unten bekleckert war. Ungaretti beteiligte sich an der Unterhaltung kaum, vielleicht weil er unablässig damit beschäftigt war, unbegreifliche Mengen Eistorte zu essen, die er mit zittriger Hand in sich hineinschaufelte, so dass sie weitere Spuren auf seinem Anzug hinterließ. Dazu ließ er ein meckerndes Greisenlachen hören, vielleicht weil er der Unterhaltung nicht mehr zu folgen vermochte, vielleicht weil ihm unsere Ernsthaftigkeit nur lächerlich vorkam. Aber er war einer der großen Lyriker des modernen Italien, und ich bin froh, ihn wenigstens hin und wieder getroffen zu haben.

Damals bei der Rückkehr zur Front meldete sich das Wolhynische Fieber gerade wieder einmal mit Schüttelfrost. Hauptmann Gutzeit nahm das ganz offensichtlich als Anlass, oder richtiger als Vorwand, mich aus der Schusslinie zu bringen. Er stellte mir einen Marschbefehl in ein Lazarett nahe Ravenna aus, das ja nahe des Stromes liegt. »Da bist du«, er pflegte uns generell zu duzen, »erst einmal sicher. Es ist ja ein Wahnsinn, wie ihr jungen Burschen alle noch vor Toresschluss verheizt werdet. In ein paar Monaten ist ohnehin alles zu Ende.« Die Schreibstube der Kompanie, notdürftig in einer Scheune einquartiert, stellte mir den Marschbefehl aus, ohne den jedermann von der Feldgendarmerie aufgegriffen und als Deserteur dem nächsten Standgericht übergeben wurde.

Am späten Nachmittag dieses Tages machte ich mich, inzwischen war das Fieber immer höher geklettert, allein auf den Weg nach Norden, wo ich aber nach ein paar Kilometern bei Rovigo schon auf eine Gruppe von drei oder vier älteren Soldaten stieß. Alle waren über die Verstärkung froh, denn seit dem Zerfall der deutschen Front war ganz Norditalien unsicher geworden. Nachts beherrschten bereits die Partisanen die größeren Städte, die sie nach einigen weiteren Tagen auch offiziell übernahmen, so dass die deutschen Einheiten sie umgehen mussten. Tagsüber aber waren die Deutschen und vor allem die Feldgendarmerie noch Herr der Lage und so musste man sich nach zwei Seiten hin wappnen.

Es stellte sich bald heraus, dass es Versprengte waren, die keinerlei Marschpapiere hatten. Aber meine neuen Gefährten waren gelassen und zugleich entschlossen, wie das eben Männer sind, die schon Jahre in Russland hinter sich haben. Zwei von ihnen trugen die »Gefrierfleisch«-Medaille, die für den Winter 1941 vor Moskau verliehen worden war. Wenn die Feldgendarmerie, deren gefürchtetes Erkennungszeichen ein vor der Brust an einer Kette hängendes Blechschild war, sich ihnen in den Weg stellte,

würden sie schießen, bevor die anderen zu ihren Waffen greifen konnten. Uns blieb diese Erfahrung jedoch erspart.
Als wir Rovigo erreichten, war mein Fieber auf neununddreißig Grad gestiegen. Irgendjemand verfrachtete mich in einen Sanitätswagen, der mit Verwundeten nach Norden fuhr. Von da an ist meine Erinnerung nur noch verschwommen, denn in dieser Nacht hielt sich die Temperatur bei vierzig Grad und ich erlebte alles wie im Dämmerzustand. Irgendwann wurden wir von Partisanen angehalten, die mit Taschenlampen das Innere des Wagens ableuchteten, um zu kontrollieren, ob die Insassen wirklich nur Verwundete und Kranke waren. In dieser Nacht war Padua in die Hände der Partisanen gefallen. Dunkel erinnere ich mich, dass wir irgendwo an eine Straßensperre kamen. Raues Stimmengewirr, aber nach einigen Minuten wurde die Weiterfahrt nach Norden gestattet.
Am Abend des darauffolgenden Tages kamen wir in die Lazarettstadt Dolo, in Friedenszeiten eine Ansammlung von Hotels und Sanatorien an der Straße zwischen Padua und Venedig. Auf Grund meines Wolhynischen Fiebers wurde ich in ein Haus der inneren Abteilung einquartiert. Am nächsten Morgen stellte sich heraus, dass meine Zimmergenossen fast ausschließlich Geschlechtskranke waren, einige im letzten Stadium von Syphilis. In der Zeit vor dem Penicillin, das damals nur die Amerikaner besaßen, endete die Erkrankung oft mit körperlichem und geistigem Verfall, mitunter mit Schwachsinn.

Zwei oder drei Tage später war der Zusammenbruch der deutschen Italien-Front offiziell. Der SS-General Karl

Wolff, Himmlers Duzfreund »Wölfchen«, hatte insgeheim auf Schweizer Boden mit dem amerikanischen Geheimdienstchef Allan Welsh Dulles, dem Bruder des späteren Außenministers John Foster Dulles, einen Waffenstillstand ausgehandelt, übrigens mit dem Einverständnis Kesselrings.
Nach zwei oder drei Tagen kam ein Sanitäter in den Krankensaal; der Chefarzt des Lazaretts suche einen Dolmetscher. Er legte offensichtlich Wert darauf, seine Patienten ordnungsgemäß in die Gefangenschaft zu führen. In abenteuerlicher Überschätzung meiner Sprachkenntnisse – in Spiekeroog waren wir über Shakespeare, Tennyson und Wordsworth nicht hinausgekommen – meldete ich mich. So fand ich mich plötzlich mit drei hohen Militärärzten auf der Landstraße in Erwartung englischer Truppen, denen wir uns ergeben wollten. Ein Unteroffizier trug einen Besenstiel, an dem ein weißes Tuch zum Zeichen unserer friedlichen Absichten befestigt war. So warteten wir wohl anderthalb Stunden, aber nichts tat sich.
Endlich wurde in der Ferne das Dröhnen sich nähernder Panzer hörbar, und nach weiteren zwanzig Minuten fuhr eine unabsehbare Kolonne von Panzern an uns vorbei. Unsere Versuche, uns durch heftiges Gestikulieren und lautes Rufen bemerkbar zu machen, blieben bei dem Lärm der rasselnden Panzer unbemerkt; auf das Winken unserer Wäschestange mit dem weißen Tuch achtete niemand. Hinter uns waren die Fenster der Lazaretthäuser inzwischen alle von Kranken besetzt, jeder wollte sehen, wie unsere privaten Kapitulationsverhandlungen verliefen.
Ein paar Dutzend Panzern folgten erst unzählige Schüt-

zenpanzerwagen, dann Jeeps mit montierten Maschinengewehren und endlich Lastwagen, auf denen freundlich winkende Soldaten saßen, deren Uniformen mit Sträußen geschmückt waren. Die Italiener, die eben noch herzlich zu uns gewesen waren, begrüßten jetzt die Sieger mit Blumen, die in diesem Mai überall in voller Blüte standen. Nur von uns nahm noch immer niemand Notiz. Ergebnislos und angesichts der offensichtlichen Missachtung ihrer Kapitulationsbereitschaft ein wenig betreten, kehrten der Generalarzt und sein Stab nach einiger Zeit in das Lazarett zurück; ich schloss mich ihnen an. Dort hörte inzwischen jedermann das italienische Radio, ein deutscher Sender war nicht mehr zu empfangen. Es war der 2. Mai 1945.

An diesem Abend stürmten schwerbewaffnete Partisanen in unser Krankenzimmer. Ziemlich abenteuerlich kostümiert, denn im Untergrund hatten sie natürlich keine Uniformen getragen, suchten sie, die Maschinenpistolen im Anschlag, überall nach Waffen; auch die Wolldecken unserer Liegen wurden weggerissen. Ich entsinne mich aber an keine feindselige Stimmung. Offensichtlich war jedermann erleichtert, dass alles zu Ende war. Am deutlichsten in Erinnerung sind mir die Korbflaschen Wein, die sie auf unsere Betten warfen: »La guerra è finita.« Dann riefen sie in jener simplen Form, in der Italiener oft mit Ausländern reden: »Domani a casa.«
Das war für mich der Schlussakt des Krieges.

Kriegsende in Italien

Die Gefangennahme durch die Partisanen im Lazarett von Dolo bedeutete für mich nicht nur das Ende des Krieges, sondern sie stand auch für das Verschwinden des Dritten Reiches. Damit gab es nun jene Armee nicht mehr, in der ich zur »Frontbewährung« gnadenhalber Zuflucht gefunden hatte. Von nun war ich ein *prisoner of war* in englischem Gewahrsam.

Das löste bei mir natürlich andere Empfindungen aus als bei der Masse meiner Mitgefangenen, denn das familiäre Klima und die eigenen Erlebnisse hatten mich der Niederlage eher entgegensehen lassen. Und doch war es ein bedrückendes Gefühl, dass das eigene Land nun Gegenstand von fremden Mächten sein würde. Deutsche Offiziere hatten uns von einem Tag auf den anderen nichts mehr zu sagen, im breiten Slang englischer Sergeants wurde uns von jetzt an mitgeteilt, was wir zu tun und was wir zu lassen hatten; übrigens durchweg in eher kameradschaftlichem Ton. Dennoch blieb das Gefühl, nun plötzlich nicht mehr Subjekt, sondern Objekt zu sein, Gegenstand von Anordnungen fremder Offiziere. Ich habe das bei allen Befreiungsempfindungen sehr deutlich gefühlt, wenn die Gefangenen britische Anschläge zu buchstabieren suchten.

Die Zwiespältigkeit meiner Empfindungen angesichts der »bedingungslosen Kapitulation« war mir schon damals bewusst. Die meisten Gefangenen, sofern sie nicht nur auf die baldige Heimkehr nach Deutschland hofften, waren zwischen der Erleichterung über das Ende der Diktatur und einer Depression über das vollkommen zerschmetterte eigene Land hin- und hergerissen. Man würde zwar über kurz oder lang zurückkehren, aber wie würde die Heimat aussehen, eine Wüste von Trümmern, mit Millionen von Vertriebenen und Flüchtlingen überfüllt und von drei, bald vier Mächten auf unabsehbare Zeit besetzt? Ich war fast erleichtert, als ich später derselben Gefühlswelt auch in einem Buch von Ernst Jünger begegnete.

Zwei oder drei Jahre nach meiner Rückkehr besuchte ich den Vater meines Freundes in Wilflingen. Es war sein Geburtstag, wohl fünfzehn oder zwanzig Gäste waren im Garten versammelt, darunter so skurrile Figuren wie jener Reichswehrleutnant Scheringer, der zur Zeit von Weimar wegen seiner nationalsozialistischen Umtriebe in der Reichswehr verurteilt worden, im Gefängnis dann aber zu den Kommunisten übergetreten war. Er gehörte zu jenen abenteuerlichen Existenzen der Übergangszeit nach dem Ersten Weltkrieg, wie es sie damals zwischen den Fronten von ganz Rechts und ganz Links viele gab.

Alle Verwandten und Freunde Ernst Jüngers, darunter der Bruder Friedrich Georg Jünger aus dem nahen Überlingen, standen im Kräutergarten Jüngers und beredeten die allmähliche Lockerung der Publikationskontrolle durch die Besatzungsmächte. Die Engländer waren in den Verboten am rigidesten gewesen, bei den Amerikanern kam es auf den jeweiligen Zensuroffizier an, und die Franzosen gingen mit dem Gebot der Entnazifizierung und »Entmilitarisierung« am legersten um. Spielte es eine Rolle, dass der Pariser Besatzungsoffizier Jünger in Paris viele Freunde gewonnen hatte? War auch deshalb Ernst Jünger von der britischen in die französische Zone, aus dem niedersächsischen Kirchhorst nach dem württembergischen Wilflingen der Stauffenbergs umgesiedelt? Für seine Bücher war in Tübingen ein eigener Verlag gegründet worden, der Heliopolis Verlag, wo kurz zuvor sein Roman »Heliopolis« erschienen war, den er mir mit sehr herzlichen Worten geschickt hatte.

Gerade hatte Salomons »Fragebogen« im besetzten Deutschland Furore gemacht, der in der Form einer Beantwortung des amerikanischen Entnazifizierungs-Fragebogens einen arrogant-provozierenden, aber sehr amüsanten Bericht über sein Leben in Weimar und im Dritten Reich gab. Salomon, der zu den Verschwörern der Rathenau-Ermordung gehörte, hatte gleichwohl in den zwölf Jahren peinlichen Abstand zu den Hitler-Leuten gehalten, und so zählte er zu jenen Außenseitern, von denen niemand wusste, wo sie eigentlich standen. Ich sehe noch Ernst Jünger, der Ernst v. Salomon natürlich aus der Zeit der gemeinsamen nationalistischen Revolte während der frühen Weimarer Zeit kannte, im Garten stehen und zur Heiterkeit der Umstehenden sagen: »Nachdem der Salomon nun seine literarische Handgranate gezündet hat, steht wohl auch meinem Tagebuch nichts mehr im Wege.« Das bezog sich auf Jüngers Pariser Tagebücher aus der Zeit der deutschen Besetzung, die dann unter dem Titel »Strahlungen« erschienen und zu den literarischen Sensationen dieser Nachkriegsjahre zählten.

Im nächsten Jahr schickte mir Ernst Jünger eines der ersten Exemplare, und da sah ich, dass er bei dem Einzug der Sieger im Frühjahr 1945 die gleichen Empfindungen wie ich gehabt hatte. Beim Anblick der Panzerkolonnen auf der Chaussee, die an Kirchhorst vorbeiführt, notierte er: »Man kann das Notwendige sehen, begreifen wollen und sogar lieben und doch zugleich von ungeheurem Schmerz durchdrungen sein.« Das schrieb er in sein Tagebuch am 11. April 1945. Er hielt die Trauer fest, die ihn bei dem Eintreten der doch erhofften und wohl auch gewollten Niederlage ergriff. »Nicht nur zahllose Menschen müssen sterben, sondern auch vieles, was uns im Innersten bewegte, geht unter bei diesem Übergang. Das muss man wissen, wenn man unsere Zeit und ihre Menschen erfassen will. Was ist Geburtsschmerz, was ist Todesschmerz bei diesem Spiel? Vielleicht sind beide identisch, wie ja der Sonnenuntergang zugleich auch Sonnenaufgang für neue Welten ist.« Schon damals hatte Jünger vom einst so vergötterten Nationalstaat Abschied genommen und die Vision eines vereinigten Europa gehabt, die er wenige Jahre später in seiner Schrift vom »Weltstaat« weiter ins Allgemeine dachte.
Solche Gedanken lagen dem Achtzehnjährigen im Lazarett von Dolo sicherlich fern, aber er muss doch eine Empfindung gehabt haben, dass damals die Welt der Väter unwiederbringlich unterging.

Ich entsinne mich übrigens auch keines Kameraden – bei denen es sich ja seit der Einlieferung in das Lazarett nur um Verwundete und Kranke handelte –, für den die endgültige Niederlage und das Nicht-mehr-Vorhandensein des Deutschen Reiches ein Schock gewesen wäre. Die seit diesem Frühjahr 1945 in Briefen aus der Heimat bruchstückhaft kommenden Nachrichten über die Massenflucht aus dem Osten und die Gewalttaten der Russen in Ostpreußen spielten dabei sicherlich eine Rolle. Zuletzt hatte ja die Propaganda von Goebbels die Schreckensszenen in den eroberten Provinzen des Ostens nicht mehr unterdrückt, sondern zur Anfachung des Widerstands selber herausgestellt, und der Krieg war in den letzten Jahren so deutlich auf die Katastrophe zugelaufen, dass Erleichterung über das Ende jetzt in den Vordergrund trat.

So ist mir keine Depression bei den Gefangenen in Erinnerung, wie sie doch 1918 offensichtlich die Stimmung der über den Rhein zurückflutenden Armeen beherrscht hatte. Diesmal war man erleichtert, dass man selber einigermaßen heil aus dem Desaster gekommen war, und die Sorge um die Angehörigen in Deutschland drängte alles andere zurück. Niemand hatte seit der Mitte des April noch Feldpost von zu Hause erhalten, und die trotz aller Verschleierung immer trostloser klingenden Wehrmachtsberichte waren das einzige Mittel gewesen, das allmähliche Fortschreiten der Besetzung Deutschlands zu verfolgen. Die Eroberung erst Aachens und Kölns, dann die Besetzung Hamburgs und der wochenlange Kampf um die »Festung Breslau« nahm man als etwas lange Erwartetes hin. Jedermann wusste, dass es nur noch eine Frage der Zeit sein würde, bis mit dem Fall der »Reichshauptstadt« und dem mutmaßlichen Selbstmord Hitlers das Ende gekommen sein würde.

Auch für mich brachte meine Gefangennahme keine wirkliche Erschütterung. Bei uns in Italien war ja alles längst in Auflösung, der Fall Mailands und Genuas folgten einander im Abstand weniger Stunden, und es waren nur ein oder zwei Tage, dass auch Venedig und Turin von den Engländern oder Amerikanern besetzt wurden, die aber oft nach wenigen Stunden schon abrückten und das Feld den Partisanen überließen. Nicht überall ging das so unblutig und ohne Zwischenfälle wie bei uns vor sich. Zuweilen kamen die Partisanen auch den Truppen der Alliierten um Tage oder auch nur um Stunden zuvor und ein paar Mal brach dabei der lange unterdrückte alte oder auch der ganz neue Hass der Italiener auf die Deutschen aus.

Noch im Lazarett, wo wir etwa eine Woche blieben, hatten uns Neuankömmlinge berichtet, wie sie mit knapper Not von den Briten vor einem Blutbad gerettet worden waren. Es gab ja auch in Italien, nicht nur in Jugoslawien, die »blauen« und die »roten« Partisanen, die königstreuen und die straff organisierten kommunistischen Untergrundverbände, die in diesen Tagen auch Mussolini und seine Geliebte Clara Petacci auf der Flucht in die Schweiz gefangen nahmen und auf Weisung ihrer Partei kurzerhand erschossen. Sie sollten dem Zugriff der inzwischen in Rom etablierten Regierung entzogen werden, die einen regulären Prozess nach dem Muster des späteren Nürnberger Prozesses plante.

Damals ließ uns das alles ziemlich gleichgültig. Der italienische Diktator, der von Hitler inzwischen so abhängig geworden war, dass man nicht wusste, ob es sich bei den deutschen Posten vor seiner Residenz in Salò am Gardasee um eine Wache oder um Bewacher handelte, war seit den ständigen Niederlagen seiner Truppen und schließlich dem Staatsstreich seines eigenen faschisti-

schen »Großrats« nur noch ein Gegenstand sarkastischen Hohns oder doch freundlichen Spottes für uns. Im Nachhinein scheint mir, dass die schnelle Tötung des Gestürzten die richtige Lösung war. Bei einem monatelangen Verfahren, wie es ein Jahr später in Nürnberg stattfand, wären viele Dinge aufgerollt worden, die dem Land durch die Maschinenpistolensalven in den Rücken Mussolinis und der Petacci erspart blieben.
Vor solchen Ausschreitungen waren gerade noch im letzten Moment einige deutsche Soldaten bewahrt worden, die von Untergrundkämpfern bei Udine im Friaul gefangen genommen und zum Teil schon getötet worden waren. Die Überlebenden erzählten Schreckensgeschichten von den Partisanen, in deren Gewalt sie vierundzwanzig Stunden gewesen waren, und dass sie nur eine englische Einheit gerettet habe, die angeblich den Anführer der Partisaneneinheit ihrerseits kurzerhand durch ein Standgericht abgeurteilt und dann erschossen habe. Aber solche Geschichten gab es in diesen Tagen und Wochen viele, und niemand wusste, ob das Berichtete der Wirklichkeit entsprach.

Einige Tage lag ich dann in einem Lager für Tausende von Kriegsgefangenen bei Ferrara, der Stadt, in der ich zwanzig Jahre später so oft war, meist zusammen mit italienischen Freunden. Ein Mal besuchte ich Ferrara in den siebziger Jahren gemeinsam mit Giorgio di Chirico, der dort im Palazzo dei Diamanti eine Retrospektive hatte. Oft hatte ich in den zurückliegenden Jahren Chirico in Rom in seiner Wohnung direkt neben der Spanischen Treppe besucht, wo er zwei Wohnungen in zwei nebeneinander liegenden Häusern mit einem Durchbruch durch die Brandmauer so miteinander verbunden hatte, dass man sich in dem Labyrinth der wohl zwölf oder vierzehn Räume fast verlief. Sie waren mit unzähligen Skulpturen vollgestellt, die di Chiricos Gehilfen nach den Figuren modelliert hatten, die der Meister vor einem halben Jahrhundert in seiner magischen, der »metaphysischen« Phase gemalt hatte. Es gab sie in allen Größen und Materialien, in Bronze, Silber und sogar vergoldet, je nach der Marktlage. Giorgio di Chirico, einer der Gründerväter der Moderne, unterschrieb dann mit unbewegter Miene Zertifikate, dass es sich um Originale handele, wobei an seinen Gesichtszügen nicht zu sehen war, was er davon hielt. Eine bewusste Mystifikation, eine Selbsttäuschung des alten Mannes, der auf Bestellung alles lieferte, was viel Geld brachte?

Längst ähnelte er den gesichtslosen Figuren, die seine Bilder bevölkerten, auf andere Weise vergleichbar dem alten Marc Chagall, der in seinem Haus in Saint Paul de Vence als Monument seiner selbst lebte und nur noch ein Schatten des Jünglings war, der Anfang des Jahrhunderts in Witebsk einige der Inkunabeln des beginnenden Jahrhunderts gemalt hatte. Jetzt segelten nicht nur Kühe, sondern auch Liebespaare durch den Himmel, oft über den Eiffelturm hinweg, der neben Blumensträußen selten fehlte. Von meinem Besuch bei Chagall, zusammen mit Werner Schmalenbach, dem großen Museumsmann, ist mir vor allem in Erinnerung geblieben, dass Chagall während des Gesprächs immer wieder verschwand, um nach einer halben Stunde in einem andersfarbigen Pullover wiederzukommen. Währenddessen erzählte seine – zweite – Frau, die in der Meinekestraße aufgewachsen war, von dem jüdischen Berlin der zwanziger Jahre.

Alt gewordene Künstler, die längst Denkmäler ihrer selbst geworden waren, gab es in diesen Jahrzehnten so viele, dass es eher die Ausnahme war, wenn Picasso oder Matisse bis an ihr neunzigstes Lebensjahr mit nicht nachlassender Intensität an ihrem Werk arbeiteten – wie mit einer verzweifelten Verweigerung des Todes der eine, der andere mit einer immer vergeistigteren Reduzierung seiner malerischen Mittel. Die zwei großen Gestalten der französischen Malerei der ersten Hälfte des Jahrhunderts.

Es muss Anfang Mai 1945 gewesen sein, dass das Lager bei Ferrara aufgelöst und wir weiter nach Süden transportiert wurden. Merkwürdigerweise geschah das nicht mit der Eisenbahn, die ja in der flachen Hügellandschaft des Küstenstreifens überall direkt neben der Autostraße verläuft und die längst wieder in Betrieb genommen worden war. Eher nachlässig wurden wir auf Lastwagen verteilt, wobei ich mir das Dach des Fahrerhauses aussuchte, da inzwischen frühsommerliche Hitze herrschte, die nicht durch einen einzigen Windhauch gemildert wurde. Die beiden tiefschwarzen Fahrer quittierten das mit breitem Grinsen. Es schien sie nicht zu stören, dass nun meine Beine über die Windschutzscheibe hingen und ihnen die Sicht beeinträchtigten. Wahrscheinlich hatten sie Karabiner, um uns in Schach zu halten, aber ich entsinne mich nicht, dass sie jemals damit hantiert hätten.
An Flucht dachte ohnehin niemand, denn mit der näherrückenden Niederlage ihres deutschen Achsenpartners wuchs die Abneigung unserer italienischen Verbündeten. Seit dem Putsch König Viktor Emanuels und Marschall Badoglios vom Sommer 1943 hatte jener Teil Italiens, der dem deutschen Zugriff unterlag, nur ge-

zwungenermaßen am Krieg teilgenommen. Die Städte Ober- und Mittelitaliens waren deutschen Feldkommandanturen unterstellt worden, neben denen die örtlichen faschistischen Befehlshaber eine untergeordnete und von den Deutschen wenig respektierte Rolle spielten.
Auch bei uns hatte man gespürt, dass auf die inzwischen »republikanischen« Truppen des einstigen Königreichs Italien kein Verlass war und dass die ganze Herrlichkeit zusammenbrechen würde, sobald die Deutschen nicht mehr die praktische Macht ausübten. Es dauerte nach dem Zusammenbruch der deutschen Front am Po ja auch nur Tage, meist sogar nur Stunden, bis das Operettenregime des Duce in sich zusammenfiel. Wer wollte da aus dem sicheren Schutz der englischen Armee bei einer Bevölkerung Zuflucht suchen, die ihre Aversion gegen die Deutschen seit Jahren schon immer unverhohlener zu erkennen gegeben hatte?

Eines Tages wurde die nächtliche Stille des Lagers durch das Läuten Dutzender von Kirchenglocken unterbrochen. Dann fielen ganz in der Nähe vereinzelte Schüsse, schließlich hörte man in der Ferne Maschinengewehre. Sehr bald wurde deutlich, dass das alles keineswegs irgendwelchen geflohenen Kriegsgefangenen galt. Überall hinterließ Leuchtspurmunition ihre Streifen auf dem nächtlichen Himmel. Dann erscholl in der Ferne Rufen, erst war es eine einzelne Stimme, die eine Rede zu halten schien, oft unterbrochen von orkanartigen Beifallsausbrüchen, dann waren Sprechchöre hörbar, die irgendetwas zu skandieren schienen. Endlich wurde in der Ferne ein Lied angestimmt, in das die Menge einfiel. Umstehende meinten, dies sei die alte Hymne der Monarchie.

Ancona, wo wir inzwischen angekommen waren, feierte das Kriegsende, als ob Italien einen Sieg errungen hätte. Dabei war mit dem Ende des Krieges doch besiegelt, dass Italien seine afrikanischen Besitzungen von Addis Abeba bis Tripolis verloren hatte. Mussolinis »wiedergeborenes Imperium« hatte noch nicht einmal zehn Jahre Bestand gehabt. Nun war der italienische »Kaiser von Abessinien und König von Italien« nur noch ein König, noch einmal ein Jahr, und dann sollte ein Präsident an der Spitze des italienischen Staates stehen.
Am nächsten Morgen stellte sich heraus, dass am Vorabend die offizielle deutsche Kapitulation bekannt gegeben worden war. Es muss also der 8. oder 9. Mai 1945 gewesen sein. An diesen Daten kann ich rekonstruieren, dass etwa zwei Wochen seit meiner Gefangennahme vergangen waren.

Es war wohl diese Nacht der Freudenausbrüche außerhalb des Stacheldrahts, dass mir die Niederlage zum ersten Mal konkret ins Bewusstsein trat. Unseren vergeblichen Versuch der Kapitulation auf der Landstraße von Padua nach Venedig mit seinen eher erheiternden Begleitumständen hatte ich nicht wirklich als das Ende eines deutschen Staates begriffen. Als die Partisanen in unser Zimmer im Lazarett von Dolo stürmten, schienen die Ereignisse momentweise einen gewalttätigen Verlauf zu nehmen, aber alles hatte sich ja bald in Verbrüderung aufgelöst. Auch da hatte ich nicht eigentlich empfunden, dass dies das endgültige Verschwinden Deutschlands von der europäischen Landkarte bedeutete und dass wir von nun an der Gnade der drei Sieger – die Franzosen, die selbst erst vor wenigen Monaten befreit worden waren, nahm bei uns niemand als Sieger ernst – ausgeliefert sein würden.

Die Brüder meines Vaters hatten sich mitunter über sein ständiges Beschwören eines »Finis Germaniae« amüsiert. Seit dem Kriegsbeginn am 1. September 1939 hatte er immer wieder den Untergang an die Wand gemalt, selbst als die deutsche Siegesparade in Paris stattfand. Im Herbst 1943 besuchte die Familie das letzte Mal den Bruder meiner Mutter in Stettin, meinen Onkel Erwin. Anderthalb Jahre später sollten »die Stettiner«, wie meine Eltern von den Verwandten zu sprechen pflegten, ihre Wohnung fluchtartig vor der Roten Armee verlassen, die inzwischen ganz Pommern überrollte. Als die Russen Pommern mitsamt Stettin an die Polen übergaben, hatten Onkel Erwin und Tante Dagny mit ihren beiden Töchtern schon eine Notunterkunft in Schleswig-Holstein gefunden.

Bei unserem ersten Wiedersehen erzählten sie von ihrer Flucht über die Straßen Pommerns und Mecklenburgs nach Schleswig-Holstein, die durch die Trecks der Flüchtlinge aus dem Osten oft genug verstopft waren. Endlich hatten sie eine Notunterkunft in Kiel gefunden, wo sie von dem Vermieter mit deutlichem Missbehagen aufgenommen wurden. Irgendwann hatten sie um etwas gebeten, aber nur die verärgerte Antwort erhalten: »Ständig neue Wünsche. Dabei sind die doch gestern erst aus ihren asiatischen Erdlöchern herausgekrochen.« Das war natürlich kein typisches, aber doch auch kein Ausnahmeverhalten den Vertriebenen aus dem Osten gegenüber. Von selbstverständlicher Hilfsbereitschaft den Landsleuten aus dem Osten gegenüber war wenig zu spüren gewesen. Daran musste ich mitunter denken, als Anfang der

neunziger Jahre die Misstimmung zwischen »Ossis« und »Wessis« aufkam.
Und dennoch bleibt es ein Wunder, dass die Eingliederung der fast fünfzehn Millionen Vertriebenen und Flüchtlinge, Übersiedler und Spätaussiedler in so kurzer Zeit gelungen ist, im Grunde viel erstaunlicher als das »Wirtschaftswunder« der fünfziger Jahre. Die jetzigen Differenzen zwischen den »neuen Ländern« und der alten Bundesrepublik werden sich allmählich einebnen, obwohl es wahrscheinlich zumindest eine Generation dauern wird. Aber schließlich – waren denn die Brandenburger, die »Preußen«, nicht immer etwas anderes als die Badener oder Württemberger? Wurden die »Ostelbier« nicht immer von den Bewohnern des »Altreichs« als fremd empfunden?
Meine Eltern machten anschließend an den Besuch in Stettin zehn Tage Urlaub in Misdroy. Hat mein Vater damals so etwas wie Abschied vom deutschen Osten genommen? »Wenn Sie das nächste Mal kommen, Herr Doktor«, hatte der ihm seit Jahren vertraute alte Portier vom Hotel »Seeblick« beim Abschied gesagt, »haben wir Frieden.« Mein Vater hatte darauf nichts gesagt. Meine Mutter hat den Portier und meinen Vater an diesem Tag vor der Tür des Hotels aufgenommen, sie stehen eher heiter im Seewind nebeneinander.
Es gab kein nächstes Mal mehr, Misdroy heißt jetzt Miedzyzdroje. Hat mein Vater geahnt, dass der

Zum letzten Mal besuchten meine Eltern 1943 Misdroy, wo sie wie immer im Hotel »Seeblick« wohnten. Zum Abschied sagte der vertraute Portier: »Nun kann es nicht mehr lange dauern, Herr Doktor, wenn Sie das nächste Mal kommen, haben wir Frieden.« Es gab kein nächstes Mal mehr, Misdroy heißt jetzt Miedzyzdroje.

ganze Osten polnisch oder russisch oder tschechisch werden würde? Im Nachhinein habe ich das Gefühl, dass er in Gedanken das »Reich« schon damals begraben hat, obwohl wir nie davon gesprochen haben.

Dass so etwas wie das »Finis Germaniae« tatsächlich gekommen war, habe ich während dieser nächtlichen Stunden bei Ancona zum ersten Mal wirklich empfunden, während jenseits des Stacheldrahts das Kriegsende gefeiert wurde. Es war ein fast schmerzhafter Gegensatz zwischen der jubelnden Menge in der nahen, aber unsichtbar im Dunkel liegenden Stadt und der vollkommenen Stille bei uns im nur durch Scheinwerfer am Stacheldraht gleißend erhellten Lager. Niemand sprach ein Wort, nur einmal sagte eine Stimme halblaut: »So haben sie auch gejubelt, als der Duce den Kriegseintritt Italiens verkündete. Die Italiener jubeln immer.«
Aber das war nicht eigentlich bösartig, eher voll Neid gesagt. Die wenigen tausend Gefangenen, die der Zufall hier zusammengewürfelt hatte, hatten ja wahrscheinlich selber nur freundliche Erfahrungen mit den Italienern gemacht, denen es gelungen war, sich rechtzeitig aus dem Krieg zu lösen und ihn nun auf der Seite der Sieger zu beenden. Erst lange nach Mitternacht wurde es draußen über der Stadt allmählich ruhig. Ich entsinne mich nicht, dass am nächsten Morgen davon gesprochen wurde.
Wir im Lager von Ancona gingen ja alle von der selbstverständlichen Voraussetzung aus, in ein paar Wochen, spätestens in ein paar Monaten nach Hause entlassen zu werden. Dass zweieinhalb Jahre Gefangenschaft vor mir lagen, dieser Gedanke kam mir nicht, geschweige denn, dass mich mein Weg in das Ägypten meines Vaters, in die

Wüste von El Alamein und schließlich auf die britische Insel führen sollte, wo meine Verwandte Yella Giles nach 1933 Zuflucht gesucht hatte. Nordafrika mitsamt seinem Afrikakorps, wo der Bruder jenes Ettersburger Schulfreundes gefallen war, war uns seit Jahren ferngerückt. Der Rückzug aus dem letzten Brückenkopf von Tunis wurde von den Deutschen übrigens kaum wahrgenommen, obwohl damals doch fast so viel deutsche Soldaten in Gefangenschaft gingen wie ein Jahr zuvor in Stalingrad. Niemand empfand, dass damit das Mittelmeer endgültig nicht mehr Mussolinis »mare nostrum« war und der Süden Europas ungeschützt vor den Alliierten lag. Jetzt lag Italien frei zur Eroberung vor den alliierten Landungstruppen, und die Besetzung erst Siziliens, dann Kalabriens war der Auftakt zur endgültigen Niederlage auch Deutschlands. Die italienische Armee und vor allem die königstreue Flotte, die selbst zurzeit des Bündnisses mit Deutschland stets englandfreundlich gewesen war, gingen nun zur konkreten Planung des Staatsstreichs über, der dann mit dem Krieg auch das faschistische Regime beenden sollte. Dennoch wurde das Ende des Afrikakorps von der deutschen Bevölkerung kaum zur Kenntnis genommen, vielleicht auch deshalb, weil die nicht abreißende Kette der Rückzüge in Russland alles andere in den Hintergrund schob. Wie betäubt ging das Land in seinen Untergang.

In diesen Tagen kam bei uns immer neue Hoffnung auf eine baldige Entlassung auf. Dazu trug auch das Hin und Her unseres Transports bei. Erst waren wir nach Süden gefahren worden und hatten Station bei Ferrara gemacht, dann ging es nach Norden in eine vorübergehende Sam-

melstelle bei Ravenna, der alten Stadt Theoderichs, mit dem wir vor einem Jahr erst im Geschichtsunterricht lange genug gequält worden waren. Hatte das etwas zu bedeuten? War inzwischen aus London eine Direktive gekommen, die Gefangenen möglichst bald nach Deutschland zu entlassen, schon um sie nicht bewachen und verpflegen zu müssen? Vor allem in den Abendstunden stand man zusammen und rätselte, wohin es uns wohl verschlagen würde. Konnten die Engländer denn ein Interesse daran haben, Hunderttausende von hungernden Kriegsgefangenen in ihrem Gewahrsam zu behalten?
In diesem Lager bei Ravenna tauchten plötzlich zwei oder drei abgerissene Flüchtlinge auf, die sich aus Triest durchgeschlagen hatten, das ja nicht von den alliierten Einheiten, sondern von der Partisanenarmee Titos erobert worden war. Dort müssen sich in jenen Tagen Schreckensszenen abgespielt haben, wie ein Zwanzigjähriger berichtete, der von seiner italienischen Freundin mit Zivilkleidern versorgt und versteckt worden war. Nach zehn oder vierzehn Tagen waren beide nach Einbruch der Dunkelheit zur Promenade hinuntergegangen, wo sie einen Fischer treffen sollten, der sie mit einem Boot über die Adria in das englisch besetzte Italien bringen wollte.
An den vielarmigen Kandelabern der Promenade waren Dutzende von deutschen Soldaten im Racherausch aufgehängt worden. Der mit knapper Not dem Tod Entgangene konnte nur stockend vom Anblick der im Seewind schwankenden Körper erzählen. Inzwischen weiß man, dass es nicht Hunderte oder Tausende, sondern Zehntausende Deutsche waren, die im Fieber der Befreiung in Jugoslawien ermordet worden waren, natürlich nicht die

möglicherweise wirklich Schuldigen, sondern oft einfache Wehrmachtsangehörige, die das Unglück gehabt hatten, in die Hände der Partisanen zu fallen.

Der Balkankrieg muss in den letzten Jahren unvorstellbar grausam gewesen sein, und das wohl auf beiden Seiten. Ich jedenfalls bin immer misstrauisch gewesen, ob es wirklich nur die Deutschen waren, die jene Gewalttaten begingen, die es ja in den bisherigen Feldzügen nicht gegeben hatte, weder bei der Eroberung Skandinaviens noch im Westfeldzug. Kroaten haben Slowenen massakriert, die im Chaos des deutschen Zusammenbruchs Teile Kärntens besetzten und auf die österreichischen Städte Klagenfurt und Villach Anspruch erhoben. Die Kroaten sind ihrerseits von den Serben niedergemetzelt worden.

Inzwischen haben die Ereignisse in dem zerfallenen Jugoslawien Szenen von archaischer Grausamkeit mit sich gebracht. Die Geschehnisse in Bosnien-Herzegowina und im Kosovo, wo noch nach Monaten und Jahren immer neue Massengräber freigelegt werden, werfen ein anderes Licht auf den Krieg in Jugoslawien, der ja zu guten Teilen eine Auseinandersetzung zwischen den Tschetniks, dem radikalsten Flügel der Serben, und der Ustascha, der kryptofaschistischen Organisation der Kroaten, gewesen war.

Der Balkan ist eben noch immer der Balkan und er wird lange brauchen, bis er ein Teil Europas geworden ist.

Als ich anderthalb Jahrzehnte nach dem Krieg mit Imke Triest besuchte, das mich damals wohl dank der Bücher Vittorinis und Svevos faszinierte, machte die zwischen Italien und Jugoslawien umstrittene Stadt, die inzwischen

von den Alliierten Rom zugesprochen worden war, einen friedlichen, aber heruntergekommenen Eindruck. So schildert sie auch Claudio Magris, der letzte Vertreter jener dalmatinischen, stark jüdisch geprägten Welt noch heute in seinen Büchern, auch in seinem melancholischen Porträt Triests, das er zu einem Band meines Verlages über die großen Boulevards Europas beigesteuert hat. Warum hat mich diese Welt zwischen den Nationen, Kulturen, Sprachen und Religionen so in ihren Bann gezogen – Wilna, das baltische Jerusalem mit seinem Ghetto, das die Welt des ostjüdischen Chassidismus noch einmal kurz vor dem Untergang heraufgeführt hat, Lemberg, das heute nur ein Schatten jenes östlichsten Vororts der alten k. u. k. Monarchie ist, in der das polnische, das ukrainische – oder wie man einst sagte: das ruthenische –, das jüdische, das russische und das österreichische Element eine unvergleichliche Rolle gespielt hatten? Wilna wie Lemberg habe ich übrigens eben erst zusammen mit Richard v. Weizsäcker und Gräfin Marion Dönhoff besucht; aber ich fand wenig von dieser Zwischenwelt, die von jenem östlichen Judentum lebte, das im Holocaust unwiederbringlich untergegangen ist.
Noch im Nachhinein möchte man momentweise an die Möglichkeit einer Begegnung Osteuropas und Westeuropas glauben; aber sie ist, wie so vieles, für immer dahin. Joseph Roth hat diese Welt nostalgisch im Wort bewahrt, wie ja überhaupt die östlichen Kronländer Habsburgs gerade in ihrem Untergang eine Literatur hervorgebracht haben, die den Nachgeborenen das verlorene Galizien und die Bukowina Abschied nehmend vor Augen geführt hat. Gregor v. Rezzoris »Ein Hermelin in Tschernopol« ist das letzte Zeugnis dieser versunkenen Provinz Europas.

Dazu gehörte wohl auch Triest, das jahrhundertelang ein eher belangloser Fischerort der Adria war, bis es von Wien als Handels- und Kriegshafen am Mittelmeer ausgebaut wurde, woran die Viadukte über den Semmering noch erinnern, über die einst in der alten Monarchie der Export der österreichischen Industrie zum Mittelmeer gelaufen war. Noch heute zeugt die imperiale Architektur Triests davon, mit all der Mischung zwischen Austriakischem, Italienischem und Dalmatinischem, die dem ganzen südöstlichen Europa ihren Stempel aufgeprägt hat. Die habsburgische Welt hinterließ wie die englische auch in den fernsten Provinzen ihre Spuren, so dass die Universität von Lemberg noch heute wie ein k. u. k. Bahnhof anmutet und in Triest das Opernhaus der Jahrhundertwende ununterscheidbar ist von dem Konzertgebäude des polnischen Krakau, das ja ebenfalls lange zur österreichischen Doppelmonarchie gehörte.
Zur Herrschaft berufene Imperien geben sich auch darin zu erkennen, dass sie ihre Lebensform den Unterworfenen mitzuteilen vermögen, weshalb man im Imperium Romanum am Schwarzen Meer wie in Gallien an der Rhône römische Rebstöcke pflanzte und man noch heute in Indien den schottischen Dudelsack spielt und das österreichische Kurkonzert in vielen Metropolen Osteuropas weiterlebt. Deutschland wie Russland aber haben die eroberten Welten nur zu unterwerfen, nicht zu faszinieren vermocht und auf diese Weise zu erkennen gegeben, dass sie nicht zur Herrschaft berufen waren.
Paris, in dem ich später als Propyläen- und Ullstein-Chef fast zwei Jahrzehnte in der Rue de l'université ein eigenes Büro hatte und Schriftsteller von Aragon bis zu Malraux besuchte, Rom, in dem ich Jahrzehnte hindurch immer

wieder befreundete Maler und Bildhauer wie Marino Marini, Giacomo Manzù und Renato Guttuso sah – das waren Orte, die ich bewunderte und denen meine Neigung gehörte. Aber das östliche Europa kam mir in all seiner Schäbigkeit wie meine eigene Sache vor, und ich habe seine Städte nie ohne Bewegung und Betroffenheit bereist. Wann immer ich eine der Städte Osteuropas besuche, Wilna oder Lemberg oder Krakau oder eben Triest, ist mir das wie eine Erinnerung an jenen Vielvölkerstaat, der in den Wirren von Nationalismus und Sozialismus ein für allemal untergegangen ist.

Empfand das alles damals ein achtzehnjähriger *prisoner of war*, der mit Tausenden Gefangenen auf dem nackten Boden eines improvisierten Gefangenenlagers an der Küste der Adria lag? Wahrscheinlich nicht. Aber ich habe ganz offensichtlich schon früh jene Neigung Lord Actons für die »sinking ships« gehabt, eine Sympathie für untergehende Welten.

Anders kann ich mir nicht erklären, dass mich in den ersten Semestern an der Humboldt-Universität und dann an der Freien Universität, also 1948 und 1949, die zu Ende gehenden Epochen in der Geschichte viel mehr faszinierten als Zeiten der Frühe und des Beginns. Damals begegnete ich Franz Altheim, der in Berlin Alte Geschichte lehrte, ein Außenseiter auch in seinem Fach, der mich für fast zwei Jahre in seinen Bann zog. Altheim schrieb fast nur über die Endzeiten großer Kulturen, die Diadochen-Reiche Alexanders des Großen, das mittelpersische Reich der Sassaniden und das ptolemäische Ägypten, das in der Gestalt der verführerischen Kleopatra seine Macht über zwei Herrscher des aufstrebenden Rom, Caesar und Marc Anton, ausübte.

Aber ist es wirklich überraschend, dass mich Untergangszeiten immer mehr beeindruckten als die Frühzeiten aufstrebender Imperien? Ganz sicher sprach sich darin die Gegenwart selber aus. Worin lebten wir denn selber, wenn nicht in einer Endzeit? Das war zumindest in diesen Nachkriegsjahren meine Empfindung.

Die Sympathie für Untergänge hatte zumindest das Gute für den jungen Studenten, dass er fast allein in den Seminaren Franz Altheims saß. Es war die Gründungszeit der Freien Universität, als wir noch die Stühle heranschafften, mit denen wir das kleine Haus in der Bolzmannstraße 4 ausstaffierten, wo dann das erste Rektorat untergebracht wurde. Es gab keine Universitätsgebäude und die Hand voll Studenten versammelte sich in allen möglichen Notquartieren, zum Beispiel in dem unterirdischen Kino des U-Bahnhofs »Onkel Toms Hütte«.
Dort hielt auch Franz Altheim seine Vorlesungen, zu denen sich aber so wenig Interessenten einfanden, dass er bald in angemietete Villen auswich. Dort fand sich dann kaum ein Dutzend Studenten zu seinen Kolloquien ein, die so abseitigen Themen galten wie dem Verschwinden des medischen Reitervolkes oder der weltgeschichtlichen Rolle der Parther zwischen Hethitern und Persern. Die geringe Zahl an Zuhörern wird wahrscheinlich dazu beigetragen haben, dass Altheim den jungen Mann gern sah, der nicht selten zu ihm in sein kleines Reihenhaus im Zehlendorfer Quermatenweg kam, wo ich meist nur zuhörte, wenn er sich in seinen Gedanken erging.
Aber ich muss doch hin und wieder eigene Fragen und auch Zweifel beigesteuert haben, denn in seinem mehrbändigen Werk über die Sassaniden »Ein asiatischer

Staat« fand ich mich plötzlich im Apparat mit der Notiz aufgeführt, dass er auf eine bestimmte Überlegung durch ein Gespräch mit mir gekommen sei. Das war wie eine Ordensverleihung, und ich wundere mich, dass wir nach ein oder zwei Jahren nur gelegentlich noch Kontakt miteinander hatten und ich Altheim schließlich ganz aus den Augen verlor.

Nach etwa zehn Tagen wurden wir mit Lastwagen zu einem anderen provisorischen Sammellager weiter nach Süden gebracht, wo wir wiederum zehn Tage in einem Zeltlager lebten. Die wenigen englischen Offiziere und Unteroffiziere, von denen die Gefangenen bewacht wurden, waren ausnehmend freundlich, eigentlich freundschaftlich, wie zu einer unterlegenen Kricket-Mannschaft. Allerdings bekamen wir Offiziere nur selten zu sehen, und bei den »privates« handelte es sich vorwiegend um Schwarze, die ich bis dahin vorzugsweise aus dem Kinderbuch »Onkel Toms Hütte« und aus dem Wälzer meiner Mutter »Vom Winde verweht« und natürlich aus deutschen Propagandafilmen kannte. So wussten wir nichts von den vielen Schattierungen, die es zwischen einem Hellbraun und einem Ebenholzschwarz gab und denen offensichtlich eine eigene Hierarchie entsprach.

Zuerst lebten wir in improvisierten Lagern auf der nackten Erde. Die deutschen Gefangenen trugen noch ihre alten Uniformen, von denen sich die britischen Offiziere durch die überlangen Shorts abhoben.

Die Tiefschwarzen standen erkennbar ganz unten auf der sozialen Leiter, und je heller die Hautfarbe wurde, desto höher rangierten die »Coloured« auch unter sich. Aber wir machten sehr bald die Erfahrung, dass es vor allem die Dunkelschwarzen waren, die uns freundschaftlich behandelten und uns in der ersten Zeit, als die Verpflegung – wahrscheinlich aus Organisationsschwierigkeiten, denn sonderbarerweise hatte niemand im gegnerischen Hauptquartier mit einer Million Gefangener in kaum einer Woche gerechnet – sehr dürftig war, mitunter von ihrer eigenen Ration abgaben, die aber so afrikanisch gewürzt war, dass uns der Mund nach jedem Bissen brannte.

Unter uns sprachen wir mitunter darüber, ob unsere Bewacher, selber auf der untersten Sprosse der Rangordnung stehend, in den Gefangenen hinter Stacheldraht ebenfalls Entrechtete sahen. Jedenfalls war eine Art von Solidarisierung unverkennbar, die mitunter peinlich war, wenn gerade britische Offiziere in der Nähe waren und erstaunt sahen, wie die von ihnen über die Achsel angesehenen Schwarzen selbst mit deutschen Offizieren sozusagen von gleich zu gleich verkehrten.

Noch eine andere Entdeckung machten wir. Die Körpergröße der Engländer entsprach offensichtlich ihrem sozialen Standard. Die »privates« waren gewöhnlich eher klein geraten und oft untersetzt, und erst vom Sergeanten an begann das europäische Mittelmaß. Die Offiziere dagegen waren im Allgemeinen schlank, fast hager, auf jeden Fall großgewachsen, als ob sie einer anderen Rasse angehörten. Wir betrachteten sie neugierig in ihren befremdlich überlangen Shorts, die bis zur Mitte der Wade reichten, und beobachteten, wie sie mit ihrer obligaten Reitgerte aus geflochtenem Leder in ostentativer Lässigkeit die Zeltreihen inspizierten.

Ein Mitgefangener, der als Seemann vor dem Kriege ein paar Jahre in englischer Umgebung gelebt hatte, erklärte uns, dass es sich so in der Tat verhalte. Er entwickelte die uns ein wenig abenteuerlich klingende These, dass die einen eben die »Angeln« und die anderen die »Sachsen« seien. Die englische Bevölkerung gehe noch heutigen Tages auf die Eroberung der Insel durch die Normannen zurück. Es falle schwer, einen Angehörigen der Oberschicht auszumachen, der körperlich klein, vierschrötig und untersetzt sei, während Arbeiter selten eine stattliche Statur hätten.
Ich hörte solchen Gesprächen staunend zu, schon weil ich nicht aus eigener Erfahrung sprechen konnte. Aber mir stand die bullige Figur Churchills aus der deutschen Wochenschau vor Augen, der als Urenkel des Herzogs von Marlborough eigentlich verpflichtet gewesen wäre, groß und stattlich zu sein. Seine rundliche Bonhomie wurde durch eine Zigarre, die er ständig, auch kalt, im Mund hatte, und seinen *bowler hat* – den ich nur als »Melone« von zu Hause kannte, wenn mein Vater ihn zu seltenen formellen Gelegenheiten, meist Beerdigungen, trug – zugleich unterstrichen und dementiert. Aber Churchills Erscheinung, die selbst in seiner Heimat den Zeitungen immer wieder Stoff für Karikaturen gab, hatte unverkennbar aristokratische Züge. Es war eine Figur, die von der unserer Himmlers, Bormanns und Streichers nun weiß Gott abstach, weshalb wir schon im Internat unsere bissigen Scherze über das »germanische« Führungspersonal des Dritten Reiches gemacht hatten.

Spöttische, nicht wirklich aufsässige Bemerkungen über die oft befremdliche Elite der Nazis waren aber nicht nur eine Sache Spiekeroogs oder Ettersburgs, die als »Heimschulen« natürlich ein wenig außerhalb der Schulen des Dritten Reiches standen. Auch im Dahlemer Arndt-Gymnasium war zumindest bei den höheren Klassen Spott über den Stil der neuen Herren durchaus verbreitet.

Im Herbst 1938, als Hitler die »Tschechenkrise« bis an den Rand des Krieges trieb, war ich erst zwölf Jahre alt. So habe ich eine Demonstration der Abiturklassen nur aus der Ferne erlebt, aber sie war natürlich das Gesprächsthema in den unteren Klassen. Die älteren Jahrgänge hatten nämlich ihre Sympathie für Chamberlain im Besonderen und England im Allgemeinen deutlich zu erkennen gegeben. Fast jedes Photo von Chamberlain und übrigens auch Daladier zeigte damals die westlichen Staatsmänner, wahrscheinlich einer Anweisung des Propagandaministeriums folgend, mit ihren Regenschirmen. Lange nach dem Krieg sollte man in den Erinnerungen von Hitlers Diätköchinnen, Sekretärinnen und Dienern immer wieder lesen, dass auch Hitler selber den Regenschirm, den Chamberlain sogar bei klarem Wetter trug, in seiner privaten Runde auf dem Berghof mit Spott bedacht hatte: »Ich habe diese Regenschirm-Figuren gesehen. Das sind keine ernsthaften Gegner.«

An einem dieser Tage zu Ende des Jahres 1938 erschienen jedenfalls beide Abiturklassen des Arndt-Gymnasiums mit Regenschirmen zum Unterricht. Das hatte einen strengen Verweis zur Folge, blieb aber ohne ernsthafte Konsequenzen. War das eine politische Demonstration gewesen? Wahrscheinlich nicht. Aber doch ein Zeichen der Bevorzugung des Zivilen, für das ja der Regenschirm ein Symbol war. Ganz sicherlich war das auch eine Sympathiekundgebung für die englische Lebensform gewe-

sen, die man, zumindest in den westlichen Vororten Berlins, den Uniformen vorzog, die man jetzt bei allen Gelegenheiten tragen musste. Immer häufiger wurde ja angeordnet, dass die Schüler in Pimpfen- oder HJ-Uniform zu erscheinen hätten. Bei Einweihungen von Bauabschnitten der »Reichsautobahn« erschien Hitler in der Wochenschau in einem Meer von braunen, feldgrauen, schwarzen und grün-braunen Uniformen der so genannten »Goldfasane«, wobei es stets Göring war, der mit seinen meist weißen Phantasieuniformen den Vogel abschoss.
Nur sein »Generalbauinspektor« Albert Speer trug bis in den Krieg hinein legeres Zivil, und Hitler schien das an seinem Lieblingsarchitekten zu mögen. »Wissen Sie«, fragte Anfang 1942 sein Bürochef Hettlage den damals fast allmächtigen Rüstungsminister, dessen Stern aber schon im nächsten Jahr zu sinken begann, »dass Sie die unglückliche Liebe des Führers sind?« Diesen Eindruck hatte auch Feldmarschall Milch, der einer der wenigen Duzfreunde Speers war. In den siebziger Jahren veröffentlichte ich die Biographie Milchs von David Irving, die auf Milchs privaten Aufzeichnungen beruhte.
Erhard Milch war übrigens ein »ehrenhalber« arisierter Halbjude – ein so genannter Ehrenarier –, und meine norwegische Patentante Erna Johannesen hatte Anfang des Dritten Reiches, als Milch noch Generaldirektor der Lufthansa war, eine eidesstattliche Erklärung abgeben müssen, dass Milch einer illegitimen Affäre seiner Mutter entstamme und also nicht leiblicher Sohn seines jüdischen Vaters sei. Nur das machte ihm die Karriere in der Luftwaffe Görings möglich.
An seiner Biographie von David Irving nahm Milch großen Anteil und er bestand darauf, mir anlässlich ihres

Erscheinens ein Essen zu geben. Das war ungewöhnlich und auch unangenehm, vor allem als mich Albert Speer warnte, Milch werde eine Tischrede auf mich halten wollen. Aller Hinweis auf meine übergroße Bescheidenheit nützte nichts, und schließlich schickte ich mich in mein Schicksal. Aber Speer blieb bei seiner Warnung, ich wisse ja nicht, was Milch sagen werde. Für Milch seien nämlich Jesus, Mohammed und Adolf Hitler die drei größten Menschen, die die Erde je getragen habe, und mit Stentorstimme werde er diese Erkenntnis verkünden. Ich versuchte im Breidenbacher Hof in Düsseldorf einen abgeschlossenen Raum zu reservieren, aber das war nicht möglich. Der Hotelmanager beruhigte mich, er werde uns eine abgesonderte Nische im Restaurant zur Verfügung stellen.

Als ich mit Albert Speer, Joachim Fest, Hitlers ehemaligem Luftwaffenadjutanten v. Below, David Irving und den zugehörigen Damen das Restaurant betrat, sah ich, dass es sich bei dem reservierten Platz um eine erhöhte Empore handelte, die durch eine Balustrade vom eigentlichen Speisesaal abgetrennt war. Das sonderbare Essen fand sozusagen auf einer Bühne vor einem Publikum statt, das den Auftritt der ihm von Angesicht meist bekannten Versammlung gespannt beobachtete.

Ich hatte Speer neben mir platziert, damit wir uns halblaut austauschen konnten. Besorgt fragte ich Hitlers Lieblingsminister, ob er Milch die Idee einer Tischrede ausgeredet habe. Aber Speer zuckte nur mit den Achseln. Das gehöre sich so, habe ihm Milch gesagt, der Autor bringe auf seinen Verleger einen Toast aus. Ich wollte wissen, ob es Speer wenigstens gelungen sei, Milch die Idee auszureden, den Vergleich von Jesus, Mohammed und

Hitler anzustellen. Aber Speer war resigniert, Milch lasse sich in solchen Dingen nicht in sein Konzept hineinreden. Nach dem Vorgericht werde er mit seiner Ansprache beginnen, und zwar in der energischen und weithin vernehmbaren Stimme eines alten Generalfeldmarschalls.
Verzweifelt suchte ich nach einem Ausweg. Gleich nach dem ersten Gang erhob ich mich halb und sagte zu Milch gewendet: »Lieber und verehrter Herr Feldmarschall« – Speer hatte mich instruiert, dass Generalfeldmarschall nur der Titel, Feldmarschall aber die Anrede sei –, »wir werden in der Bewertung der Vergangenheit in vielem nicht einer Meinung sein. Sie haben ganz sicherlich eine andere Meinung als ich, von dem Gewesenen und von der neuen Zeit. Aber lassen wir die Vergangenheit und die Gegenwart auf sich beruhen. Trinken wir gemeinsam auf das, was uns sicherlich verbindet – die Zukunft Deutschlands.« Milch war so verblüfft, dass er wortlos sein Glas leerte und auf seine Rede verzichtete.
Gelöst, fast heiter ging das Essen zu Ende, das Nicolaus v. Below vor allem mit der Schilderung eines anderen Essens bestritt, welches der Fürst Colonna in Rom aus Anlass der Hochzeit der Tochter Belows mit seinem, Colonnas, Sohn gegeben hatte. Niemand sei betreten gewesen oder habe es gar als anstößig empfunden, als er die Rede auf die beiden Führer brachte, den »Duce« und den »Führer«, dessen Adjutant Below ja gewesen war.
Bei der heiteren Stimmung im Breidenbacher Hof fiel ganz unter den Tisch, dass ich es kurz vorher abgelehnt hatte, Belows eigene Memoiren zu veröffentlichen, in denen er die Architektur seines Freundes Speer an die Seite derjenigen von Palladio und Schinkel gestellt hatte. Below, der kurz vor dem Ende von Hitler zum General be-

fördert worden war, war ein gewinnender Herr von großem Charme. Aber er lebte ganz in der alten Welt und für ihn hatte Hitler zwar unverzeihliche Fehler begangen, aber er war ein großer Mann gewesen.

Merkwürdigerweise kam das Werben um Großbritannien gerade in den letzten beiden Jahren vor dem Krieg auf seinen Höhepunkt und so mag die Pro-England-Demonstration der Abiturklassen gar nicht so sehr aus der Rolle gefallen sein. Auch der Schüleraustausch mit England war kurz vor dem Krieg fast eine Mode und er wurde von dem Regime auf alle mögliche Weise gefördert; viele Jungen in meiner Klasse erwarteten für dieses oder das nächste Jahr Austauschschüler aus England. Es ging eben manches durcheinander in den Jahren 1938 und 1939, die deutschen Überlegenheitsphantasien gegenüber den slawischen Nationen und die Nichtangriffspakte erst mit Polen und dann mit der Sowjetunion; die Verachtung der westlichen »Plutokratien« und das Werben um Frankreich und besonders um England.
Auch zu Hause bezogen damals Kathleen Haydorn aus London und Daniel Guilloinot aus Paris die Fremdenzimmer im Dachgeschoss, und Kathleen wurde bald eine vertraute Freundin meiner Schwester Gitty. Ihr Gegenbesuch in London für den Sommer 1940 kam allerdings nicht mehr zu Stande, Hitlers Einfall in Polen kam solchen Plänen in die Quere.

Die ersten Wochen der Gefangenschaft brachten viele neue Eindrücke und das betraf nicht nur das *corned beef*, den *bacon* und die *scones*, die wir damals kennen lernten. Sehr bald hielt sich die Solidarität der Engländer mit den deutschen Gefangenen erkennbar in Grenzen. Inzwischen waren die ersten Bildberichte von den deutschen Konzentrationslagern in der englischen Soldatenzeitung »Union Jack« erschienen, und von dem Gefühl ritterlicher Gegnerschaft war nicht viel geblieben.

Überhaupt änderte sich das Verhalten der Engländer den Deutschen gegenüber in diesem Sommer 1945 merkbar. Ich weiß nicht mehr, ob es noch in einem Lager in Italien oder schon in Ägypten war, als plötzlich bekannt gegeben wurde, dass wir ab sofort nicht mehr die – auf uns luxuriös wirkende – englische Verpflegungsration erhalten würden, die auf Grund der Haager Landkriegsordnung den wechselseitigen Kriegsgefangenen jeweils nach dem Muster der eigenen Truppe zustand. Unser Sprecher, den wir inzwischen auf Geheiß des englischen Lagerkommandanten gewählt hatten, brachte gegen diesen Verstoß der internationalen Regelung Protest vor. Aber der Colonel, von zwei Captains flankiert, blieb eisig und ließ sich auf keine Diskussion ein. Die Haager Ordnung gelte nur zwischen kriegführenden Nationen und sei auf uns nicht mehr anwendbar. Das Deutsche Reich habe zu existieren aufgehört, und Großbritannien betrachte sich daher als nicht mehr mit Deutschland im Krieg befindlich. Tatsächlich wurden von diesem Tag an die Rationen schlagartig herabgesetzt und zudem noch ganz offensichtlich alte englische Armeebestände aufgebraucht.

Nach einigen Wochen wurde ich, wohl noch immer gerade achtzehn Jahre alt und ein einfacher »Schütze« ohne jeden Dienstrang, zum Vertreter meines Lagers gewählt. Vielleicht hätte ich gleich Misstrauen haben sollen, dass das eine zweifelhafte Bevorzugung war. Tatsächlich sollte sich schon in den nächsten Tagen herausstellen, dass mit dieser Vertrauensstellung eigentlich nur Unannehmlichkeiten verbunden waren – sei es, dass die Kameraden mir auftrugen, bei der Lagerleitung Beschwerden vorzubringen, sei es, dass ich der Überbringer von unangenehmen Anordnungen des britischen Lagerkommandanten sein musste. Wahrscheinlich hatten die Erfahreneren die Wahl des Jüngsten und wohl auch Naivsten von ihnen arrangiert.

In diesen Tagen gingen auch in unserem Lager englische Zeitungen von Hand zu Hand, die Aufnahmen von Leichenbergen brachten, auf die man bei der Befreiung deutscher Konzentrationslager gestoßen war. Einige Gefangene deuteten an, dass sie von den Zuständen in Buchenwald oder Dachau schon gehört hätten, die meisten betrachteten die Photographien fassungslos und ungläubig und viele bezeichneten sie als Fälschungen, so etwas gebe es nicht. Auch fiel immer wieder das Stichwort Katyn. Russen und Deutsche beschuldigten sich schon seit 1943 gegenseitig, dort Tausende von polnischen Offizieren umgebracht zu haben. Dass Zehn-, sogar Hunderttausende in deutschen Lagern auf diese Weise ermordet worden seien, wurde für unmöglich erklärt. In den nächsten Jahren trat die wirkliche Zahl von Millionen ans Licht, aber da war ich schon in einem Lager in Benghasi.

Als Carl Jakob Burckhardt, der vor dem Krieg Völkerbundbeauftragter für die »Freie Stadt Danzig« gewesen war und jetzt als Präsident des »Internationalen Roten Kreuzes« amtierte, die deutschen Kriegsgefangenenlager inspizierte, erhob ich im Auftrag meines Camps vorsichtigen und angesichts der zahlreichen Delegation in seiner Begleitung eher zaghaften Protest gegen unsere Verpflegung. Die Erbsen- und Bohnensuppen, die wir jetzt täglich als Mittagsration erhielten, seien so voller Maden, dass mitunter mehr Maden als Bohnen auf dem Löffel seien. Burckhardt, ein eleganter, graumelierter Herr von etwa Mitte Fünfzig, der vor den ziemlich abgerissenen Kriegsgefangenen seine Soigniertheit herauskehrte, antwortete mit schneidender Ironie: »Dann haben Sie ja eine zusätzliche Fleischration. Das haben die Insassen Ihrer Lager nicht gehabt.« Damit wendete er sich ab und ließ mich stehen.

Dagegen war schwer etwas zu sagen und sein mit Verachtung gemischter Abscheu angesichts der ans Licht getretenen Zustände in den deutschen Lagern war begreiflich. Aber die deutsche Italienarmee hatte damit nun wirklich nichts zu schaffen, und wir selber hatten höchstens Gerüchte gehört, denen die meisten aber nicht glaubten und vielleicht auch nicht glauben wollten.

Das betraf allerdings nicht nur die Kriegsgefangenen und nicht nur die deutsche Bevölkerung, auf die in diesem Sommer 1945 Schreckensberichte geradezu hereinstürzten. Auch in England und Frankreich lösten die Nachrichten aus den Vernichtungslagern Maidanek, Sobibor und Auschwitz keinen wirklichen Schock aus, was heute schwer begreifbar anmutet. Noch im nächsten Jahr gab die inzwischen bekannt gewordene planmäßige, fast industrielle Vernichtung von fünf oder sechs Millionen im Osten keinen der Hauptanklagepunkte im Nürnberger Kriegsverbrecherprozess ab, obwohl doch die Eroberung der Vernichtungsstätten durch die Rote Armee schon länger als ein Jahr zurücklag.

Die Erschütterung angesichts des Unfassbaren sollte mit der Festnahme und Vernehmung Eichmanns durch die

Israelis kommen. Viel später noch brachte mein Verlag Goldhagens historisch umstrittenes Buch »Hitlers willige Vollstrecker« heraus und fast gleichzeitig erschien mit den Tagebüchern von Viktor Klemperer »Ich will Zeugnis ablegen bis zum letzten« der Bericht eines »Nichtariers«, der seine zwölfjährige Leidenszeit Tag für Tag protokolliert hatte. Beide Bücher wurden ein Welterfolg. Was steckte hinter diesem so langen Hinweggehen oder Hinwegsehen über das eigentlich doch längst Bekannte?
Merkwürdig bleibt, dass bei den Vätern und Söhnen der in das Geschehen selber Verwickelten das wirkliche Entsetzen über das Unfassbare ausblieb, obwohl doch auch damals bereits Filme wie »Nacht und Nebel« liefen, meist aber in wenig besuchten »Floh-Kinos«, weil niemand sie sehen wollte. Imke und ich gingen in Berlin in das »Universum« am Lehniner Platz, den berühmten Mendelsohn-Bau. Aber auch da war der Saal nicht einmal zur Hälfte gefüllt. Erst als die Judenvernichtung in dem Film »Holocaust« sentimentalisiert wurde, war sie ein Schock, auch für das deutsche Kinopublikum. Immer erreichen solche Themen das Publikum ja erst in popularisierter Form. Es bedurfte offensichtlich der Enkelgeneration, damit sich die Deutschen der Ereignisse bewusst wurden, die mit dem deutschen Namen für immer verknüpft sein werden. Aber sehr ähnlich war es ja auch in Frankreich, wo die massenhafte Kollaboration hinter der anfangs eher vereinzelten Résistance jahrzehntelang zugedeckt wurde.
Später erzählte mir Gerhard Heller, der Zensuroffizier im besetzten Paris gewesen war, wie sich die oft blendend aussehenden jungen Offiziere im Stab des »Wehrmachtsbefehlshabers« v. Stülpnagel in den ersten zwei Jahren

der Besetzung vor Einladungen in die Salons kaum retten konnten. Übrigens scheint Leutnant Heller seine Stellung genutzt zu haben, französische Schriftsteller und Verleger vor der SS und dem SD zu warnen. Jean-Paul Sartre und Gaston Gallimard haben ihn denn auch als ersten Deutschen nach dem Krieg in das befreite Paris eingeladen.

Wann empfinden Zeitgenossen, dass sie »eine große Zeit« erleben? Wann wird ihnen deutlich, dass sie wirklich Zeugen einer Zeitenwende sind? Hat man empfunden, dass mit der Erstürmung der seit langem schon leerstehenden Bastille etwas Neues begann, das *Ancien régime* unwiderruflich endete? Dass die Revolution der Menschewiki und der Putsch der Bolschewiki auf den Straßen St. Petersburgs das 19. Jahrhundert endgültig abschloss? Der diagnostische Rang der Literatur beginnt erst nach zwei, oft sogar erst nach drei Generationen. Die Geschichtsschreibung wie die Epik scheinen sich des Gewesenen erst zu bemächtigen, nachdem die Eule der Minerva lange schon verschwunden ist, ob das die Dichtungen über den Trojanischen, den Dreißigjährigen und den Napoleonischen Krieg sind, Homer, Grimmelshausen oder Tolstoi. Vielleicht ist der Abstand zweier Generationen vom Holocaust ein eher kurzer Zeitraum für die seelische Bewältigung so ungeheuren Geschehens.

Zwei oder drei Jahrzehnte nach dem Krieg kam übrigens Burckhardts eigene Stellung im Dritten Reich ins Zwielicht. Die Aufgeräumtheit des Ehrengastes bei Görings Festen in der absurden Welt von Karinhall stand jedenfalls in deutlichem Kontrast zu der prononcierten Distanz zu allem Deutschen, die er beim Besuch der deutschen Kriegsgefangenen so demonstrativ herauskehrte.

Irgendwann ging es weiter nach Süden, wieder mit Lastwagen, die erneut von Schwarzen gefahren wurden. Wie lange werden wir für die wenigen hundert Kilometer zwischen Ancona und Tarent oder Brindisi gebraucht haben? Das ist mir entschwunden, ich weiß nicht einmal, ob und wie oft wir Station gemacht haben. Aber die Fahrt, wieder auf dem Dach des Fahrerhauses, ist mir in ihrer wie befreiten Heiterkeit in Erinnerung. Der Krieg lag hinter uns, der Süden verführte uns, und die Hitze, es muss inzwischen Juli gewesen sein, war nicht drückend, denn der Fahrtwind brachte Kühle.

Es war noch das alte Italien, das ich in diesen Monaten des zu Ende gehenden Krieges und während meiner Fahrt in die Gefangenschaft erlebte. Ich saß also auf meinem Fahrerhaus auf dem »Truck« des Konvois von Militärlastwagen und erlebte ein sehr bald schon vor dem Anbruch der Moderne vergehendes Land. Der Weg führte, vor allem als wir die Küste verlassen hatten, fast nur über staubige Nebenstraßen, aber auch die Hauptstraßen sahen nicht viel anders aus. Es waren schmale, gewundene Wege von gestampftem Lehm, die noch durch die Dörfer und Kleinstädte hindurchführten und die so sandig waren, dass unsere Wagen in der Mittagshitze eine lange Staubfahne hinter sich herzogen.

Die ersten italienischen Autobahnen wurden erst in den fünfziger, zumeist in den sechziger Jahren gebaut. In den siebziger Jahren war die Autobahn von Neapel über Reggio di Calabria und dann von Messina nach Catania gerade fertig gestellt, und als wir sie zum ersten Mal auf dem Wege nach Taormina benutzten, begegneten wir keinem einzigen anderen Wagen, so dass wir schon zweifelten, ob wir auf der richtigen Route nach Sizilien seien.

Als Imke und ich 1955 zu einer Tagung des »Kongresses für kulturelle Freiheit« zum ersten Mal nach Mailand fuhren, gab es nur die jahrhundertealte kurvenreiche Straße entlang der Eisack, die schon Albrecht Dürer benutzt und von der aus er Schloss Branzoll gemalt hatte. Sein Aquarell ist im Lauf der Jahrhunderte verschollen, aber das Bild ist in einer Radierung erhalten, der Dürer den Titel »Das große Glück« gegeben hat. Damals führten die Straßen meist über die Hügelketten, wie sie vor Jahrhunderten angelegt worden waren. Denn unten in den feuchten, zuweilen sumpfigen Tälern hatte in alten Zeiten das Fieber gewütet, und so waren die Straßen oben auf den Hügelkämmen gebaut worden, wo man die trockene Sicherheit der Gipfel gewann. Noch heute geht ja nur die Autobahn von Florenz nach Rom in der Ebene des Arno und des Tiber. Sobald man sie verlässt und über die kleinen Landstädte im Landesinneren fährt, bewegt man sich auf den Höhen des Apennin und also in der alten Welt.

Das Italien Mussolinis redete zwar ständig von der Modernität, aber es lebte noch ganz in der Welt vor dem Anbruch des Neuen. Als ich später Filme wie »Die Fahrraddiebe« oder »Don Camillo und Peppone« sah, fühlte ich mich in diese Fahrt in die Gefangenschaft versetzt, wo vom Anbruch der Zivilisation wenig zu spüren gewesen war. Nur Dörfer und Kleinstädte unterbrachen die Einsamkeit, die alle in jenem abblätternden und verblichenen Rosa gehalten waren, das die Farbe aller Bauten im Süden zu sein scheint. Nur sehr selten waren neue Gebäude zu sehen, der faschistische Staat brachte sich mit Kasernen oder neuen Wohnblöcken kaum zur Erscheinung. Als ich Imke einige Jahre später *mein* Italien zeigen wollte, war es noch immer wenig verändert.

Es mag sein, dass die Erinnerung mein Erleben verklärt, aber mein Italieneindruck war nicht nur der einer zusammenbrechenden Diktatur, er gab zugleich das Bild einer zeitenthobenen Welt. War dieses Italien wirklich so sehr verschieden von dem Land, das alle Italienreisenden seit je verzaubert hatte?

Lange Zeit führte die Straße am Saum des wenig bewegten Meeres entlang, bevor sie sich in die Hügelketten schraubte und wir die Küste nur noch selten zu Gesicht bekamen. Aber einmal führte der Abschnitt, den sie direkt am Strand entlang lief, an Tausenden von Fahrzeugen – Panzern, Schützenpanzerwagen, Jeeps und Lastwagen – vorbei, die gar nicht zum Einsatz gekommen waren. Die Materialfülle der Alliierten war schon seit langem überwältigend gewesen. Wir in der 26. Panzergrenadierdivision hatten es rot im Kalender angestrichen, wenn die Division zwei oder drei Schützenpanzerwagen als Ersatz erhielt, wobei es sich meist um notdürftig wieder instandgesetzte Fahrzeuge oder aber um italienische Beutewagen handelte. Aber auch für sie hatten wir zumeist keinen Sprit, so dass sie irgendwo hinter einem Schober verborgen wurden.
Nun wurde uns die unerschöpfliche Überlegenheit der Engländer und Amerikaner optisch geradezu greifbar, die ihren Nachschub seit langem schon gar nicht mehr einzusetzen brauchten. Der Anblick des ungenutzten Materials am Strand, an dem wir eine gute Viertelstunde vorbeifuhren, wirkte überwältigend. So also sah es aus, wenn das kleine Deutschland, das sich »Großdeutsches Reich« nannte, zwei wirkliche Weltmächte herausforderte; die dritte Großmacht im Osten, von der man

damals noch nicht als »Supermacht« sprach, gar nicht gerechnet.

Mit unseren Bewachern kamen wir im Lauf der Zeit auf den besten Fuß. Dazu hatte ein reger Tauschverkehr beigetragen, denn es stellte sich bald heraus, dass sie auf nichts so versessen waren wie auf Souvenirs ihrer deutschen Gefangenen. Verlobungs- und Eheringe standen besonders hoch im Kurs, und zu meiner Überraschung trennten sich die Gefangenen im allgemeinen sehr leicht davon. Aber Photos von deutschen Landsern mit ihren Frauen oder Freundinnen waren am meisten begehrt, vor allem, wenn sich auf der Rückseite die handschriftliche Widmung fand: »To my dear friend Tom Mobuto« oder Ähnliches. Eines dieser Bilder erzielte den Höchstpreis: Ein Unteroffizier hatte in seiner Brieftasche ein Photo seiner Kriegstrauung gehabt, er selber in Ausgehuniform und seine Verlobte ganz in Weiß mit Brautschleier. Kein Ehering und kein sonstiges Souvenir kamen dagegen an. Alle beneideten den Glücklichen, als sie die Mengen von *bacon* in Büchsen, die Stangen von Winston-Zigaretten und Cadbury-Schokoladentafeln sahen, die dafür in seinen Besitz wechselten.
Ich fühlte mich benachteiligt. Gerade vor wenigen Monaten achtzehn geworden, hatte ich weder einen Verlobungsring vorzuweisen noch das Photo eines blonden Mädchens, das einen weitaus höheren Handelswert als das einer Dunkel- oder gar Schwarzhaarigen gehabt hätte. Deprimiert saß ich auf meinem Fahrerhaus. Plötzlich kam mir ein Einfall, der alles zum Guten wendete. Ich fragte ins Fahrerhaus hinunter, ob man denn das Kinderspiel kenne, bei dem man einander gegenübersitzt

und sich kreuzweise abwechselnd auf die Handflächen schlägt. Die beiden Soldaten verstanden die Frage zunächst gar nicht. Als ich jedoch den Beifahrer zu mir auf das Dach winkte und ihm das Spiel vorführte, begriff er sehr schnell. Es muss ein merkwürdiges Bild gewesen sein: Ein achtzehnjähriger deutscher Gefangener und sein vielleicht dreißigjähriger baumlanger schwarzer Bewacher spielten unermüdlich ein altes deutsches Kinderspiel, sich gegenseitig in die Hände klatschend.
Ungeahnte Mengen von weiß-blauen Packungen Navy Cut, Libby's und *canned fruit* gingen in meinen Besitz über. Meine Hände röteten sich allmählich, denn nach einem Zwischenhalt kletterte auch der Fahrer auf das Dach, um das merkwürdige deutsche Spiel zu spielen, das unsere freundlichen Wachen wohl für einen deutschen Nationalsport angesehen haben. Schließlich kapitulierte ich meiner brennenden Hände wegen.
Das war mein erstes Erlebnis mit Afrikanern, die für uns damals natürlich »Neger« waren – freundliche Menschen, immer zu Späßen aufgelegt, sehr harmlos und von einer sympathischen Naivität.

Der Soldat wie der Gefangene kennen das Ziel nicht, wohin ihr Weg sie führt. Vor einem Dreivierteljahr hatten wir nicht gewusst, ob der Transport von Salzwedel an die Ostfront oder nach Italien ging. Jetzt sahen wir nur am Verlauf der Küste, dass es weiter nach Süden ging, offensichtlich nach dem östlichen Teil des Stiefels, an dessen westlichem Rand so legendenumwobene Orte wie Positano, Sorrent oder Amalfi lagen, wo meine Eltern und Großeltern mitunter Urlaub gemacht hatten. Unsere freundlichen Schwarzen schienen ihr Ziel selber nicht zu

Das Lager in der Ebene vor Brindisi habe ich in trostloser Erinnerung. Die Pfosten der Zelte waren in den nackten Boden eingeschlagen, und oft gingen Sandstürme und Windhosen über uns hinweg.

kennen, und gemeinsam rätselten wir, was wohl unser Bestimmungsort sei.

Der Name der Hafenstadt Brindisi, wo wir dann Wochen in einem trostlosen wüstenähnlichen Lager auf der nackten Erde liegen sollten, sagte mir überhaupt nichts. Wenn man mir gar von »Großgriechenland« gesprochen hätte, so hätte ich vermutlich verständnislos geblickt. Ich hatte keine Ahnung, dass damit die einstigen griechischen Siedlungen in Sizilien und in Süditalien gemeint waren. Später sollte mich diese Welt so faszinieren, dass ich immer wieder zusammen mit Joachim Fest nach Süden fuhr, wenn auch nicht mehr dabei herauskam als ein Staunen vor den Trümmern von Syrakus, Agrigent, Selinunt oder Paestum. Überwältigt nahmen wir dann die Reste dieser einst mächtigen Städte der griechischen Welt in Augenschein, die hier, weit von dem griechischen Mut-

terland entfernt, unzählige Kolonien hatten und sich übrigens gegenseitig blutig bekämpften, wobei die Besiegten oft genug in die Sklaverei verkauft wurden.
Jahrzehnte später schrieb Joachim Fest seine »Italienische Reise«, die wir oft genug zusammen unternommen hatten. Auch die entlegensten Orte jenes Küstenstreifens zogen uns an, die ein halbes Jahrtausend lang so tief vom Griechischen durchdrungen waren, dass noch heute in einzelnen Bergdörfern nicht Italienisch, sondern Griechisch gesprochen wird. Aber aus der Gemeinsamkeit des Schreibens wurde nichts, das Welterleben war zu verschieden, Fest schrieb auch in Zukunft seine Bücher allein und ich die meinen. Wir sahen zwar dieselben Tempel, aber wir fühlten auf verschiedene Weise.
Damals brachten mich die griechischen Dörfer auf italienischem Boden zu dem gewagten und historisch vielleicht unerlaubten Vergleich mit jenen Siedlungen im Grenzgebiet Indiens, dessen großgewachsene und oft auch blonde Bevölkerung die Forschungsreisenden seit je zu der Vermutung geführt hat, es handle sich um die Nachkommen vom Zug Alexanders des Großen nach Indien. Von alldem wusste ich damals nichts, und es hätte mich auch nicht sonderlich interessiert. Fünf Jahre später aber sollten mich Bücher wie Franz Altheims »Alexander und Asien« und W. W. Tarns »The Greeks in Bactria and India« so in ihren Bann ziehen, dass ich eine Zeit lang ernsthaft mit dem Gedanken spielte, die Alte Geschichte zur Hauptsache meines Studiums zu machen.

Vom Süden Italiens hatte ich nur blasse Vorstellungen. In Neapel war mein Urgroßvater Stahr auf der Rückreise von Ägypten gestorben, wo er monatelang eine Besserung seines Lungenleidens gesucht hatte. Seine ganze Familie war bei ihm gewesen, und seine Tochter, meine so oft erwähnte Großmutter, hatte hier jenen jungen preußischen Offizier kennen gelernt, meinen Großvater, der am dritten Tag des Ersten Weltkrieges als Regimentskommandeur an der russischen Front fiel.

Dann kannte ich den Namen der Hafenstadt Tarent. Hier war schon in der Antike jahrhundertelang ein natürlicher Hafen gewesen, den Mussolini dann zu einem modernen Kriegshafen ausgebaut hatte. Tarent sollte so etwas wie die Bastion Italiens im Mittelmeer sein, ein Gegenstück zu den britischen Festungen Gibraltar und Malta, die eine für Italiens Selbstgefühl unerträgliche Sperre auf dem Weg nach Nordafrika waren. Mit dem Kriegshafen Tarent sollte eine Brücke zu den italienischen Kolonien in Nordafrika freigehalten werden, wo das glanzvolle Tripolis mit seiner palmengesäumten Avenue entlang des Meeres lag.

Als Junge war mir Tripolis vor allem des Automobilrennens wegen ein Begriff, wo Jahr für Jahr Mercedes, Auto Union, Alfa Romeo und Maserati um den Großen Preis kämpften. Marschall Italo Balbo, Mussolinis Gefährte seit seinem »Marsch auf Rom«, führte hier die alljährliche malerische Parade auf einem Schimmel an. Der immer etwas operettenhafte Balbo hatte damals so etwas wie ein italienisches Gegenstück zu Englands Vizekönig von Indien sein wollen, war dann aber in den Staatsstreich verwickelt, bei dem der faschistische »Großrat« Mussolini die Gefolgschaft verweigert hatte, da der das Land in die Katastrophe zu führen schien. Wie dramatisch die Situation in diesen Tagen gewesen sein muss, zeigt sich schon daran, dass alle Mitglieder des Gremiums mit Pistolen

und Handgranaten zu der entscheidenden Sitzung gegangen waren, um gegen einen Handstreich der Wache des Duce gewappnet zu sein.
Als die Deutschen den Staatsstreich niedergeschlagen hatten, waren einige Mitglieder des »Großrates« wie Mussolinis Schwiegersohn Graf Ciano und der alte Marschall de Bono standrechtlich erschossen worden, andere waren untergetaucht und Einzelnen wie Dino Grandi war die Flucht zu den Alliierten gelungen. Bei der Exekution des achtzigjährigen Marschalls hatte sich eine groteske und ergreifende Szene abgespielt. Es war früh am Morgen und regnerisches Wetter herrschte, aber infolge der langatmigen Verlesung des Urteils und des redseligen Zuspruchs durch den Priester zog sich die Erschießungsprozedur unendlich in die Länge. Endlich herrschte der alte Marschall sein Erschießungskommando an: »Kommen Sie endlich zur Sache! Denken Sie, ich will mich noch erkälten?«
Bei den alten Gefolgsleuten Mussolinis handelte es sich offensichtlich um Männer, die aus eigenem Recht lebten und denen das Land über die Partei ging, weshalb sie zur Revolte bereit gewesen waren. Was für andere Figuren als die Himmlers, Streichers, Leys und Sauckels, die ein so klägliches Ende fanden.

Auf der Reede von Tarent, Ankerplatz der italienischen Kriegsflotte, war eines Tages am helllichten Morgen der Stolz Italiens von britischen Torpedoflugzeugen zusammengeschossen worden. Schlachtschiff nach Schlachtschiff versank in den Fluten, nur zwei Schiffe überdauerten den Krieg kampfunfähig im Schutz der Küstenbatterien. Damit gab es nicht nur das Symbol des modernen

Italien nicht mehr, sondern auch die deutsche Position im Mittelmeer war empfindlich geschwächt. In der Wüste Afrikas lieferten sich ja inzwischen die Briten und die Deutschen erbitterte Panzerschlachten. Der deutsche Nachschub an Treibstoff, Panzern und Munition erreichte jetzt nur zu immer geringeren Teilen Rommels Afrikakorps.

Das Debakel vor Tarent, das für die Deutschen ein Gegenstand des Spotts gewesen war, hat das italienische Selbstgefühl noch nach Jahrzehnten getroffen. Als ich mit meinem italienischen Freund, dem Mailänder Kunsthändler Luigi Toninelli, darauf zu sprechen kam, war er sichtlich irritiert. Obwohl er doch aus einer Familie kam, die stets in Distanz zum Regime gelebt hatte, war für ihn diese einseitige Seeschlacht – einseitig, weil die britische Flotte die italienischen Schlachtschiffe aus sicherer Entfernung zusammengeschossen hatte, ohne dass diese überhaupt zur Gegenwehr gekommen waren – noch nach Jahrzehnten eine Schmach. Auch hätten sich die englischen Schiffe der neuen Technik des Radars bedient, so dass sie schon hinter dem Horizont das Feuer eröffnen konnten, während die italienische Flotte alles blind über sich ergehen lassen musste.

Noch ein Vierteljahrhundert nach dem Krieg konnten die Italiener es nicht hinnehmen, dass die »Cavour« und die anderen Schlachtschiffe unehrenhaft gekämpft hätten. Es war ein Kreis von Christlich-Sozialen, Liberalen, Sozialisten und Kommunisten, der Ende der sechziger oder Anfang der siebziger Jahre in einer kleinen Trattoria in Trastevere auf Einladung Renato Guttusos zusammensaß, der ja dem Zentralkomitee des Partito communista angehörte. Alle waren einer Meinung, auch der sardische

Conte Berlinguer, der gerade Generalsekretär der Kommunistischen Partei geworden war. Die Ehre Italiens ging ihnen über alles.

Bei der deutschen Generalität und auch im »Führerhauptquartier« sank das Prestige des italienischen Achsenpartners, das schon seit dem Debakel des Krieges gegen das kleine Griechenland angeschlagen war, immer weiter. Inzwischen war eine italienische Kolonie nach der anderen verloren gegangen, erst Eritrea, danach das gerade eroberte Kaiserreich Abessinien – von Äthiopien sprach damals noch niemand –, dann Libyen und schließlich Tripolitanien. Das waren damals Begriffe, die jeder im Munde führte und von denen man so viel sprach wie heute von Bosnien oder dem Kosovo. Freundlicher Spott, wenn nicht bissiger Hohn prägte die Haltung auch des einfachen Landsers gegenüber dem italienischen Bundesgenossen, den meine Mitgefangenen herablassend nur »Maccaronis« nannten. Während der Kämpfe in der Nähe Faenzas war in unserer Einheit davon die Rede gewesen, dass die italienische Armee mehr Marschälle und Generäle besitze als kampfbereite Einheiten. Was mich anlangte, so hatte ich in den Schlachten der letzten Monate tatsächlich nicht einen einzigen italienischen Soldaten in der vordersten Linie zu Gesicht bekommen.

Die deutsch-italienische »Achse«, die der »Führer« und der »Duce« 1937 im Berliner Olympiastadion noch feierlich beschworen hatten, existierte schon fünf Jahre später nicht mehr. Italien, auf das Hitler als Bündnispartner so großen Wert gelegt hatte, war nur noch eine Belastung. In seinem »Testament«, das er wenige Wochen vor seinem Selbstmord im Bunker der Reichskanzlei diktierte, nannte Hitler die Treue zu seinem Freund Mussolini seinen größten Fehler. Immer sei seine Milde sein Verhängnis gewesen.

Irgendwann erreichten wir Brindisi, wo in der Nähe ein Zeltlager für wohl zehntausend Gefangene errichtet worden war. Es war drückend heiß, ein vorweggenommenes Afrika, eine wüstenähnliche Landschaft, auf der mannshohe Kakteen das einzige Grün waren. Pinien und Zypressen hatte es schon die letzten paar hundert Kilometer der Fahrt nicht mehr gegeben, wie sie ja überhaupt eher Mittel- als Süditalien charakterisieren. Mir waren sie immer das eigentliche Italien und sind es im Grunde auch noch heute, und eben deshalb ist mir die Toskana ein gesteigertes Italien.
In der Familie hatte man immer das Spottwort des Vorfahren Gottfried Schadow zitiert, der an Pinien und Zypressen nichts Besonderes fand: »Das sind ja nur zugeklappte und aufgeklappte Regenschirme.« Obwohl Schadow als Vorfahr eine Art Familienheiliger war, den auch ich bei jeder Gelegenheit ins Feld zu führen liebe, war ich in diesem Punkt ganz anderer Meinung. War Schadow eben auch darin ein typischer Märker, dass ihm der Süden nicht wirklich lag? Seine Lehrjahre hatte er im Norden und Osten gehabt, in Stockholm und in St. Petersburg. Aber dem steht entgegen, dass es gerade die Märker immer nach Italien gezogen hat, von Goethes geliebtem Hackert aus Prenzlau über Schinkel aus Neuruppin, Schadow aus Saalow, Rauch aus der Prignitz, Blechen aus Cottbus bis zu den Humboldts aus der Neumark. Keine andere Landschaft des alten Deutschland ist so italienverfallen gewesen wie gerade die Mark. So ist der trockene Spott Schadows wohl doch eher eine Abwehr

des romantischen Gefühlsüberschwangs, dem jede Vase eine Erinnerung an antike Urnen ist.

Auf mich jedenfalls machte das Lager bei Brindisi den trostlosesten Eindruck. Dazu mag beigetragen haben, dass in diesem Spätsommer eine Windhose nach der anderen über das Camp hinwegging, wobei man den staubigen Trichter schon von weitem auf sich zukommen sah und ihm doch nicht ausweichen konnte, bis er die Zelte aus ihren Verankerungen riss und die wenigen Habseligkeiten der Gefangenen mit sich nahm.
Die trockene Hitze steigerte sich in diesen Wochen immer mehr, und vielleicht ist Brindisi mir auch deshalb in Erinnerung, weil es hier eigentlich das einzige Mal war, dass ich bösartige und vielleicht sogar hasserfüllte Engländer erlebte. Im Lager gab es keine Wasserleitungen, da es offensichtlich improvisiert worden war. So brachten jeden Morgen Tankwagen Wasser, das dann für die Feldküchen, das Trinken und das Waschen reichen musste. Eines Tages verspäteten sich die Tankwagen bis in den Mittag hinein, und Hunderte von Gefangenen erwarteten wie ausgetrocknet die Erfrischung, die aber nach der langen Fahrt in den Kesselwagen lauwarm war. Endlich kam an diesem Tag die Kolonne und hielt vor dem Stacheldraht. Ein rothaariger Sergeant genoss den Anblick der sich Drängenden. Schließlich öffnete er alle Hähne und ließ das Wasser drei Meter vor dem Stacheldraht in den Wüstensand laufen: »Herrenmenschen brauchen kein Wasser.«
Das war ein Einzelfall, gewiss, aber das Vorkommnis ist mir über die Jahrzehnte hinweg im Gedächtnis geblieben. Und vielleicht hat es damals zu dem Entschluss ge-

führt, mich freiwillig zu einen Transport nach Afrika zu melden, um möglichst bald Brindisi hinter mir zu lassen. Es scheint der letzte Transport gewesen zu sein, der aus Italien nach Afrika ging; schon im Herbst 1945 wurde die Verschickung in die Kriegsgefangenenlager nach Ägypten und nach Tripolitanien eingestellt. Einige Wochen später begannen die Engländer mit der Entlassung ihrer Gefangenen nach Deutschland und zumeist fanden sie auf ausgedienten Truppentransportern statt. Die Schiffe nahmen den kürzesten Weg über die Adria und steuerten den nördlichsten Hafen Italiens an, mein altes Triest. Von dort nahmen die meisten Transporte die alte Eisenbahnroute der k. u. k. Monarchie über den Semmering nach Wien und von dort nach Bayern.
Ich hatte mich voreilig nach Afrika gemeldet und bezahlte diese Bereitschaft mit zweieinhalb Jahren in der Wüste. Aber meine Eltern bedauerten mich nicht, sondern beneideten mich nahezu. Doch lag eine alles in allem faszinierende Zeit vor mir. Sehr bald schon sollte ich mit jungen englischen Offizieren im Mittelmeer segeln, Fahrten im eigenen Jeep von Ägypten über Tobruk nach Tripolis machen und die meisten Städte der nordafrikanischen Küste erleben. Die Verpflegung war nach den ersten Monaten gut, fast allzu reichlich, denn mitunter schlug ich mir ein halbes Dutzend Spiegeleier in die Pfanne und schwamm nach dem Vormittag ausgiebig im Meer.
Irgendwann, es muss 1946 oder 1947 gewesen sein, schrieb ich meinen Eltern, dass ich mich nach dem Haus in Dahlem sehnte, denn ich sei zwar gut versorgt, gäbe aber viel dafür, wenn ich endlich wieder einmal von Porzellan essen könnte. Zu Hause hingegen fror und hungerte man

und röstete sich auf einem Kanonenofen die wenigen Scheiben trockenes Brot, auf die man irgendeinen Ersatz-Brotaufstrich schmierte. Der Brief des Sohnes stieß auf einiges Unverständnis. Aber ich war eben inzwischen neunzehn Jahre und sehnte mich aus dem Leben in ständig wechselnden Camps in das elterliche Haus. Wie es dort aussah, konnte ich mir konkret nicht vorstellen, weil die Briefe aus Berlin alles in gedämpftem Ton schilderten, vielleicht, weil man den Sohn in der Ferne nicht deprimieren wollte.

Inzwischen war es schon Spätsommer geworden. In Brindisi war allmählich die Hoffnung gesunken, dass die Kriegsgefangenen bald nach Deutschland entlassen werden würden. Von den Lagern in Afrika gingen aber Wundergeschichten um. Sie seien noch aus der Zeit der Panzerschlachten in der Wüste und von den Briten geradezu luxuriös ausgebaut worden, Fußballplätze für die Mannschaften und für die Offiziere sogar Tennisplätze. Da die Camps direkt an der Küste lägen, hätten die Gefangenen die Möglichkeit, im Mittelmeer zu schwimmen. Das kam uns nicht unglaubwürdig vor, der Wüstenkrieg zwischen Engländern und Deutschen war ja tatsächlich ein »ritterlicher« Kampf gewesen, wo jedermann die Gefangenen der anderen Seite »gentlemanlike« behandelte.

In den Erzählungen nahmen die nordafrikanischen Gefangenenlager jedenfalls den Charakter eines Paradieses an. So drängten sich alle, als eines Tages eine Kommission die Frage stellte, wer bereit sei, freiwillig nach Ägypten zu gehen. Wenn die Engländer an die Repatriierung der Kriegsgefangenen gingen, dachten wir, würden sie keinen Unterschied zwischen den Lagern in Süditalien und denen in Nordafrika machen. Tatsächlich kamen

aber die einen noch im selben Jahr zurück, die anderen sollten noch jahrelang auf die Heimkehr warten.
Also meldeten wir uns, und nach anderthalb Wochen schon wurden wir auf einen alten Truppentransporter eingeschifft. Bald sahen wir die öden Hafenanlagen von Brindisi im staubigen Dunst hinter uns verschwinden. Während eine erfrischende Brise vom Meer kam, begann die Fahrt in das gelobte Land.

Die Stunde Null

Es war jetzt vier Monate her, dass ich nichts von zu Hause gehört hatte. Der letzte Feldpostbrief war Anfang April eingetroffen und dann war alle Verbindung abgerissen. Übrigens hatte der Brief Brandspuren gezeigt, also war der Zug wohl irgendwo in einen Angriff geraten. Noch in Deutschland oder schon in Italien, wo ja alle Züge zum östlichen Frontabschnitt am Po über Mailand liefen, das in den Wochen vor der letzten Offensive der Engländer als Verkehrsknotenpunkt heftig bombardiert worden war?

Inzwischen war Berlin von den Russen erobert worden, aber im Juli hatten die Sowjets die westlichen Stadtteile an die Amerikaner, Engländer und Franzosen übergeben. So viel hatten wir den englischen Zeitungen entnommen, die uns hin und wieder vor Augen kamen. Aber ob Wannsee, Grunewald, Zehlendorf und damit auch Dahlem an die Engländer oder an die Amerikaner gefallen waren, ließ sich nicht in Erfahrung bringen.

Auch in Berlin hatte man seit dem April keine Nachricht mehr von mir, und noch immer gab es keine Möglichkeit, ein Lebenszeichen nach Berlin zu schicken. Gitty war mit ihrer Dienststelle in der »Biologischen Reichsanstalt zur Bodenforschung« in Dahlem schon 1943, als der Bombenkrieg immer stärker auch die Reichshauptstadt erreichte, nach Hannoversch-Münden »verlagert« worden. Meine Eltern aber hatten die Einschließung in der Stadt erlebt, und ihr letzter Brief, der mich im Lazarett in Dolo erreichte, hatte von ihrem Entschluss berichtet, das Kommende in Berlin durchzustehen.

Mein Vater war wie immer pessimistisch, als nach der Kapitulation monatelang keine Nachricht aus Italien kam. Von Bekannten hatte er gehört, dass die letzten Schlachten am Po sehr erbittert gewesen seien, und als das Frühjahr ging und der Sommer kam und dann auch der Sommer dahingegangen und der Herbst gekommen war, gab er die Hoffnung auf. Meine Mutter, die im allgemeinen nichts von Astrologie hielt, wandte sich in letzter Verzweiflung an einen niederländischen Astrologen namens Hoogervort, dessen Kunst in der Zeit der Unsicherheit Konjunktur hatte. Es ging die Rede, dass der Astrologe höchsten SS-Chargen, ja sogar Himmler selber mit seiner Weisheit zu Rate gegangen sei. Hoogervort hatte es vielleicht auch deshalb als Holländer vorgezogen, in dem zerschossenen Berlin zu bleiben, statt in seine von den Deutschen inzwischen befreite Heimat zurückzukehren.

Meine Mutter soll bei aller Skepsis merkwürdig erleichtert und sogar zuversichtlich zurückgekommen sein, obwohl sie doch an die Weisheit der Sterne nicht glaubte. Aber Hoogervort hatte ihr ohne Zögern versichert, ihr Sohn sei am Leben, ihm gehe es gut, viel besser sogar als ihr selber, und es werde nicht mehr lange dauern, bis sie eine Nachricht von ihm erhalte. Mein Vater nahm das als das, was es war, als bloße Sternguckerei, und ließ sich in seiner Düsternis nicht beirren.

Es dauerte ziemlich genau noch fast ein Jahr, bis meine

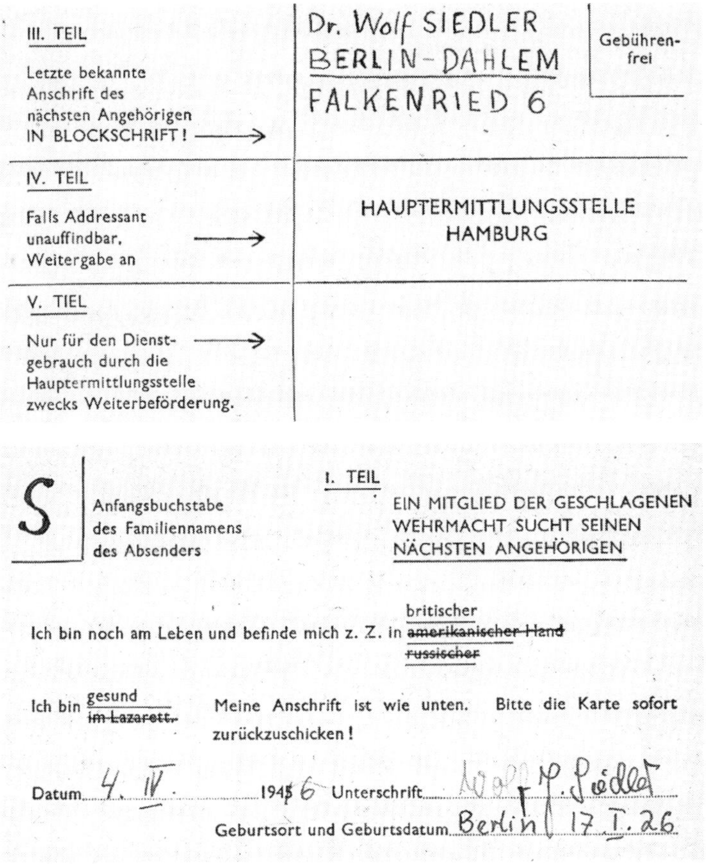

III. TEIL

Letzte bekannte Anschrift des nächsten Angehörigen IN BLOCKSCHRIFT! →

Dr. Wolf SIEDLER
BERLIN-DAHLEM
FALKENRIED 6

Gebühren-frei

IV. TEIL

Falls Addressant unauffindbar, Weitergabe an →

HAUPTERMITTLUNGSSTELLE
HAMBURG

V. TIEL

Nur für den Dienstgebrauch durch die Hauptermittlungsstelle zwecks Weiterbeförderung. →

S — Anfangsbuchstabe des Familiennamens des Absenders

I. TEIL

EIN MITGLIED DER GESCHLAGENEN WEHRMACHT SUCHT SEINEN NÄCHSTEN ANGEHÖRIGEN

Ich bin noch am Leben und befinde mich z. Z. in britischer ~~amerikanischer~~ Hand ~~russischer~~

Ich bin gesund ~~im Lazarett.~~ Meine Anschrift ist wie unten. Bitte die Karte sofort zurückzuschicken!

Datum 4. IV. 194~~5~~6 Unterschrift Wolf J. Siedler

Geburtsort und Geburtsdatum Berlin 17. I. 26

Weshalb uns die englischen Behörden erst nach mehr als einem Jahr, im Sommer 1946, gestatteten, das erste Lebenszeichen nach Berlin zu schicken, konnte mir auch keiner der britischen Hochkommissare und Botschafter erklären, mit denen ich später auf dem besten Fuß stand.

Eltern die vorgedruckte Karte in den Händen hatten, die ich an meine Schwester nach Hannoversch-Münden geschickt hatte. Der Verbindung in das russische Besatzungsgebiet, wozu ja auch Berlin gehörte, hatte ich offensichtlich misstraut. Auf einem packpapierartigen bräunlichen Karton wurde mitgeteilt, dass der Absender – »ein Mitglied der geschlagenen Wehrmacht« – seine Angehörigen informiere, er befinde sich in englischem Gewahrsam und sei als *prisoner of war* unter der Nummer ME (Middle East) 212582, Central P.O.W., Postal Section M.E.F. registriert. Wo ich mich aber in Gefangenschaft befand, noch in Italien oder in Großbritannien, ging aus der Nachricht nicht hervor, und auf Nordafrika, das ja schon seit zwei Jahren nicht mehr Kriegsschauplatz war, kam zu Hause natürlich niemand.

Die Formulierung von der »geschlagenen Wehrmacht« stammte offensichtlich von einem psychologischen Advisor des Londoner War Office. Vermutlich war er seinerseits von deutschen Emigranten beraten worden, die nur allzu deutlich noch in Erinnerung hatten, wie nach dem Ersten Weltkrieg der Mythos »im Felde unbesiegt« die ganze Weimarer Republik vergiftet hatte. Angesichts des völlig zertrümmerten und besetzten Landes war das natürlich ein überflüssiger, fast absurder Satz, aber niemand in der Heimat nahm Anstoß daran.

Es war wohl einer der wenigen glücklichen Momente zu Hause in diesen trostlosen Monaten des hungernden und frierenden März 1946, als man nach genau einem Jahr auf dem Umweg über Gitty endlich die Nachricht in Händen hielt, dass der Sohn lebe. Ob meine Eltern gefeiert haben? Anlass dazu wäre gewesen, und sie werden wohl in ihrem Notquartier zusammengesessen haben, und vermutlich hat ihnen die amerikanische Einquartierung zwei Gläser Whisky in die Küche geschickt, damit das Ereignis ein wenig aus dem tristen Alltag herausfalle. Bald kamen Briefe aus allen Himmelsrichtungen, denn meine Mutter hatte natürlich allen Verwandten und Bekannten die erlösende Nachricht sofort weitergegeben.

Darunter war auch der Brief eines Jugendfreundes meines Vaters, des ehemaligen Kavallerieoffiziers aus dem Ersten Weltkrieg Hans Drache, der sich nach dem Ersten Weltkrieg als Rennreiter durchgeschlagen hatte und zuletzt von meinem Vater in seinem Büro am Kurfürstendamm über Wasser gehalten worden war. Ende des Krieges hatte es Draches, die dem ständigen Alarm in Berlin entgehen wollten, gerade nach Dresden verschlagen – rechtzeitig zu den Bombennächten. Nun nahmen sie Teil an der Erleichterung meiner Eltern, vor allem aber berichteten sie von dem eigenen Leben in der ausgeglühten Ruinenstadt.

Draches erzählten, dass sie jetzt, wie mein Vater meiner Mutter vorlas, der Beeren wegen viel in die Wälder gingen, um so die spärliche Ernährung aufzubessern. Meine Mutter zeigte sich konsterniert. »Bären hat es doch nie in der Nähe Dresdens gegeben. Was mit den Russen alles gekommen ist! Deutschland ist ein Teil Asiens geworden.« Die Verwechslung von Beeren und Bären erheiterte meinen Vater trotz der misslichen Zeiten so, dass die Geschichte mir noch nach Jahren erzählt wurde, als ich Ende 1947 zurückkam.

Im Sommer 1946 kam die Verbindung dann langsam in Gang. Zuerst waren nur vorgedruckte POW-Formulare zugelassen, dann Briefe von einer Seite Länge. Später konnte man reguläre Nachrichten senden, noch immer

Einer meiner ersten Briefe an meinen Vater stammt vom 13. Juni 1946.

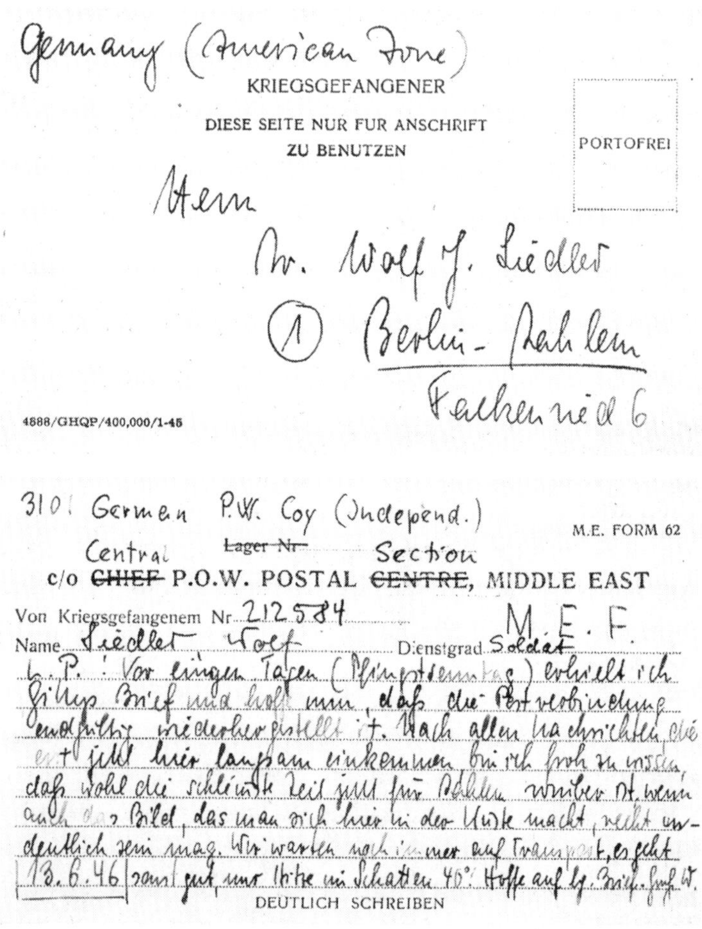

Germany (American Zone)

KRIEGSGEFANGENER

DIESE SEITE NUR FUR ANSCHRIFT ZU BENUTZEN

PORTOFREI

Herrn

Dr. Wolf J. Siedler

(1) Berlin-Dahlem

Falkenried 6

4888/GHQP/400,000/1-45

3101 German P.W. Coy (Independ.)

M.E. FORM 62

Central ~~Lager Nr~~ Section

c/o ~~CHIEF~~ P.O.W. POSTAL ~~CENTRE~~, MIDDLE EAST

Von Kriegsgefangenem Nr. 212584 M.E.F.

Name Siedler Wolf Dienstgrad Soldat

L.P.! Vor einigen Tagen (Pfingstsonntag) erhielt ich Gittys Brief und hoffe nun, daß die Postverbindung endgültig wiederhergestellt ist. Nach allen Nachrichten, die erst jetzt hier langsam einkommen, bin ich froh zu wissen, daß wohl die schlimmste Zeit jetzt für Dahlem vorüber ist, wenn auch das Bild, das man sich hier in der Wüste macht, recht undeutlich sein mag. Wir warten noch immer auf Transport, es geht 13.6.46 sonst gut, nur Hitze im Schatten 40°. Hoffe auf bl. Brief. Gruß W.

DEUTLICH SCHREIBEN

aber mit dem Vermerk: »Nur Druckschrift zulässig! Deutlich lesbar schreiben!«, was wohl für die Zensur gedacht war. Nun hörte ich allmählich Einzelheiten von den zurückliegenden Monaten im erst eingeschlossenen, dann eroberten und schließlich besetzten Berlin. Die Straßenkämpfe hatten zu absurden Situationen geführt. Während unser Dahlem sich noch in deutscher Hand befand, war das nur wenige Kilometer entfernte Lichterfelde-West bereits von den Russen erobert worden. Aber die Telephonverbindung zwischen den einzelnen Stadtteilen war noch immer häufig intakt, während sich die Russen allmählich von den Außenbezirken in die Innenstadt vorkämpften.

Selbst Hitler verschaffte sich, wie die später ans Licht gekommenen Protokolle zeigten, ein Bild von der Lage, indem seine Adjutanten nach dem Telephonbuch in der Stadt herumtelephonierten: »Verzeihung, gnädige Frau, sind bei Ihnen schon die Russen?« Dann wurden Fähnchen auf die Lagekarte für den »Führer« gesteckt und der Vortrag der »Abendlage« begann. Eine reguläre Verbindung von Hitlers Bunker unter der Reichskanzlei zu den einzelnen Truppenteilen der Verteidiger gab es nicht mehr.

Die groteske Situation dieser letzten zehn Tage in der umkämpften Stadt geht aus dem Protokoll der »Lagebesprechungen« bei Hitler hervor, das sich dreißig Jahre nach dem Krieg gefunden hat. Da saßen sie also dreißig Meter unter der Erde im Bunker, der mitunter von den Einschlägen erschüttert wurde, aber der Anschein der Normalität wurde aufrechterhalten. Jeder der Runde, von Feldmarschall Keitel bis zu Generaloberst Jodl, musste ja wissen, dass es nur noch Tage dauern würde, bis die Russen sich vom schon im Februar 1933 ausgebrannten und nie wiederhergestellten Reichstag die wenigen hundert Meter bis zur Reichskanzlei vorgearbeitet haben würden. Selbst Hitler sagte in diesen Tagen zu seinem Diener Linge, er wolle versuchen, ein wenig Ruhe zu fin-

den, und fügte mit einem Anflug makabren Humors hinzu: »Wecken Sie mich nur, wenn der erste russische Panzer vor der Tür steht.«
Aber noch immer fanden die »Lagebesprechungen« im alten Ritual statt. Einmal berichtete der vortragende General, dass die Verteidiger kaum noch Munition hätten, ein anderer ergänzte, dass am U-Bahnhof »Stadtmitte« gerade noch zwei Geschütze zur Verfügung stünden. Ganz ernsthaft belehrte Hitler die Umstehenden mit der – übrigens völlig zutreffenden – Beobachtung, dass sich fast vor jedem Berliner U-Bahneingang eine Litfasssäule befinde. Da sich die Russen oft durch die U-Bahnschächte vorarbeiteten, könne im Schutz der Litfasssäule ein einzelner entschlossener Mann mit einer Maschinenpistole ein ganzes Regiment in Schach halten.
Aus dem Schalten mit Ländern und Kontinenten war ein Karl May-Abenteuer geworden. In der Tat hat Hitlers Diener Linge nach dem Krieg berichtet, auf Hitlers Nachttisch im »Führerhauptquartier« im ukrainischen Winniza habe neben Weyers Flottenkalender stets ein Buch von Karl May gelegen. Aber die ordensgeschmückte Generalität stand noch immer gestrafft vor Hitler, der gebückt hinter dem Kartentisch saß. Der Traum vom Großreich in den Weiten des Ostens endete in einem absurden Indianerspiel.

Auch die Bekannten in Lichterfelde hatten während der Straßenkämpfe noch Verbindung mit meinen Eltern. So meldeten sie telephonisch, dass die Eroberung Lichterfeldes in relativ zivilisierter Form stattgefunden habe – vorläufig, wie sich sehr bald herausstellen sollte. Nach zwei Tagen wurde auch Dahlem besetzt. Ein Nachbar im Falkenried, der Präsident des »Preußischen Statistischen Landesamtes«, Konrad Saenger, war bei dem Versuch ums Leben gekommen, Wasser von der Domäne Dahlem zu holen, die kaum fünf Minuten entfernt lag. Gas, Wasser und Strom gab es ja schon seit dem Beginn des Sturms der Roten Armee nicht mehr. Saenger muss auf dem Rückweg im bombengetroffenen Haus des ihm befreundeten Martin Niemöller, der selber noch im Lager von Buchenwald war, nach dem Rechten gesehen haben. Man fand ihn dort im Garten des landhausartigen Pfarrhauses in der Cäcilienallee liegen, hundert Meter von seinem Haus entfernt. Es wurde nie geklärt, was sich ereignet hatte. War der alte Herr in das Feuer von Deutschen und Russen geraten oder hatte ihn ganz einfach ein Granatsplitter oder ein Querschläger getroffen?

Am nächsten Tag schon wurden auf den Feldern der Domäne, einige Schritte von zu Hause entfernt, neben einem zerschossenen deutschen 8,8-cm-Flakgeschütz, Stalinorgeln in Stellung gebracht, die über die Dächer der Villen hinweg in die Innenstadt schossen. Bei den ersten Russen, die die Eltern zu Gesicht bekamen, hatte es sich um eine kämpfende Truppe gehandelt, und meine Eltern erzählten später in ihren Briefen, dass es in den ersten Tagen nicht

Die Domäne Dahlem, fünf Minuten von unserem Haus im Falkenried gelegen, erlebte im April 1945 Verteidigung und Eroberung. Erst waren hier 8,8-cm-Flakgeschütze postiert, dann brachten die Russen ihre Stalinorgeln in Stellung. Im Juni 1945 bestellten schon wieder Landarbeiter die Felder gegenüber Martin Niemöllers altem Pfarrhaus.

zu Ausschreitungen gekommen sei. Dann aber traf die Bewohner Dahlems das Schicksal der ganzen Stadt mit Bluttaten, Vergewaltigungen und Plünderungen. Auch das eigene Haus blieb davon nicht verschont.

Meine Mutter und Gertrud hatten sich in der schlimmsten Zeit tagelang in einem Dachbodenverschlag verborgen, in dem normalerweise unsere Koffer aufbewahrt wurden. Tatsächlich war das Verlies von den Russen nicht entdeckt worden, die meinen Vater immer wieder bedrohten: »Wenn Frau doch da, du kaputt.« Die Hausgehilfin, die übrigens von meinen Eltern als Tochter eines Oberförsters als »Fräulein Margarete« angeredet wurde und auch mit am Familientisch im Wintergarten aß, war schon im März in die elterliche Försterei in der Schorfheide zurückgekehrt.

Gertrud aber, das »Dienstmädchen«, zu dem die »Hausgehilfin« deutlichen Abstand bewahrte, hatte das Schicksal der Eroberung mit meinen Eltern geteilt. Nach zwei oder drei Tagen hatte es Gertrud im engen Dachversteck nicht mehr ausgehalten. Als die Russen das Haus eines Vormittags verlassen hatten, um in der Nachbarschaft auf Beute zu gehen, wagte sie sich nach unten. Aber schon am ersten Tag fiel sie Russen in die Hände. Von jetzt an wurde sie fast jeden Tag mehrmals vergewaltigt, was sie sonderbar gefasst hinnahm. Als mein Vater ihr schlechten Gewissens erklärte, dass er in seinem Alter sie wirklich nicht habe schützen können, beruhigte sie ihn ihrerseits: »Ach, Herr Doktor, am Ende waren sie ja sogar ganz nett. Einer hat hinterher gesagt: ›Danke, Frau.‹«

Es muss eine düstere Zeit gewesen sein. An einem dieser Tage wurde mein Vater zu einer Dame im benachbarten Drosselweg gerufen, deren fünfzehnjährige Tochter unzählige Male in dieser Nacht vergewaltigt worden war. »Sie müssen sich das arme Kind ansehen. Es liegt noch immer ganz bleich und blutend im Bett.« Mein Vater, dem das zu allem anderen außerordentlich peinlich war, suchte der Besichtigung zu entgehen; er werde auch so Beschwerde beim Kommandanten erheben. Aber es half ihm nichts, er musste das Opfer in Augenschein nehmen. »Können Sie sich das vorstellen?«, sagte die Mutter und wies auf das bleich-verängstigte und noch immer mitgenommene Mädchen. »Sie haben nicht einmal Mitleid mit einem halben Kind gehabt. Neun Mal in einer einzigen Nacht! Eine Horde!« Die Tochter sagte still weinend vor sich hin: »Nein, Mama, elf Mal.« Als mein Vater das abends meiner Mutter berichtete, fügte er hinzu, er habe unwillkürlich an die Wendung »in stolzer Trauer« denken müssen, die in den ersten Jahren des Krieges in den Anzeigen für Gefallene so oft verwendet worden war.

Wieder ein paar hundert Meter weiter in einem Haus im Bachstelzenweg hatte ein Vater es nicht ertragen können, wie seine Frau, seine drei Töchter und das Dienstmädchen Nacht für Nacht Opfer der Soldateska wurden. Gegen alle Anweisungen der Kommandantur hatte er eines Tages die Haustür verriegelt. Gegen Mitternacht aber hatten die Rotarmisten wütend gegen die Tür gehämmert und schließlich begonnen, sich erst mit Kolben und dann mit Äxten Einlass zu verschaffen. Im letzten Augenblick hatte der verzweifelte Vater, den meine Eltern übrigens nur flüchtig kannten, die Tür geöffnet, aber er war von der alkoholisierten und wütenden Meute auf der Stelle niedergeschossen worden. Dann hatten sie alle weiblichen Personen vergewaltigt und sie hinterher, in einem Rausch von Alkohol, Blutdurst und Racheverlangen,

an den Apfelbäumen im Garten aufgehängt, wo mein Vater sie am nächsten Morgen noch hängen sah.
Mir geht das noch heute nicht aus dem Sinn, wenn ich an dem Landhaus mit seinen inzwischen krüppligen Obstbäumen vorbeikomme, das absurderweise am Rande der Millionenstadt mit Stroh gedeckt ist. Ob die neuen Besitzer der vielen Häuser, die seit dem Kriege ihre Eigentümer gewechselt haben, eine Ahnung haben, welche düsteren Dinge sich einst in ihren Häusern abgespielt haben?

Denn so war es in diesen Tagen überall in den Vororten zwischen Schlachtensee und Nikolassee zugegangen. Aber als alles vorüber war, wollte niemand mehr darüber sprechen. Nur Margret Boveri war auch in dieser Hinsicht ungeniert, wie sie ja auch freimütig berichtete, dass in den dreißiger Jahren ein Schwarzer die Liebe ihres Lebens gewesen war. Für ihre Familie, deren Name noch in dem Firmennamen »Brown Boveri« lebt, war das natürlich ein Schock, was sie aber überhaupt nicht störte. Mit »Nix fick fick« hatte Margret Boveri, wie sie ungeniert erzählte, alle Zumutungen der Rotarmisten abgewehrt, wobei sie dahingestellt ließ, ob sie Erfolg damit gehabt hatte. Sie sprach ja überhaupt gern von Dingen, die gemeinhin verschwiegen werden. So erzählte sie von den zwölf Jahren, als ihre Freunde aus der Zeitungswelt auswanderten, sich anpassten oder – sehr wenige – in den Widerstand gingen, in einem provozierenden Buch mit dem Titel: »Wir lügen alle.«
Gegen Ende des Dritten Reiches war sie Korrespondentin in Stockholm gewesen, wo sie die merkwürdige Atmosphäre beobachtete, in der sich Emigranten, Gestrandete

und Agenten aller Seiten wie auf einer Insel trafen. Vom neutralen Stockholm aus registrierte sie, wie es mit dem Reich zu Ende ging und dass es nur noch eine kurze Frist dauern würde, bis alles unterging. Da, nach den verlorenen Abwehrschlachten im Osten, beschloss sie, nach Deutschland zurückzukehren. Einer der Korrespondenten der internationalen Presse in Stockholm soll dies mit einem Satz kommentiert haben, der später ein geflügeltes Wort wurde: »Die Ratten betreten das sinkende Schiff.« Margret Boveri sagte ganz undramatisch, sie wolle »doch einmal dabei sein, wenn ein Land untergeht«. Während sie das erzählte, standen wir alle bei ihr im Garten jenes Hauses Im Schwarzen Grund, fünf Minuten von unserem Falkenried entfernt – ihre engeren Freunde und die Herausgeber der »Frankfurter Allgemeinen« Erich Welter, Erich Eyck, Karl Korn und Bruno Dechamps. Beim Bau ihres bescheidenen, eher barackenartigen Hauses, das sich seltsam unter all den großbürgerlichen Villen ausnahm, war ihr das Geld ausgegangen. So schrieb sie in ein paar Monaten mit leichter Hand ein kleines Buch über ihre Baumisere »Acht Türen und sechzehn Fenster«, und brachte auf diese Weise das fehlende Geld zusammen. Die Gäste hatten sich versammelt, weil es der Tag war, an dem sie ihren sechzigsten Geburtstag feierte. Mir hat sich dieser Tag eingeprägt, weil Erich Welter und Karl Korn mich plötzlich beiseite zogen und mich zu überreden versuchten, den Propyläen und Ullstein Verlag aufzugeben und in das Gremium der Herausgeber der »Frankfurter Allgemeinen« einzutreten.

Meinem Vater haben die Erlebnisse während der Eroberung Berlins alle Russensympathie ein für allemal ausgetrieben, obwohl er doch einst die russische Literatur über alles geliebt hatte. Gogols »Mantel« las er alle paar Jahre wieder, und seine Hauptperson Akaki Akakjewitsch gehörte zu seinen bevorzugten Romanfiguren. Mit einem der russischen Konsuln in Alexandria war er geradezu befreundet gewesen. Nun aber erklärte er, in Dostojewskis »Schuld und Sühne« nicht einmal mehr hineinblicken zu können. Da sei ja alles schon vorgezeichnet: »Erst redet einer von Gott, dann kichert ein anderer merkwürdig, und schließlich wird eine alte Frau umgebracht.« Mein Vater wollte mit der ganzen russischen Seele nichts mehr zu tun haben. Ich glaube, er hat bis zum Ende seines Lebens tatsächlich nie mehr ein russisches Buch aufgeschlagen.

Unser Haus im Falkenried war eine Art Offiziersmesse der Geheimpolizei geworden, die damals noch GPU hieß. Später wurde aus ihr der berüchtigte NKWD. Aber im Auge des Orkans ist es am stillsten. Meinen Eltern wurde von den sowjetischen Offizieren gestattet, in den früheren Mädchenkammern im Dachgeschoss wohnen zu bleiben, und meine Mutter kam sehr bald leidlich mit den Russen aus, für die sie gelegentlich die Truppenverpflegung zubereitete, und nach einigen Wochen, als die Gasleitungen wiederhergestellt waren, kochte sie ihnen sogar bescheidene Gerichte. In unserem Speisezimmer servierte sie dann, von Gertrud unterstützt, fast in alter Manier, auf unserem Porzellan und mit dem Familiensilber. Einmal sah sie, wie sich ein russischer Major, offensichtlich kirgisischer Herkunft, nach dem Essen das Besteck mit unserem Familienwappen in die Knobelbecher steckte. Meine Mutter bewahrte auch in dieser Situation die Resolutheit einer preußischen Offizierstochter. Sie gab dem Major einen derben Klaps und bedeutete ihm, dass das ja uns gehöre. Der Major hatte, wie ertappt, breit und verlegen gelacht und etwas gesagt wie: »Nicht böse sein, Mamuschka.« Als die russische Besatzung einige Monate später ihr Feld den Amerikanern räumte, stand das Porzellan bis auf eine zerbrochene Terrine und mehrere Teller vollständig in der Vitrine.

Hat zu diesem vergleichsweise zivilisierten Benehmen der sowjetischen Offiziere beigetragen, dass eines Tages ein russischer Militärwagen vor unserem Haus vorfuhr? Zwei höhere Offiziere hatten geklingelt. Mein Vater, wieder das Schlimmste vermutend, wollte schon den Handkoffer holen, den meine Mutter für alle Fälle gepackt hatte. Aber die Offiziere hatten nur wissen wollen, ob er »Doktor Siedler« sei, wobei sie in einer Liste blätterten. Mein Vater war, wie sich herausstellte, als einer der wenigen Volljuristen der westlichen Vororte verzeichnet, der weder der Partei noch einer ihrer Gliederungen angehört hatte. Jedenfalls teilten die beiden Offiziere meinem Vater mit, dass er von nun an die Polizeigewalt in Dahlem habe, wozu sie ihm eine Armbinde aushändigten, die er in Zukunft über seinem Jackett zu tragen hatte.
Die Russen, oder vielleicht sollte man eher sagen: die Sowjets, hatten ein überraschendes Vertrauen zu meinem Vater. Wenig später machten sie ihm den Vorschlag, sich der »Zentralverwaltung« der sowjetischen Besatzungszone, die inzwischen im Göringschen Reichsluftfahrtministerium in der Wilhelmstraße, Ecke Leipziger Straße etabliert war, zur Verfügung zu stellen. Einige Monate fuhr er tatsächlich jeden Morgen mit der U-Bahn, die ja noch fünfzehn Jahre lang ungehindert durch ganz Berlin

verkehrte, vom strohgedeckten Bahnhof »Dahlem Dorf« zur Stadtmitte im russischen Sektor, wo inzwischen die provisorische Verwaltung saß. Aber die brutale Sowjetisierung und Verhaftungswelle war sehr bald allzu deutlich spürbar, und bereits 1946 gab er die Stelle auf, auch wenn er nicht sehen konnte, wovon er in Zukunft leben sollte. Einige Zeit später bildete sich für Westberlin ein Wirtschaftsverband der Pappen- und Papierindustrie, wo er als Geschäftsführer und Syndikus ein leidliches Unterkommen fand.

In diesen russischen Monaten hatte er ein Amt, aber keine Autorität. So bestand seine Funktion im Wesentlichen darin, sich jeden Morgen die Berichte über Gewalttaten der zurückliegenden Nacht anzuhören, wobei es sich zumeist um Vergewaltigungen handelte. Den Deutschen war in der ersten Zeit untersagt worden, ihre Haustür abzuschließen, meist musste sie sogar angelehnt offen stehen. Offiziell galt die Sorge den »Werwölfen«, den aus der Hitlerjugend rekrutierten Jugendlichen, die nach der Besetzung im Rheinland tatsächlich einen Partisanenkrieg zu führen versuchten. Einzelne von den Engländern eingesetzte Bürgermeister wurden auch ermordet, aber inzwischen gab es längst keine »Werwölfe« mehr, wie denn überhaupt staunenswert bleibt, wie die eben noch allgegenwärtige Macht des Dritten Reichs sich über Nacht in nichts aufgelöst hatte. In der Millionenstadt Berlin ist es nur ganz vereinzelt zu Anschlägen gekommen. Stattdessen waren die offenen Haustüren lediglich eine Einladung an die marodierende Soldateska.
Mein Vater hatte am nächsten Morgen alle Einzelfälle zu registrieren und den Betroffenen zu versichern, dass er

jeden einzelnen Fall dem sowjetischen Kommandanten vortragen werde. Das hat er wohl auch versucht, aber es kam nicht viel anderes als die Versicherung heraus, man werde alle Fälle genauestens nachprüfen und gegebenenfalls Schuldige zur Rechenschaft ziehen. Aber es ist nicht in einem einzigen Fall dazu gekommen.

Es muss ein merkwürdiges Klima in diesen Monaten in Berlin geherrscht haben. Nach den ersten Wochen scheint sich, den Briefen von zu Hause nach zu urteilen, bei aller Gewaltsamkeit eine einigermaßen erträgliche Atmosphäre hergestellt zu haben, und mit der Zeit kam es wohl in allem Chaos zu einem ungeordnet-legeren Umgang zwischen Eroberern und Eroberten. Meine Mutter berichtete noch nach Jahren, wie die Russen mitunter ihre Rationen mit den Deutschen geteilt hatten.
Später erzählte mir Imke, die mit ihrer Mutter rechtzeitig vor dem Sturm der Sowjets nach Mecklenburg »evakuiert« worden war, wo ihre aus St. Petersburg stammende Mutter dann Dolmetscherin des sowjetischen Oberkommandierenden wurde, dass die Russen dort genauso unberechenbar-familiär gewesen waren. Besonders ein Offizier aus dem Stabe des Kommandierenden Generals, der den deutsch-jüdischen Namen Goldfarbe trug, hatte das damals dreizehnjährige Kind in sein Herz geschlossen. Er wollte ihr unbedingt etwas zugute tun. Was wünsche sie sich denn am meisten? Imke hatte ganz spontan gesagt: »Ein Fahrrad.« Der Major war drauf und dran gewesen, einen Wagen durch die nächsten Dörfer zu schicken, um ein geeignetes Rad zu requirieren. Mit Mühe nur war Imkes Mutter dazwischengetreten und hatte diese Privatenteignung verhindert.

Auch da war nicht nur Gewalttätigkeit in Erinnerung geblieben, sondern auch die Gutmütigkeit, mit der sich die Russen besonders der Kinder annahmen.

Nach etwa zwölf Wochen zogen die Russen ab und übergaben die westlichen Stadtviertel, das spätere Westberlin, den Amerikanern, Engländern und Franzosen. Die unmittelbare Drangsal war vorüber. Aber unser Haus wurde schon nach fünf Tagen wie fast alle geeigneten Dahlemer Häuser als Unterkunft für amerikanische Offiziere beschlagnahmt. Wieder war es meine Mutter, die alles zum Passablen wendete. Sie wurde zusammen mit Gertrud zum »Housekeeper« bestellt und durfte im ehemaligen Mädchenzimmer unter dem Dach wohnen bleiben, wo mein Vater schon in der Russenzeit sein Quartier gehabt hatte.

Die Tatsache, dass meine Mutter nun selber Dienstmädchen bei den Amerikanern war, brachte für Gertrud die Weltordnung durcheinander. Eines Tages fiel meiner Mutter beim Abwaschen irgendetwas auf den Boden, aber Gertrud schaute angestrengt in die andere Richtung. Meine Mutter soll, wie mein Vater erzählte, nur gesagt haben: »Gertrud, ich bin zwar vielleicht nicht mehr Ihre ›Herrschaft‹. Aber ich bin noch immer dreißig Jahre älter. An Ihrer Stelle würde ich mich bücken.« Das genügte, das alte Verhältnis herzustellen.

Doch es fiel Gertrud auch in Zukunft lange Zeit schwer, »Gnädige Frau« zu sagen. Sie hörte, wie die amerikanischen Offiziere nach meiner Mutter als »Mrs. Siedler« riefen, und so ging auch sie zu dem vertraulichen »Frau Siedler« über. Aber als unser Haus nach meiner Rückkehr – und meiner Registrierung als »Opfer des Faschis-

Amtlicher Ausweis

für

politisch, rassisch oder religiös Verfolgte

des Nationalsozialismus

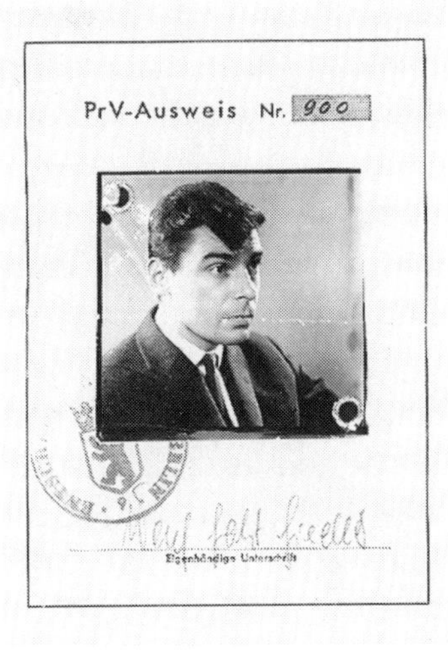

PrV-Ausweis Nr. 900

Eigenhändige Unterschrift

mus«, wie das lange im russischen Sektor hieß, erst später wurden »politisch, rassisch, religiös Verfolgte« daraus, deren Ausweis ich noch heute besitze – ziemlich bald an die Familie zurückgegeben worden war, wechselte auch Gertrud stillschweigend wieder zu der alten Anrede über, ohne dass ein Wort darüber gesprochen wurde. Aber ich konnte den Eindruck nicht loswerden, dass dennoch nichts mehr wie zuvor war, auch wenn die äußeren Formen wiederhergestellt worden waren.

Meine Mutter hatte denselben Eindruck, wobei sie ihr »Vom Winde verweht« ins Feld führte, wo mit der Niederlage der Konföderierten und dem Einzug der Nordstaatentruppen in Atlanta die alte Welt unwiederbringlich dahin ist. Sie hielt daran fest, dass auch diesmal mit dem Einzug der Alliierten das bürgerliche Deutschland abgetreten sei und nie wiederkommen werde. Mein Vater und ich sahen das damals nicht recht ein, denn die Adenauer-Welt schien ja gerade die alte Ordnung wiederhergestellt zu haben, und im Vergleich mit dem krisengeschüttelten Weimar war die zweite Republik eher konservativen Zuschnitts. Inzwischen kommt es mir so vor, als hätte meine Mutter richtiger gesehen.

Denn sah es nach außen hin auch so aus, als sei die alte Welt wiedergekehrt, so war in Wirklichkeit doch alles anders. Die drei Mächte, die in der ersten Republik einen übergroßen Einfluss gehabt hatten, waren ein für allemal verschwunden – der Großgrundbesitz, die Industrieverbände mit ihrer »Ruhrlade« und die Armee, die ein Faktor gewesen war, den berücksichtigen musste, wer das Land regieren wollte. Selbst Hitler versicherte sich ihres Wohlwollens oder zumindest ihrer Neutralität, als er schon am Tag nach der »Machtergreifung« die Spitzen der Reichswehr im Bendlerblock versammelte. Jetzt gab es die »Ostelbier« gar nicht mehr, der Industrieverband war wirtschaftlich »entflochten« und politisch entmachtet, und als die Bundeswehr nach ein paar Jahren gegründet wurde, repräsentierte sie den Staat eher, als dass sie ihn beherrschte.

Wahrscheinlich war tatsächlich die Wende von 1945 viel tiefgreifender als jene Umwälzungen, die 1918 die Monarchie und 1933 die Republik abgelöst hatten. Damals war das Kaiserreich zwar abgetreten, aber die bestimmenden Mächte waren bestehen geblieben, und selbst im Dritten Reich waren die Verhältnisse nicht wirklich umgestürzt worden. Es war noch immer eine bürgerliche Gesellschaft, über die die Gewaltherrschaft nur gestülpt war. Ley, Goebbels und Bormann hatten im Grunde Recht, als sie nach dem gescheiterten Staatsstreich vom 20. Juli 1944 bedauerten, dass man nicht nach dem Muster Stalins beizeiten einen radikalen Umsturz gemacht habe.

Jetzt war eine Revolution auf leisen Füßen gekommen. Die amorphe Gesellschaft der Bundesrepublik verkörperte eine neue, egalitäre Welt, auch wenn das vorläufig niemand bemerkte. Erst die studentische Revolte vom Ende der sechziger Jahre brachte eine wirkliche Zäsur. War der studentische Aufstand aber die Ursache des Wandels gewesen, oder war er vielmehr seinerseits ein Symptom?

Die Erlaubnis, dass meine Mutter auch unter den Amerikanern im Haus wohnen bleiben durfte, erwies sich als entscheidende Vergünstigung. Inzwischen war es Spätherbst geworden, und der Winter 1945 auf 1946 und vor allem der auf 1947 war besonders kalt. Natürlich gab es weder Kohle noch Holz für die Deutschen, und in ihrer Not machten sich die Berliner daran, die Straßen- und Parkbäume zu fällen und den ganzen Tiergarten abzuholzen. Mit der Genehmigung der Besatzungsmächte und des inzwischen eingesetzten Magistrats von »Groß-berlin« wurden 1946 mehrere Jagen des Grunewalds zum Einschlag freigegeben.
Mein Vater war unterdessen bei Nachbarn im Falkenried unter dem Dach untergekommen. Aber auch dieses Haus war natürlich nicht geheizt, so dass er bei Innentemperaturen von zehn und fünfzehn Grad Kälte in Wintersachen angekleidet ins Bett ging. Mitunter öffnete meine Mutter ihm nach Einbruch der Dunkelheit die Haustür und wie ein Dieb schlich sich mein Vater dann in sein eigenes Haus, um im leidlich warmen Kohlenkeller zu schlafen.

Von alldem wusste ich in Nordafrika natürlich nichts. Erst im Sommer 1946 erreichte mich als Antwort auf meine vorgedruckte Karte die erste Nachricht von zu Hause, wo mein erstes Lebenszeichen am 30. März 1946 eingegangen war. Fast anderthalb Jahre wusste ich also nicht, wie Dahlem die russische Eroberung überstanden hatte und ob meine Eltern überhaupt noch lebten. Aber auch als in der zweiten Jahreshälfte 1946 der Briefverkehr mit Berlin langsam in Gang kam, schrieb man natürlich wenig über die russischen Monate, vielleicht der Zensur wegen, die ja alle Kriegsgefangenenpost passieren musste. Erst Ende des Jahres war ich einigermaßen im Bilde, was sich in Berlin abgespielt hatte und wie es der Familie in Deutschland ging.

Meine Schwester hatte es also nach Hannoversch-Münden verschlagen und »die Stettiner« waren aus Pommern im Güterwagen zu guter Letzt nach Schleswig-Holstein gelangt. Von dem Danziger Desiderius Siedler, dessen Familie in den Untergang des ganzen Ostens gerissen worden war, kam erst im Lauf des nächsten Jahres die erste Nachricht, und auch die schlesische Verwandtschaft in Breslau und in Hirschberg tauchte im Lauf der Zeit wieder auf. Aber nun waren sie alle Flüchtlinge.

Das Danziger Patrizierhaus von Desiderius Siedler, dessen drei Keller und vier Böden uns als Kinder so beeindruckt hatten, existierte nach den wochenlangen Kämpfen nicht mehr, und die Danziger Siedlers lebten jetzt, zuerst sehr ärmlich, in Lübeck, wo sie wieder eine Reederei zu gründen suchten, die aber nach ein paar Jahren der langsam wieder auflebenden Hamburger und Bremer Konkurrenz erlag. Ihre Welt lebt nur noch in dem chinesischen Porzellan im Eckschrank unseres Esszimmers weiter. Seit

Jahrhunderten hatte ihre Reederei vom Handelsverkehr auf der Ostsee zwischen Skandinavien, Preußen, Kurland, Livland und Russland gelebt; nun war das alles zusammen mit dem Deutschen Reich untergegangen. Stettin und Danzig waren jetzt polnische Häfen, und Königsberg, Riga, Reval, Dorpat und St. Petersburg – das längst Leningrad hieß – gehörten nun zur Sowjetunion und waren für deutsche Handelsschiffe unzugänglich.

Aber auch von der Verwandtschaft im Rheinland gab es trübselige Nachrichten. Tante Mimi in Köln war ausgebombt und so existierte das Haus in Köln-Lindenthal nicht mehr, auf das ihr mein Vater nach dem Tod meines Onkels eine Leibrente gezahlt hatte, da sie kinderlos war und keine Erben hatte. Wir in unserem eher bescheidenen Dahlemer Haus hatten die Aussicht auf einen nahezu großbürgerlichen Besitz am Rhein gehabt, wenn auch niemand ernsthaft mit dem Gedanken umging, Berlin gegen Köln einzutauschen. Die rheinische Verwandtschaft lag uns ja überhaupt ziemlich fern, was wahrscheinlich an den sechshundert Kilometern lag, welche zu überwinden im Zeitalter vor dem Flugzeug eine Reise bedeutete, die man nur alle paar Jahre auf sich nahm.

Aber Tante Mimi, die Schwester meiner Großmutter, war schon durch ihren Mann gegenwärtig, um den sich unzählige Geschichten rankten. Er muss ein wirkliches Original gewesen sein. So sah die Familie den Fünfundsiebzigjährigen eines Tages vom Garten aus auf dem Dachfirst balancieren: »Ich wollte doch einmal sehen, ob wirklich achtzehn Dachziegel erneuert werden müssen, wie der Dachdecker behauptet.« Jetzt bat Tante Mimi meinen Vater um Zustimmung, das parkartige Ruinengrundstück in Köln-Lindenthal zu verkaufen, um sich mit dem Erlös in ein Stift in Königswinter einzukaufen. Wohl oder übel begrub die Familie die Aussicht auf rheinischen Wohlstand.

Alle diese Nachrichten erreichten mich bruchstückhaft nach und nach in Nordafrika. Aber dergleichen nimmt man viele Tausende Kilometer von der Heimat entfernt merkwürdig gelassen auf. Ich lag inzwischen erst am Bittersee in Ägypten, dann in El Daba und in Tobruk in der Cyrenaika und schließlich in Benghasi, das zum inzwischen ausgerufenen Königreich Libyen gehörte. Auf der Fahrt waren wir auch an dem Schlachtfeld von El Alamein vorbeigekommen, an das nicht nur zerschossene und ausgebrannte Panzerwracks erinnerten, sondern auch Schilder in englischer und arabischer Schrift, die vor Minenfeldern warnten, die jetzt, im Frühjahr 1946, noch immer nicht geräumt waren.

Längst verblüffte mich die Geringschätzung nicht mehr, mit der unsere englischen Wachen von den Ägyptern wie von allen Arabern sprachen. Das hing wohl damit zusammen, dass sie während Rommels Vorstoß an den Suezkanal zu deutlich zu erkennen gegeben hatten, wie sehr sie auf die »Befreiung« durch die Deutschen hofften. Diese Abneigung kam in den verächtlichen Geschichten zum Ausdruck, die unsere Tommys uns erzählten, wenn die Kolonne der Lastwagen in einer Oase Halt machte und wir abends um eine Art von Lagerfeuer zusammensaßen. Was sei Fortschritt auf arabische Art? Einst ritten die Araber auf Kamelen vor ihren zwei oder drei Frauen, die ihnen zu Fuß folgten. Jetzt gehen die Frauen der Ägypter vor ihren Männern, die ihnen in fünfzig Metern Abstand hinterherreiten. »Es liegen ja noch überall englische und deutsche Minen.«

Das war eine Bemerkung von bescheidenem Witz, der die Gefangenen aber dennoch amüsierte. Wahrscheinlich lag das daran, dass wir gleichsam ins Vertrauen gezogen wurden, sozusagen auf einer Stufe mit den »Tommys« standen. In solchen Momenten gehörten die Besiegten und die Sieger auf eine Stufe. Auch den Schwarzen und den Gelben, den Indern und den anderen Asiaten gegenüber war ja ein weißes Zusammengehörigkeitsgefühl nicht zu übersehen, und auch die deutschen Offiziere genossen es offensichtlich, wenn sie von britischen Sergeanten ins Vertrauen gezogen wurden. Die Rangunterschiede spielten da keine Rolle.

Die Nachrichten aus Deutschland ließen mich jedenfalls sonderbar unbeteiligt. Das Wichtigste war ja, dass fast alle Verwandten, nicht nur die Eltern, sondern auch die Brüder des Vaters, Onkel Ete und Onkel Adolf in Berlin, und der Bruder der Mutter, Onkel Erwin aus Stettin, überlebt hatten. Alle waren sie aus dem Katarakt des Zusammenbruchs aufgetaucht, und es gab auch das Haus in Dahlem, das noch dazu im richtigen Sektor der viergeteilten Stadt lag. So wusste ich, wohin ich früher oder später zurückkehren würde.

Als ich im Herbst 1947 nach fast drei Jahren nach Berlin zurückkam, war das alles schon Vergangenheit. Das war ja überhaupt das Paradoxe. Der Verlust Ostoberschlesiens, der preußischen Provinz Posen mit der Industriestadt Lodz und Westpreußens, wo die Marienburg, der Sitz des Deutschen Ordens lag, war nach dem Ersten Weltkrieg als tiefer Einschnitt empfunden worden; die Republik von Weimar kam über die Abtrennung dieser doch zum guten Teil polnisch besiedelten Gebiete nicht

hinweg. Im ganzen Osten bildeten sich Freikorps, dessen berühmtestes das »Freikorps Annaberg« war.
Aber der Verlust eines Viertels ganz Deutschlands trat nach dem Zweiten Weltkrieg kaum ins Bewusstsein. Nur die unmittelbar Betroffenen, die Vertriebenen und Flüchtlinge, die man später »Aussiedler« und »Spätaussiedler« nannte, litten unter der Austreibung aus der Heimat, und vorübergehend kam es zur Bildung rechtsextremer und radikaler Parteien. Aber sie brachten den Staat nie ernsthaft in Gefahr, wenn der Untergang der Demokratie auch immer wieder beschworen wurde und zum Ritual der Republikwächter gehört.
Das Wirtschaftswunder deckte das alles bald zu, so dass das Wort von einer »unter glücklicheren Umständen« wiedergeborenen Republik von dem zerstörten und amputierten Land nicht als anstößig empfunden wurde. Eines der berühmten Bücher dieser Zeit hieß »Bonn ist nicht Weimar«, und das entsprach dem Lebensgefühl der Deutschen. Mit New Look, Volkswagen und Rimini lebten die Deutschen merkwürdig erinnerungs- oder zumindest geschichtslos, obwohl sie doch eben erst aus der Apokalypse aufgetaucht waren.

Im Sommer 1945 war unser Transport aus Brindisi in Alexandria ausgeschifft worden. Dort sah ich nun die deutsche Vertretung, wo mein Vater vor dem Ersten Weltkrieg Konsul beim Khedive gewesen war. Die ägyptische Residenz des Kaiserreichs machte übrigens durchaus keinen prunkvoll-»wilhelminischen« Eindruck. Später habe ich meinen Vater mitunter nach diesen Jahren erst in Konstantinopel, dann in Alexandria gefragt. Ganz offensichtlich lebte diese Zeit vor dem Ersten Weltkrieg ver-

Mein Vater hatte noch im Alter ein gewisses sentimentales Verhältnis zur arabischen Welt. Es war eine merkwürdige Empfindung, als ich die ehemalige Mission des kaiserlichen Deutschland sah, in der mein Vater vor Jahrzehnten gelebt und gearbeitet hatte. Jetzt war sein Sohn ein namenloser Prisoner of War.

klärt in seiner Erinnerung. Wenn er davon erzählte, musste ich immer an Talleyrands Wort denken, dass niemand die Süße des Daseins kenne, der nicht vor 1789 gelebt habe.

Was habe denn den Reiz dieses Lebens im alten Alexandria ausgemacht, in dem die kosmopolitische Oberschicht aus allen Ländern der Erde gekommen war und wo man in den Salons Französisch, Englisch, Deutsch, noch sehr viel Griechisch, ab und an Türkisch und sehr wenig Arabisch hörte? Wie so oft bewahrt nur die Literatur eine untergegangene Welt. In der Alexandria-Tetralogie Lawrence Durrells ist diese untergegangene Welt bewahrt. Manches aus den Erzählungen meines Vaters stieg vor mir auf, als ich »Justine« und »Balthasar« las.

Mein Vater suchte dann aus den Bruchstücken seines Gedächtnisses ein Bild dieser Vorkriegswelt zusammenzufügen, die nicht viel von den politischen Spannungen gewusst habe, die die europäischen Kabinette beunruhigten. Man habe in seiner eigenen Welt gelebt, der Welt der europäischen Großmächte eben, sagte mein Vater und glaubte sich zu erinnern, dass das berüchtigte Daily-Telegraph-Interview, in dem sich der deutsche Kaiser als einziger Englandfreund ganz Deutschlands präsentierte, in den Clubs von Alexandria gar keine Rolle gespielt habe. Hatten die Diplomaten der Großmächte wirklich so international empfunden? Aber so lebten sie in der Erinnerung meines Vaters. Die erst russische, dann amerikanische Einquartierung war fast vergessen, obwohl sie erst wenige Jahre zurücklag. »Weißt du«, sagte er, »es hat unter den Diplomaten damals im Grunde drei Gruppen gegeben.« Die erste Rolle hätten die alten Monarchien gespielt, Russland, Deutschland, Österreich-Ungarn, Großbritannien, die Hohe Pforte und, mit leichter Herablassung angesehen, Italien; als einzige Republik habe Frankreich zu diesem Club der Vornehmen gehört. Dann habe es die Nationen mittleren Ranges gegeben, die eigentlich nicht ganz dazugehörten, die Königreiche Skandinaviens und auch Spanien und Portugal. Dass die Vereinigten Staaten eine aufsteigende Macht waren, habe man im Grunde durchaus gesehen, aber die »Yankees« wurden nicht wirklich für voll genommen. Den letzten Platz hätten die kleineren Nationen wie Griechenland, Serbien und Rumänien eingenommen, die Fürstentümer Moldau, Walachei und Lodomerien, die man gar nicht ganz ernst genommen hätte, eben »die Donaufürstentümer«. Zuletzt seien all diese »levantinischen« Staaten gekommen, was mein Vater mit einer Spur altmodischer Herablassung hinzufügte.

Diese Unterschiede hätten auch das gesellschaftliche Leben in Alexandria bestimmt. Nur die Großmächte hätten für ihre Gesandtschaften die Gerichtshoheit gehabt. So hatte mein Vater als Volljurist zwei Mal im Monat einen Gerichtstag abgehalten, wo alle Fälle vor dem jungen Konsul vorgetragen und von ihm abgeurteilt wurden; einzig bei Kapitalverbrechen hatte der Khedive von Ägypten oder der Sultan in Konstantinopel das letzte Wort gehabt. Die Vertreter der großen Nationen verkehrten eigentlich nur untereinander, und mein Vater erzählte, dass er selber auf dem freundschaftlichsten Fuß besonders mit den kaiserlichen Diplomaten aus St. Petersburg gestanden habe, eigentlich herzlicher als mit den Diplomaten aus London und Wien, die ein wenig arrogant und herablassend zu den Deutschen gewesen seien. Das deutsche Kaiserreich, das gerade einmal vor dreißig Jahren gegründet worden war, war ja wirklich ein Parvenü unter den alten Reichen Europas. Am Ballhausplatz war es ein wenig über die Achsel angesehen worden. Darein war wohl auch Neid und Eifersucht gemischt gewesen, da die Deutschen zwischen Maas und Memel ärgerlicherweise mehr Vitalität und Dynamik hatten als der Vielvölkerstaat an der Donau. Alles in allem war das ein Kreis gewesen, der gemeinsame Clubs und Tennisplätze hatte und bei Derbys zusammentraf. Kein griechischer oder serbischer Gesandter wäre auf den Gedanken gekommen, zu Empfängen in der britischen oder österreichischen Gesandtschaft zu erscheinen.

Damals waren Gesandtschaften ja noch die normale Vertretung eines Landes im Ausland gewesen, Botschaften unterhielten nur die Großmächte untereinander. In Paris saß ein Botschafter, auch am Hof von St. James oder eben bei der Hohen Pforte, das natürlich noch seinen alten griechischen Namen Konstantinopel trug; ein islamisches Istanbul wurde daraus erst nach der Revolution der »Jungtürken« unter Atatürk. Der »Gesandte« war auf solche Weise das Übliche. Über das Wortspiel Bismarcks: »Ein Gesandter ist er zwar, aber kein geschickter« amüsierte man sich in der Wilhelmstraße.

Oft dachte mein Vater noch im Alter an die Jahre vor dem Ersten Weltkrieg in Konstantinopel und in Alexandria. Aber natürlich gehörte er als Bürgerlicher nur dem konsularischen, nicht dem diplomatischen Dienst des Kaiserreiches an.

Für einen Zweiundzwanzigjährigen, eben erst aus dem Krieg in seine verwüstete Heimatstadt zurückgekehrt, war das ein Blick in eine archaische Welt. Ich wollte wissen: Und wenn der bulgarische oder amerikanische Konsul meinem Vater sympathischer gewesen wäre, er lieber mit ihm eine Regatta gesegelt wäre oder ein Tennisturnier gespielt hätte? Mein Vater, inzwischen so alt, wie ich es heute bin, sagte kopfschüttelnd: »Das ging einfach nicht.« Dann fügte er erklärend hinzu: »Weißt du, abends trugen natürlich alle Herren Dinnerjackets und die Damen Abendgarderobe.« Aber die Norweger oder Rumänen seien in Straßenanzügen erschienen, manchmal sei es sogar vorgekommen, dass sich die Herren an besonders heißen Tropenabenden das Jackett ausgezogen, die Krawatte gelöst und die Ärmel hochgekrempelt hätten.
»Mit denen konnte man wirklich nicht verkehren«, sagte mein Vater nach einem Dreivierteljahrhundert, zwei Weltkriegen und einem halben Dutzend Revolutionen ganz ernsthaft, bis er sich selber erheiterte. Wir saßen während dieser Unterhaltung zusammen im hochsommerlichen Garten, er hatte sein Jackett um die Schultern gelegt, und ich hatte die Ärmel hochgekrempelt. Eigentlich hätten wir mit uns selber nicht verkehren dürfen.
Die alte Welt, an solchen Bagatellen wird sie fassbar, und eine Generation, die Generation meines Vaters, hatte all das erlebt, die Epoche der alten Kaiser- und Königreiche, die kurzlebige Herrschaft der europäischen Demokratien, die Zeit der monströsen Gewaltherrschaften und dann die des Zweiten Weltkrieges, in dem auch diese Welt zu Ende gegangen war. Wie wir da im Garten zusammensaßen, war er ein Zeuge des Jahrhunderts gewesen, auch wenn man den Begriff damals nicht kannte.

Afrikanische Jahre

Es war Ende Juli oder Anfang August 1945, dass wir von Alexandria auf Lastwagen zu den großen Lagern am Bittersee gebracht wurden. Mein Gedächtnis bewahrt noch das Bild der Zeltstadt, in der Zehntausende von Kriegsgefangenen lebten. Der Sekretär Gerhart Hauptmanns – der Name Erhart Kästner sagte mir damals nichts – muss gleichzeitig mit mir im »Cage 309« gewesen sein, und er hat darüber das schöne »Zeltbuch von Tumilad« geschrieben. Ich habe es erst zwanzig Jahre später gelesen, als Erhart Kästner für den Propyläen Verlag ein Buch über den Zeichner Altenbourg schrieb, der politisch so isoliert in Altenburg lebte, dass mein Besuch in der alten thüringischen Residenzstadt ein nächtliches Abenteuer war.

Ich sehe die Gassen im Quadrat des Lagers noch vor mir, und vor allem die im Wüstenglast unwirklich aufragenden Schiffsaufbauten der scheinbar riesigen Frachter, die am Horizont über den Großen Bittersee zogen. Der Kanal von Suez am Mittelmeer bis Port Said am Roten Meer nutzt ja die verschiedenen Seen am Saum zwischen Afrika und Asien, über die während des Krieges ein großer Teil des Nachschubs aus dem Commonwealth nach Italien gelaufen war. Die Durchtrennung dieser Lebensader des Empire war das Ziel von Rommels Afrika-

Vierzig Jahre nach dem Krieg schickte mir ein Mitgefangener Zeichnungen, die er damals von unserem Lager am Bittersee gemacht hatte.

korps gewesen, das bei El Alamein dem Erfolg zum Greifen nahe zu sein schien, bis Rommel dem Gegenangriff Montgomerys erlegen war. Dann hatte der große Rückzug begonnen, dessen letzte Station ich an den Deichen des Po mitgemacht hatte.

Nach einigen Wochen wurden Freiwillige zu Arbeiten am Rande der Wüste eingesetzt. Alle bewarben sich darum, da der stundenlange Transport mit Lastwagen eine Unterbrechung der Eintönigkeit des Lagerlebens brachte. Ich habe diese Monate schon der *Driver's licence* wegen in Erinnerung, die uns als ehemaligen Angehörigen einer Panzergrenadierdivision, was die Engländer wohl mit einer Panzerdivision verwechselten, in einem Schnellkurs ausgestellt wurde. Nach meiner Rückkehr nach Deutschland waren die Berliner Behörden bei der Betrachtung eines englischen Militärführerscheins, der im Rathaus Zehlendorf von Hand zu Hand ging, so beeindruckt, dass sie ihn mir ohne weitere Prüfung in einen deutschen Führerschein wechselten.

Mit Lastwagen wurden wir zu britischen Vor- oder Nachschubposten in der Wüste gebracht, die wohl zurzeit der deutschen Offensive eingerichtet worden waren. Jetzt

brachten wir in Tankwagen Sprit, Wasser und Verpflegung dorthin. Unsere Tankwagen schleppten eiserne Ketten hinter sich her, die einen Funkenflug verhindern sollten, der bei einem der früheren Transporte zu einer katastrophalen Explosion geführt hatte.
Die stehende Hitze war in diesem Herbst unerträglich und die Verpflegung entsprach bestenfalls in der Kalorienzahl dem vorgeschriebenen Mindestmaß. So machten wir uns auf eigene Faust auf und sammelten in der hier steppenartigen Wüste Schnecken, die sich zwischen Kakteen und Feldsteinen verbargen. Sie ähnelten den heimischen Weinbergschnecken, zumindest waren sie ebenso schwarz-schleimig, und allein ihr Anblick erregte Ekel. Aber in einem Gefangenenlager gibt es ja alle Berufe, vom Chirurgen bis zum Physiker, und natürlich fanden sich auch Heeresfeldköche. Sie verwandelten mit vielen orientalischen Gewürzen die glibberige Masse in ein vergleichsweise wohlschmeckendes Gulasch, auf das sich alle stürzten.

Die Monate in dem Lager am Bittersee sind in meiner Erinnerung verblasst. Vielleicht weil sie so konturenlos verstrichen? Die englischen Zeitungen, soweit sie uns zugänglich waren, berichteten hauptsächlich von den Zuständen in England, wo die Demobilisierung begonnen hatte, und der Lage in der britischen Besatzungszone in Deutschland. Die *Prisoners of war*, wenn sie aus Schlesien, Ostpreußen oder Pommern stammten, wussten noch immer nicht, ob ihre Angehörigen den großen Exodus aus dem Osten überlebt hatten. Nur wer vor dem Zusammenbruch der Italienfront in Gefangenschaft geraten und registriert worden war, hatte schon Post von zu

Hause. Wenn in der britischen Presse überhaupt von befreiten KZs berichtet wurde, ging es vor allem um Dachau, Buchenwald oder Oranienburg; die Namen Maidanek, Sobibor und Auschwitz hatten wir noch nie gehört.

Die hunderttausend Toten, die nach den ersten Berichten in dem Feuersturm von Dresden umgekommen sein sollten, schienen der Gipfel des Schreckens. Dass in den deutschen Vernichtungslagern Millionen ermordet worden waren – das war nicht einmal gerüchteweise bekannt. Aber solche Nachrichten hätten die Kriegsgefangenen vielleicht auch wenig interessiert, wo Nachrichten aus dem Bombeninferno der Heimat und dem Chaos der Vertreibung von Millionen aus dem Osten ganz und gar im Vordergrund standen. Inzwischen schätzt man, dass an die eine Million Vertriebene und Flüchtlinge auf den großen Trecks aus dem Osten ums Leben gekommen sind. Die in den deutschen Lagern Umgekommenen traten für das Bewusstsein der Gefangenen demgegenüber zurück. Zudem – wer war von den Russen, der GPU, wer von den Deutschen, der SS, ermordet worden? Der Fall Katyn wirkte auch in den Kriegsgefangenenlagern nach.

Eines Tages wurde ich zum Kommandanten befohlen, was im Lager ziemliches Aufsehen erregte. Aber es war ein rundlicher und eher gemütlicher Captain, von dem sich später herausstellen sollte, dass er einst jüdischer Kinderarzt in Berlin gewesen war. Captain Wassermann sah dem Ende seines ereignislosen Daseins in der Wüste wohl ebenso sehnsüchtig entgegen wie die ihm unterstellten Kriegsgefangenen. Ich stellte mich vor ihm auf und ließ mir durch den Kopf gehen, was ich mir mög-

Die Zeltstadt am Großen Bittersee lag zwischen Wüstenerhebungen auf der einen und dem Wasser des Nil auf der anderen Seite.

licherweise hatte zu Schulden kommen lassen. Doch der untersetzte, bebrillte Hauptmann, der in seiner Tropenuniform mit den englisch-überlangen Shorts, die zu seiner Figur wenig passten, wie kostümiert aussah, forderte mich eher gemütlich auf, auf der anderen Seite des Tisches im Zelt auf einem der mit Gurten bespannten Klappstühle Platz zu nehmen. Meine Papiere und also auch mein Feldgerichtsurteil waren ihm bekannt. Als Erstes erkundigte er sich, aus welchem Teil Berlins ich käme, was für einen Beruf mein Vater habe und ob ich schon Nachrichten von zu Hause hätte.

Es war eine unerwartet legere Atmosphäre, die von offenkundiger Sympathie geprägt war. Er wollte wissen, weshalb ich mit noch nicht einmal einem Jahr bei dem Kriegsgerichtsprozess davongekommen sei. Wie meine Erlebnisse im Gefängnis und dann bei der Frontbewährung gewesen seien? Sei Abneigung oder gar Hass bei den Wärtern spürbar gewesen? Schikane bei den Vorgesetzten an der Front? Ich erzählte ihm, wie ein offensichtlich nazitreuer Leutnant Ernst Jünger und mich getrennt hatte, dass dies aber der einzige Fall von politischer Bösartigkeit gewesen sei. Der Hauptmann zeigte sich befriedigt, als ich berichtete, im Gefängnis und an der Front hätte ich eher verstohlene Sympathie gespürt. So ungefähr habe er die Stimmung in Deutschland zu Ende des Krieges eingeschätzt.

Ganz so war es im Grunde nicht gewesen. Irgendwann hatten wir im Lazarett von Abano Terme im Aufenthaltsraum an dem Radio herumgedreht, um englischen »Swing« zu hören, politisch ganz harmlos. Aber ein junger Stabsarzt war, ohne dass wir es bemerkt hatten, hereingekommen und hatte beobachtet, wie sich drei oder vier Verwundete am Empfänger zu schaffen gemacht hatten. Er hatte mit ziemlicher Schärfe, dabei mich anvisierend, gesagt: »Wollen Sie schon wieder Feindsender hören? Ihnen genügt wohl Ihre Erfahrung nicht.«
Gleichwohl war es in dem zu Ende gehenden Jahr 1944 längst nichts Ausgefallenes mehr, dass man BBC hörte, denn der Wehrmachtsbericht war an der Front nur noch ein Spott, wenn er als »siegreiche Abwehrschlacht« hervorhob, dass irgendein Dorf im Rheinland oder ein Gehöft in Schlesien wiedererobert worden war. Jedermann orientierte sich über die wirkliche Lage mit »Feindsendern«, auf deren Abhören aber die Todesstrafe stand, zumindest wenn es im Kameradenkreis stattgefunden hatte, also auf »Verbreitung zersetzender Propaganda« hinauslief. So hätte es niemand im Lazarett gewagt, im größeren Kreis von Kameraden das Schweizer Radio

Beromünster, das im nahen Italien natürlich sehr deutlich empfangen werden konnte, oder gar den deutschsprachigen britischen Soldatensender abzuhören.
Jedenfalls sahen wir den Stationsarzt trotz der Harmlosigkeit unserer »Swing«-Suche schuldbewusst an. War er wirklich ein »Hundertfünfzigprozenter«, wie der Sanitäter uns zuflüsterte? Wie dem auch war, offensichtlich hatte er meine Papiere zu Gesicht bekommen, und er verfolgte mich von da an mit bösartigen Fragen. Zum Beispiel wollte er genau wissen, wie und weshalb das »Ofenrohr« in meiner Hand explodiert war und ob Vorgesetzte dabei gewesen waren. Hielt er eine Selbstverstümmelung für möglich oder gar für wahrscheinlich?
Dieses Erlebnis erzählte ich dem Captain nicht. Warum verschwieg ich es? Wollte ich nicht renommieren, im Kameradenkreis »Antinazi-Propaganda« gemacht zu haben? Oder war es mir um den Ruf der Armee gegangen, die im Gegensatz zur SS ehrenhaft gekämpft habe? Wahrscheinlich war es eine Art von verquerer Dankbarkeit der Wehrmacht gegenüber, die mich in den kritischen Monaten des Prozesses geschützt hatte. Das Vorkommnis zeigte mir jedenfalls aufs Neue, dass in meinen Personalpapieren ein Vermerk gemacht worden war, wonach ich unter Aufsicht gehalten werden müsse.
Schließlich teilte der Captain mir mit, dass ich von jetzt an dem »Political Intelligence Department« unterstehe und für die »Reeducation« der Gefangenen eingesetzt werden würde. Das war eine Aussicht, die mich erschreckte. Wie sollte ein gerade einmal Neunzehnjähriger, der aus der Lateinstunde heraus verhaftet worden war, Vorträge vor Mitgefangenen halten, unter denen sich ja genug Akademiker befanden, Wissenschaftler, Juristen

und Mediziner? Ich muss ziemlich energisch protestiert haben, aber der in jeder Geste sonst eher zivilistische Captain wurde jetzt militärisch entschieden. In der Lagerbibliothek werde es genügend Bücher geben, mit deren Hilfe ich mich auf meine Aufgabe vorbereiten könne. Außerdem werde meine Funktion schon für Autorität sorgen.

Wie zweifelhaft es damit bestellt war, sollte sich einige Monate später zeigen, als ich vorübergehend in der Kaserne von Benghasi untergebracht war. Tausend zusammengewürfelte Gefangene waren in den ehemaligen italienischen Schlafsälen einquartiert, und zwischen den Offizieren und den Mannschaftsdienstgraden herrschte ein vergleichsweise straffer Ton. Die englische Lagerbehörde hatte die Disziplinargewalt an die deutschen Offiziere delegiert, die noch ihre Uniformen trugen. Die Hoheitszeichen mit dem stilisierten Adler und dem Hakenkreuz waren zwar abgetrennt worden, aber die Uniformen der Offiziere und Mannschaften zeigten Schulterstücke und Dienstgradwinkel.
Eines Morgens stellte mich auf dem Kasernenhof ein Leutnant Mitte der Zwanzig, dem ich beiläufig grüßend begegnet war, sehr entschieden zur Rede; ich hätte ihm keine militärische Ehrenbezeugung erwiesen. Es war der Leutnant Harald Quandt, der Sohn aus der ersten Ehe von Magda Goebbels mit dem Chef der Industriellenfamilie Quandt. Auffälligerweise hatte er nicht in der SS, sondern in der Wehrmacht gedient, wo er zuletzt ein einfacher Offizier im Heer gewesen war. Als der Leutnant mich einigermaßen energisch zurechtwies, dass Disziplin auch nach der Niederlage bewahrt werden müsse, zog ich

meinen Ausweis hervor, wonach ich nur britischen Offizieren unterstünde, und den ich noch heute besitze. Das Gespräch nahm einen anderen Verlauf, als der Stiefsohn von Joseph Goebbels wohl erwartet hatte, aber ich habe es eigentlich nicht in unangenehmer Erinnerung.
Wenig später saßen wir in der Kaserne von Benghasi in Harald Quandts Offiziersquartier, das noch aus der italienischen Zeit karg möbliert war, bei einem Glas Rum, als die Nachricht – wahrscheinlich über die BBC – kam, dass die Leichen von Goebbels, seiner Frau Magda und der sechs Kinder – der Halbgeschwister von Harald Quandt also – im Bunker der Reichskanzlei und in deren Hof zwischen Betonmischmaschinen gefunden und identifiziert worden seien. Die Eltern hatten den Kindern Gift gegeben und sich dann selber vergiftet, weil, wie Magda Goebbels zuletzt noch gesagt haben soll, ein Leben in einer Welt ohne Hitler nicht lebenswert sei. Ich kann mich sonderbarerweise nicht erinnern, wie Harald Quandt auf die Nachricht vom Ende seiner Familie im Bunker unter der Reichskanzlei reagiert hatte.

Immer wieder ist es ja merkwürdig, dass eigentlich eher beiläufige Erlebnisse von der Erinnerung bewahrt werden, wie ich zum Beispiel das Niedergehen der Flaggen an der Seebrücke von Misdroy bei Hindenburgs Tod im August 1934 noch zum Greifen nahe vor mir sehe und auch das hilflose Flattern des Truthahns, den ich zehn Jahre später 1944 im Niemandsland zwischen Forlì und Faenza zu erlegen hatte. Aber wirklich wichtige Ereignisse sind mitunter nur ganz schemenhaft im Gedächtnis, meine Verhaftung in Wangerooge, mein erster Tag im Wilhelmshavener Gefängnis und eben auch jener Nachmittag, als wir in der alten Kaserne von Benghasi die Nachricht vom Tode Goebbels' und seiner Familie hörten. Damit war doch sozusagen der Schlussstrich unter die Ära Hitlers und seiner Paladine gezogen und damit war auch ich endgültig aus der Gefahrenzone der Gestapo. Es besteht keine Beziehung zwischen dem Gewicht eines Vorgangs und der Anschaulichkeit, mit der ihn das Gedächtnis bewahrt.

Nach Deutschland zurückgekommen, wurde Harald Quandt Haupterbe des Industrievermögens der Quandts, zu dem inzwischen auch die Mehrheit von BMW gehört. In den fünfziger Jahren habe ich ihn noch zwei oder drei Mal am oberen Kurfürstendamm getroffen, wo er wohl in der Nähe des Lehniner Platzes eine Art von Penthouse hatte, oder doch das, was man damals so nannte. Einmal habe ich ihn Jahre später auch in seinem landhausartigen Besitz in Bad Homburg besucht. Ende der sechziger Jahre ist er mit einem Privatflugzeug abgestürzt und das Vermögen der Quandts ging auf seine Verwandten über.

Der Kriegsgefangene lernt das Land wenig kennen, in dem er Monate oder Jahre verbringt. Er lebt in einem Camp der Vereinigten Staaten, wo es ihm meist sehr gut geht, oder er geht in einem Gulag zu Grunde, das zwischen dem Eismeer und Sibirien liegt. Aber auch wenn er Glück hat und der russischen Gefangenschaft entgeht, die in den letzten Monaten des Krieges den deutschen Soldaten als Schreckgespenst vor Augen stand und die auch uns in der Kaserne von Salzwedel bei der Fahrt an die Front ein Angsttraum gewesen war, steht ihm eine düstere Zeit bevor. Das gilt noch am wenigsten, wenn er in die Hand jener Franzosen gerät, die viele Jahre selber Gefangene in Deutschland gewesen waren, woran sie mitunter freundliche Erinnerungen hatten, wie viele Besuche von ehemaligen französischen Kriegsgefangenen bei »ihren« deutschen Bauern zeigten – wobei man einräumen muss, dass es sich oft um die Bäuerinnen handelte, denn die Männer waren ja meist irgendwo an der Front. Auch die deutschen Kriegsgefangenen konnten von Glück reden, wenn sie in der Landwirtschaft beschäftigt wurden. Aber oft genug fristeten sie ihr Leben bei notdürftiger Ernährung jahrelang in französischen Bergwerken, wo sie für die Jahre der deutschen Okkupation und die Grausamkeiten von SS und Gestapo zahlten.

In den fünfziger Jahren kam ich wieder einmal aus Wilflingen zurück, wo wir mit einer Hand voll seiner Freunde einen Geburtstag von Ernst Jünger verlebt hatten. Am Abend fuhr ich mit unserem ersten eigenen Wagen, einer Vorkriegs-»Schwebeklasse« der Auto Union, von Wilflingen nach Sigmaringen. Imke und ich übernachteten dort in jenem Hotel, in dem Jünger Jahrzehnte später seinen 100. Geburtstag feierte. Während ich am Steuer saß, hatte Imke neben mir einen Block auf den Knien und schrieb die Gedanken auf, die mir während des Nachmittags beim Gespräch in Jüngers Küchengarten gekommen waren.

In den Jahren nach meiner Rückkehr aus der Kriegsgefangenschaft besuchte ich Ernst Jünger regelmäßig. Er wohnte nun nicht mehr in dem alten Pfarrhaus in Kirchhorst bei Hannover, sondern in dem Forsthaus der Stauffenbergs bei Wilflingen.

Ich hatte mit Ernst Jünger darüber gesprochen, wann er aus der natio-

nalstaatlichen Epoche seines Denkens herausgetreten sei, die ihn in seinen revolutionären Jahren nach dem Ersten Weltkrieg ganz und gar in Beschlag genommen und mitunter zu jenen gedanklichen Exzessen geführt hatte, die ihm ein halbes Jahrhundert später noch immer vorgerechnet wurden. Mir kam es sonderbar vor, dass dieser einstige Nationalist nun so gar keine nationalen Empfindungen mehr zu haben schien. Es gibt kein Wort von ihm aus dieser zweiten Nachkriegszeit, das sich mit dem Untergang des alten Deutschland beschäftigt und den verlorenen Provinzen im Osten nachtrauert.
Das war unser Gespräch gewesen, während wir über die Felder der Stauffenbergs gingen, die ihn in ihrer ehemaligen barocken Oberförsterei aufgenommen hatten, als er wieder einmal ein Zuhause suchte; es sollte das Letzte sein. Hier im Schwäbischen lebte er länger als irgendwo sonst. Seine letzten fünfzig Jahre verbrachte der Niedersachse auf der Rauhen Alb im Württembergischen. Einst hatte er in Steglitz in Berlin gewohnt, dann war er vor der Zudringlichkeit des Dritten Reichs nach Goslar ausgewichen – »Dabei hatte ich vom Regime nichts zu befürchten als Ehrungen« –, schließlich hatte er sich in dem alten Pfarrhaus Kirchhorst bei Burgdorf im Hannoverschen vergraben. Aber nach dem Krieg hatte er die britische Zone, wo er als »Nationalist und Militarist« Publikationsverbot hatte, verlassen und war in die Nähe seines Bruders Friedrich Georg, an den Bodensee, gezogen.

Seit den Pariser Okkupationsjahren stand Jünger auf bestem Fuß mit vielen führenden Männern der französischen Literatur. André Gide nannte Jüngers »Stahlgewitter« damals das nobelste Dokument des Ersten Weltkrieges, und mit Montherlant, Jouhandeau, Cocteau und Léautaud war Jünger in diesen Jahren nahezu befreundet, wozu wahrscheinlich beitrug, dass Gaston Gallimard seine neuesten Bücher in Übersetzungen herausbrachte. »Routes et jardins«, die französische Übersetzung von »Gärten und Straßen«, das Tagebuch des deutschen Vormarschs in Frankreich 1940, war ein erstaunlicher Erfolg in dem besetzten Frankreich, größer als zu Hause, wo ihm Goebbels jede Papierzuteilung für weitere Auflagen verweigerte.

Der Name Jünger war in dem Frankreich der Nachkriegszeit ein Empfehlungsbrief selbst bei Camus und Sartre, während die deutschen Schriftsteller nichts von ihm wissen wollten und ihn für seinen einstigen Nationalismus über die Jahrzehnte hinweg mit Nichtachtung straften, und sogar Picasso, der für das offizielle Deutschland in Acht und Bann getan war – nicht seiner politischen, sondern seiner malerischen Exzesse wegen –, besuchte Jünger in seinem Atelier, wobei der Hauptmann Jünger aber Zivil trug. Jünger und Picasso waren sich sehr schnell einig, dass Deutsche und Franzosen sich über einen Frieden verständigen würden, wenn die beiderseitigen Machthaber Hitler und Pétain sie nur ließen. So war es nicht überraschend, dass Jünger in der französischen Besatzungszone mit großer Zuvorkommenheit aufgenommen wurde; alle Publikationsverbote spielten hier keine Rolle.

Aber am Bodensee bekam ihm der Föhn nicht, der ihn, wie er meinte, im Denken und Schreiben lähme. So hatte es ihn ganz zum Schluss nach Wilflingen verschlagen. Der Freiherr von Stauffenberg in Wilflingen und der Graf von Stauffenberg in Mautlingen – Sohn und Neffe des Attentäters – waren nun sein Umgang neben den Bauern des Dorfes Wilflingen. Die literarischen Salons von Paris und die politischen Zirkel von Berlin, die so lange seine Welt gewesen waren, schien er nicht zu vermissen.

Das Gespräch an seinem Geburtstag hatte uns auf die zweifache deutsche Tragödie gebracht, den Verlust des »Reiches« in seiner alten Gestalt und den Schrecken, der mit dem deutschen Namen seit den Vernichtungslagern für immer verbunden sein würde. Die Sorge um verlorene Landstriche, diktierte ich damals im Wagen Imke, verletze den Maßstab, wo Schrecken vor ganz anderem Grauen geboten sei.

»Das empfindlichere Bewusstsein scheut die Erinnerung an die Trecks der Flüchtlinge, weil mit ihnen auch die Waggons der Häftlinge aus dem Dunkel steigen, und die größere Sensibilität nähert sich nur vorsichtig dem Gedächtnis an einen Osten, wo nicht nur die Namen der verlorenen Städte, sondern auch die der vergessenen Lager zu suchen sind. Dies macht die Fluchtberichte der Gräfin Dönhoff und des Grafen Lehndorff nobel, dass sie so ganz Abschied und so wenig Klage sind. In der Sprachlosigkeit liegt die Tugend des Tages. Es macht den vornehmen Konservativismus stumm, dass er von den Größenordnungen des Schmerzes weiß, und es macht ihn vornehm, dass er stumm ist. In diesem Sinn lässt sich sagen, dass die Gewaltherrschaft nicht nur die Provinzen verspielt hat, sondern auch die Trauer um sie.«

Das war mein Empfinden in diesen späten fünfziger und frühen sechziger Jahren, und zwei Wochen nach dieser Autofahrt schrieb ich einen Essay, dem ich den Titel gab: »Trauer um den verlorenen Schmerz«. In mein Buch »We-

der Maas noch Memel« habe ich ihn ein paar Jahre später noch einmal aufgenommen.
Ernst Jünger schrieb mir dazu einige Zeilen, die unseren Gang über die Felder festhielten und von meinem Vater erzählten, mit dem zusammen er in jenem Januar 1944 das Hauptquartier von Dönitz in Berlin aufgesucht hatte, um etwas für die Söhne zu erreichen. Aber sie waren von Generaladmiral Mascheka mit der Warnung abgefangen worden, der Großadmiral sei ein ergebener Gefolgsmann Hitlers. »Komme ich vom Führer, fühle ich mich immer wie ein Pimpf«, war einer der berühmt gewordenen Sätze von Dönitz, wohl aus einer Rede im Sportpalast. »Pimpf Dönitz« wurde der Großadmiral im »weißen« Stab v. Stülpnagels von da an genannt. Jüngers spröder und immer wie abwehrender Charme gab in seinem Brief in seltenem Maße sein Gefühl zu erkennen. Aber im Grunde wusste ich nicht, ob seine Trauer dem untergegangenen alten Deutschland oder dem gefallenen Sohn galt.

Ich hatte Glück gehabt, als mich das Schicksal an die italienische Front führte, und noch einmal Glück, als ich die Jahre meiner Gefangenschaft in Afrika verbrachte, erst in Ägypten, dann in der Cyrenaika und schließlich in Tripolitanien, aus dem nach der Unabhängigkeit das Königreich Libyen wurde, dessen Geburt ich in Benghasi miterlebte. Wahrscheinlich war es wieder Glück, dass meine Kriegsgerichtspapiere mit mir in die Gefangenschaft geraten waren, so dass ich bald schon überraschende Privilegien genoss.
Erst hatte ich als Neunzehnjähriger vor den Mitgefangenen Vorträge zu halten, die wohl in das britische Pro-

gramm der *reeducation* fielen, dann war ich eine Art von Inspekteur der deutschen Kriegsgefangenen-Büchereien. Lange Zeit hatte ich einen *passport of free movement*, und da ich mitunter einen englischen Wagen, eine Art Jeep, zu meiner Verfügung hatte, konnte ich mich in der hier steppenartigen Wüste zwischen der Kattara-Senke, die bei El Alamein die Flanke von Rommels Stellungen gesichert hatte, der jahrelang umkämpften britischen Festung Tobruk und der einstigen Residenz von Marschall Balbo in Tripolis, der Hauptstadt der italienischen Provinz Tripolitanien, frei bewegen.

Von hier aus war in den dreißiger Jahren immer das Automobilrennen, der »Große Preis« von Tripolis, im Radio übertragen worden, und wir Dreizehn- oder Vierzehnjährigen hatten triumphiert, wenn die Wagen von Mercedes oder der Auto Union die italienischen Maseratis wieder einmal besiegt hatten. Das muss 1935 gewesen sein, denn in einem Vorort wie Dahlem gab es noch immer jüdische Mitschüler, obwohl deren Zahl mit der Zeit durch die Emigration der Eltern immer kleiner wurde. Aber die Juden unter uns, von denen niemand viel Aufhebens machte – bei einigen merkten wir überhaupt erst durch ihre Auswanderung, dass sie jüdischer Herkunft waren –, jubelten am leidenschaftlichsten über die deutschen Siege. Sie stimmten ein solches Triumphgeschrei an, dass es in das Arbeitszimmer meines Vaters drang, der uns dann ermahnte, unsere Begeisterung zu mäßigen. In den westlichen Vororten wie Dahlem, Grunewald und Wannsee gelang fast allen jüdischen Mitschülern die rechtzeitige Emigration. Viele jener Mitschüler aber, die am lautesten über deutsche Siege jubelten, wären wenige Jahre später in Auschwitz ermordet worden.

Als ich mich wieder einmal auf eigene Faust auf den Weg zu Außenstellen deutscher Lager weiter im Süden gemacht hatte, führte das zu einer Suchaktion der britischen Behörden – nicht, weil sie eine Flucht des deutschen Kriegsgefangenen vermuteten, sondern weil man fürchtete, dass mir in der Wüste etwas zugestoßen war. Ich übernachtete mitunter bei italienischen Geistlichen, die als einzige Italiener noch im Lande geblieben waren und nun einsam in ihren alten Missionsgebäuden hausten. Ein paar Jahre später mussten auch sie das Land verlassen, aber so kurz nach dem Krieg lebten sie noch in der Hoffnung, mit dem Friedensschluss werde Tripolitanien wieder als italienische Kolonie hergestellt werden. Jeder Besucher, auch wenn es ein deutscher Kriegsgefangener war, unterbrach ihre Einsamkeit. Oft saßen wir dann bis in den Morgen hinein zusammen und redeten über unsere Sehnsüchte und unsere Träume.

In Benghasi war mir als Unterkunft der arabisch anmutende Kubus des ehemaligen italienischen Hafenkommandanten direkt an der Mole zugewiesen worden, und dort verbrachte ich mehrere Monate. Der Tag begann mit langem Schwimmen im Meer und dann mit einem ausgedehnten Frühstück auf dem terrassenförmigen Dach, wozu ich mehrere Eier auf eine Abdeckung aus Blech schlug, die mir unter der brennenden Sonne als Pfanne diente. Einst hatte ich in Ettersburg staunend Wochenschaubilder von Soldaten des deutschen Afrikakorps gesehen, die sich Spiegeleier auf ihren in der afrikanischen Sonne fast glühenden Panzern zubereiteten. Nun ging es mir selber so.

Ziemlich genau ein Jahr lebte ich in Benghasi, das noch den imperialen Glanz einer italienischen Kolonie erkennen ließ, besonders an der Promenade zum Meer, wo ich eine Zeit lang das Haus des ehemaligen Hafenkommandanten als Quartier hatte.

Diese afrikanischen Jahre leben in meiner Erinnerung nicht so sehr als Zeit der Kriegsgefangenschaft, denn ein Lager hinter Stacheldraht gab es ja nun zumindest für mich nicht mehr, und meine Sonderstellung in jener Unterkunft am Hafen entfernte mich auch räumlich von den anderen Kriegsgefangenen. Vielleicht sollte ich wie Maxim Gorki von »meinen Universitäten« sprechen, womit er seine Verbannung in Sibirien meinte, wo er die Bildung nachholte, die ihm sein Herkommen aus der Welt der Kossäten versagt hatte. Auch in meinem Fall war es Neuland, das ich in diesen zweieinhalb Jahren in Nordafrika entdeckte, in geographischer und in literarischer Hinsicht.

Ich war zwar nicht verbannt, aber doch auf mich allein gestellt. Die Monate zwischen deutschen Gefangenen, britischen Soldaten und der arabischen Bevölkerung Benghasis, der ich im Souk, dem Basar von Benghasi, begegnete, waren in mancher Hinsicht eine fortgesetzte Lehrzeit. Ich las fünf oder sechs Stunden am Tag, wobei mitspielte, dass es sonst nichts gab, womit ich mich hätte beschäftigen können. Nie hatte ich in Ettersburg oder Spiekeroog und dann an der Front die Möglichkeit gehabt, so viel zu lesen. So waren es die Jahre der Gefangenschaft, in der ich mir neue Welten erschloss.

Die Entdeckung der englischen Dichtung – und auch der englischen Sprache – war das große literarische Erlebnis meiner afrikanischen Jahre. Dafür war sicherlich in erster Linie eine Anthologie »Ewiges England« verantwortlich, die Hans Feist während des Dritten Reiches in der Schweiz herausgegeben hatte und die mich all die Jahre durch die verschiedenen Lager begleitete. Vermutlich hatte sie ein Emigrant in die Bücherei der deutschen Gefangenen eingeordnet. Jedenfalls drängten von nun an Chaucer und John Donne, Keats und Shelley, Wordsworth und Swinburne für lange Zeit alles Deutsche zurück. Die englischen Modernen von Ezra Pound, T. S. Eliot und

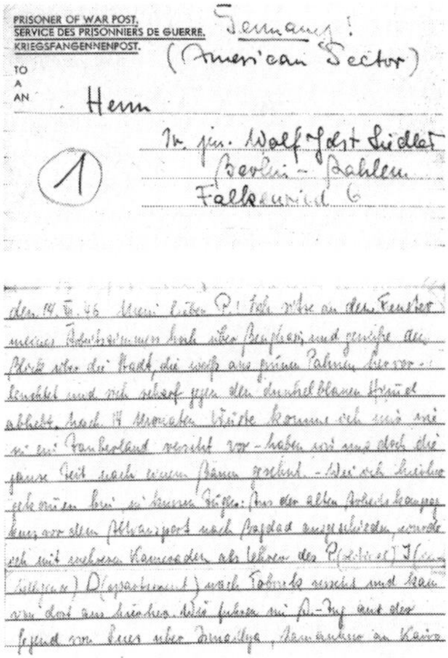
PRISONER OF WAR POST.
SERVICE DES PRISONNIERS DE GUERRE.
KRIEGSFANGENENPOST.
TO
A
AN Herrn

den 14.VII. 46. Mein Lieber P! Ich sitze an dem Fenster meines Arbeitszimmers hoch über Benghasi, und genieße den Blick über die Stadt, die weiß aus grünen Palmen hervorleuchtet und sich scharf gegen den dunkelblauen Himmel abhebt. Nach 14 Monaten Wüste komme ich mir wie in ein Zauberland versetzt vor – haben wir uns doch die ganze Zeit nach einem Baum gesehnt. – Wie ich hierher gekommen bin, in kurzen Zügen: Aus der alten Arbeits-Kompagnie kurz vor dem Abtransport nach Bagdad ausgeschieden, wurde ich mit mehreren Kameraden als Lehrer des P.(olitical) I(intelligence) D(epartement) nach Tobuk versetzt und kam von dort aus hierher. ...

Erst im Juli 1946 kam die Verbindung nach Hause in Gang.

W. H. Auden konsternierten mich anfangs in ihrer ungewohnten Montage von Worten der Umgangssprache in die gehobene Sprache der Poesie:

I grow old, I grow old
I shall wear the bottoms of my trousers rolled.

Aber schon bald konnte ich mich von diesem Aufbrechen der überlieferten Form der Poesie gar nicht lösen und Hofmannsthal oder gar Rilke kamen mir wie Figuren von gestern vor. »The Waste Land« und »The Lovesong of Alfred Prufrock« habe ich noch heute, ein halbes Jahrhundert später, auswendig im Gedächtnis. Steven Spender, Wilfred Owen und Rupert Brooke waren mir vertraut, lange bevor ich die deutschen Neuerer, Brecht und Benn, Else Lasker-Schüler und all die anderen, entdeckte.

Neben der englischen Dichtung trat aber noch etwas ganz Neues in meinen Horizont – die Welt der Wüste. Damit meine ich nicht so sehr die Leere der dünenartigen Landschaft, jene ständig windgepeitschte Einöde Nordafrikas, die allmählich in die Sahara übergeht. Natürlich haben sich meiner Erinnerung die Sandstürme eingeprägt, die zwei oder drei Mal im Jahr tagelang über uns hinwegzogen. Dann war schon die kleine Mauer, die meine Dachterrasse begrenzte, im gelblichbraunen Dunst kaum mehr zu sehen, und der peitschende, schmerzhaft ins Gesicht stechende Sturm machte es fast unmöglich, auch nur einen Löffel aus dem Blechnapf zu nehmen, ohne dass der Sand zwischen den Zähnen knirschte.

Aber die Ebene von Cyrenaika war zumindest in Küstennähe eher eine steinige Steppe, weshalb sich ja auch die Panzerarmeen Rommels und Montgomerys hier ihre Schlachten hatten liefern können. Wenn ich mich mit meinem Jeep, ein Fass mit Benzin auf dem Rücksitz, auf den Weg machte, so ging es über Stunden durch eine Welt, die in aller Leere noch zu erkennen gab, dass dies einst fruchtbarer Boden gewesen sein musste. Schon als mein Freund Jürgen von der Hude und ich 1943 in den großen Ferien Grabbes »Hannibal« im Schiller-Theater gesehen hatten, fragten wir uns auf dem Heimweg, wie Hannibals Elefanten denn die Zehntausende von Kilometern durchquert hatten, die zwischen Karthago und der indischen Heimat der Elefanten liegen.

Als ich nun, drei Jahre später, die trostlose Ansammlung von Häusern sah, die das moderne Cyrene sind, kam es mir fast unglaubhaft vor, dass dies in der Antike der Hauptort der blühenden Cyrenaika war, die Heimat der berühmten Pferde, die bei den Spielen in Olympia oft genug den Sieg errungen hatten. Wo waren die wehenden Graslandschaften geblieben, die Hannibals Elefanten und Griechenlands Rennpferde möglich gemacht hatten? Auch das war also alte Kulturlandschaft, über die nicht allein Kriege, sondern auch die Natur hinweggegangen war. Ich hatte noch keine Ahnung, dass am Ende dieses Krieges auch der russisch gewordene Teil Ostpreußens weithin eine Steppe unbebauter Felder sein würde.

Ich fuhr unter irgendeinem Vorwand nach Marsa Matrukh oder nach Cyrene und beschäftigte mich mit Gedanken, die mit dem Untergang von Reichen und Kulturen zu tun hatten. Franz Altheims Bücher über die Spätzeiten der alten Reiche, die Diadochen Alexanders des Großen oder das mittelpersische Reich der Sassaniden, seine Sympathie mit den Verfallszeiten großer Kulturen

fielen jedenfalls zwei Jahre später auf reifen Boden. Was mochten Rommel und Montgomery empfunden haben, als sie vor so wenigen Jahren hier ihre Panzerschlachten schlugen, die über das Schicksal »Großdeutschlands« und des British Empire entscheiden sollten?
»Wahrscheinlich gar nichts«, hatte Hanno Jahn in seiner trockenen Nüchternheit gesagt, wenn ich wieder einmal solchen Gedanken nachhing. Er nannte solche Überlegungen literarische Ausflüge, die sich nur der Müßiggänger, eben der Kriegsgefangene, leisten kann. Hanno Jahn, mehr als zehn Jahre älter als ich und als Dramaturg der Ufa in Babelsberg schon in der Berufswelt zu Hause, holte mich immer wieder auf die Erde zurück, wenn ich allzu »gymnasiastisch« vor mich hin grübelte, wie er das zu nennen pflegte.

Meine Zuneigung zu der arabischen Welt, die mir zuerst in der Landschaft beiderseits des Nils begegnet war, wuchs in diesen Jahren der afrikanischen Kriegsgefangenschaft. Ich gab mich wieder Fantasien hin, wie damals, als ich mit Ernst Jünger nach unserer Entlassung aus dem Gefängnis davon träumte, nach dem Krieg mit einem Eselskarren durch Italien zu wandern. Nun sehnte ich mich, einige Monate in der arabischen Welt zu leben, mit einer Kamelkarawane von Damaskus nach Bagdad zu ziehen oder im Atlasgebirge von Marokko die heilige Stadt Fes zu besuchen.
Sehnsüchte dieser Art haben mich auch nach meiner Rückkehr noch lange begleitet, während mich Indien, China oder Japan nie verführen konnten. Später wurde ich mitunter zu Verlegerkongressen nach Neu-Delhi oder nach Tokio eingeladen, aber das hat mich nicht gereizt.

Doch die jahrtausendealten Städte in Oberägypten oder in Äthiopien hätte ich gerne gesehen, das marokkanische Rabat übte eine merkwürdige Anziehung auf mich aus und als ich in der Gorbatschow-Ära eingeladen wurde, als Gast der damals noch existierenden Sowjetunion drei Städte eigener Wahl zu besuchen, wollte ich in den Süden des Riesenreiches aufbrechen. Besonders Samarkand, das ich nie gesehen habe, hatte großen Zauber für mich, vielleicht seiner berühmten Moscheen wegen, vielleicht aber auch als sagenumwobene Station der alten Gewürz- und Seidenstraße Sven Hedins, auf der tausend Jahre lang die Karawanen Seiden und Gewürze aus China nach Europa gebracht hatten.

Aber es kam damals nicht dazu, bald gab es ja auch die Sowjetunion nicht mehr, und kurz darauf wurde Gorbatschow von Jelzin gestürzt. Beide »Erinnerungen« brachte ich übrigens ein paar Jahre später heraus. Als Michail Gorbatschow und seine Frau Raissa uns in Dahlem besuchten, gab das einen kleinen Menschenauflauf im Falkenried. Den längst Gestürzten umgab noch immer die Aura der Weltgeschichte.

Vielleicht träumen Jugendliche immer davon, aus Europa oder aus der Zivilisation überhaupt auszubrechen, mit einem Maultier Sizilien zu erkunden, mit einem Kutter an fremden Küsten entlangzusegeln oder auf dem Rücken von Dromedaren durch die Wüste zu ziehen. Zu Hause standen die Bücher von Richard Halliburton im Bücherschrank meines Vaters. Der englische Globetrotter hatte in den dreißiger Jahren die großen Abenteuer der Antike erkundet, den Hellespont durchschwommen und zwischen Skylla und Charybdis die Fahrt des Odysseus wiederholt. Die Zeit vor dem zweiten großen Krieg liebte dergleichen Abenteuer; aber nur wenige Jahre noch und die Geschichte selber sollte alle solche Romantik vertreiben. Heute will kein Engländer oder Deutscher mehr auf den Spuren Homers das Mittelmeer entdecken, eher schon will er die Tempel von Sri Lanka bestaunen oder die Urwälder Kambodschas. Auch in dieser Hinsicht ist die antike Welt abgemeldet.

Die Umgebung unseres Lagers am Bittersee brachte mir zum ersten Mal die Bekanntschaft der arabischen Welt. Noch gab es wenig Straßen, so dass Kamele und Maultiere die einzigen Mittel waren, die dünenartigen Erhebungen zu überwinden.

Ab und zu hatten wir in den Monaten am Bittersee Karawanen über den Horizont ziehen sehen. Nur zwei Jahre später begegnete mir selbst diese sagenumwobene Welt, einmal war ich sogar tagelang Gast bei einem der legendären Scheichs. Als ich wieder einmal in die Wüste aufgebrochen war, ging mein Wasservorrat plötzlich zu Ende, da ich den Verschluss nicht fest genug zugedreht hatte. So bat ich in einem Beduinenlager um Hilfe, dessen lang hingestreckte Zelte aus fast schwarzer Ziegenhaut ich seit einiger Zeit schon in der Ferne gesehen hatte. Zu meiner Überraschung war der Scheich ein relativ junger, vielleicht vierzig-, höchstens fünfundvierzigjähriger Mann, dessen scharfgeschnittenes Gesicht auffallend dunkel war. War er nubischer Herkunft? Oder hatte der ständige Wüstenwind seine Züge gegerbt? Die Frauen verschwanden sofort in einem abseits gelegenen Zelt. Ein

wenig unruhig wartete ich auf die Nacht, denn den Büchern meines Vaters zufolge lädt ein Beduinenscheich willkommene Gäste mit großer Geste ein: »Meine Zelte, meine Kamele, meine Frauen sind die deinen.« Aber nichts dergleichen geschah – zu meiner enttäuschten Erleichterung. Einsam suchte ich mein Lager in dem Zelt des Scheichs auf.
Zur Begrüßung wurde ein Tee zubereitet, der fremdartig stark gesüßt war und aufdringlich nach Kardamom schmeckte. Damals kannte ich Kardamom natürlich nicht, wie ja die meisten orientalischen Gewürze erst nach dem Krieg Europa erreichten. In dem Zelt des Beduinenscheichs, der mich so gastfrei aufgenommen hatte, wurde der Tee noch auf die altmodische Weise zubereitet. Die Kapsel Kardamom war in der Tülle der kupfernen Kanne befestigt, so dass sie erst beim Darüberlaufen des heißen Wassers ihren Geschmack freigab, der dann viel intensiver war als der des gemahlenen oder gestoßenen Kardamoms, wie er heute auch in den Städten am Euphrat, Tigris oder Nil üblich ist.

Das Jahrzehnt nach dem Krieg war die letzte Zeit, in der die alte beduinische Welt noch existierte. Damals hielten Kamelkarawanen oft noch auf alte Weise die Verbindung zwischen den Städten aufrecht, wenn auch Lastwagenkolonnen die Operationen der Engländer unterstützt hatten. Aber das waren eben die Kolonialmächte; die Araber selber zogen häufig noch auf Kamelen durch die Wüste.
Bei der Rückschau nach einem halben Jahrhundert sind mir die Gespräche, die ja immer stockend durch einen des Englischen halbwegs mächtigem arabischen Jungen übersetzt werden mussten, nur noch eine undeutliche

Erinnerung. Ich weiß nur noch, dass ein wohl fünfzehnjähriger Junge meine Neugierde erregte, denn ich fragte mich, ob er wohl einer jener Knaben war, denen sehr häufig die Zuneigung der Beduinen gehört, wie das Lawrence in seinen »Sieben Säulen der Weisheit« andeutet. Auf jeden Fall schien eine auffällige Nähe zwischen den beiden zu bestehen, die aber auch auf sehr banale Weise von der Fürsorge des Älteren für den Jüngeren geprägt sein mochte.
Es war jedenfalls jene Nacht, in der ich zum ersten Mal die Gestirne bewusst, fast physisch wahrnahm. Natürlich war mir schon in den ersten afrikanischen Monaten am Bittersee deutlich geworden, dass am Wüstenhimmel der Glanz der Sterne ein ganz anderer als der im Norden ist. Der »gestirnte Himmel« Kants ist unter den Sternen des Südens fast greifbar und momentweise hat man den Eindruck, in dem Licht von Milliarden von Sternen Gedrucktes lesen zu können. Dann erlebte ich den übergangslosen Einbruch der kalten Wüstennacht. Ganz anders als im Norden, wo die Abendkühle nach heißen Tagen angenehm empfunden wird, bricht in der Wüste die Kälte geradezu abrupt ein. Hatten eben noch dreißig oder fünfunddreißig Grad geherrscht, so sank die Temperatur binnen kürzester Zeit auf fünf bis zehn Grad. Der Sternenhimmel und die übergangslose Kälte verbinden sich mir jedenfalls noch heute deutlicher mit meinen afrikanischen Erfahrungen als die Dünen und die Sandstürme.
Vielleicht hat bei der Gastfreundschaft in jenem Zeltlager der Beduinen mitgespielt, dass die Araber in den Deutschen Verbündete im Kampf gegen die Engländer sahen. Während des stürmischen Vormarschs von Rommel hat-

ten sie sich von den Deutschen ihre Unabhängigkeit erhofft. Der romantische Aufstand Rashid Ali Al-Gailanis, der in Bagdad für einige Wochen die Macht an sich riss, und dann die palästinensische Erhebung, deren Symbolfigur der Großmufti von Jerusalem war, schienen die britische Herrschaft über die arabischen Länder vorübergehend ins Wanken zu bringen. In Ettersburg hatten wir in der Wochenschau den Großmufti gesehen, der in seinem fremdartig wirkenden Burnus Hitler in der Reichskanzlei besucht hatte, wohl in der Hoffnung, Deutschland werde die arabischen Aufstandsbewegungen unterstützen. Wir Vierzehnjährigen hatten daraus den Schluss gezogen, das britische Kolonialreich stehe tatsächlich kurz vor dem Zusammenbruch.
Was der Nationalsozialismus eigentlich war und was Hitler wirklich wollte, haben die Araber wahrscheinlich nie begriffen. Aber noch in den fünfziger Jahren wurde in Beirut, der Hauptstadt des Libanon, bei einem Essen des libanesischen Schriftstellerverbandes ein Toast auf Hitler ausgebracht, der dieselben Ziele wie »wir alle« verfolgt habe. Inzwischen gab es kein Deutsches Reich mehr und auch die arabischen Aufstandsbewegungen waren in sich zusammengefallen.
Sprach sich ein Gefühl der gemeinsamen Niederlage in der Gastfreundschaft aus, mit der mich der Scheich drei Tage lang in seinem Zelt aufnahm? Niemand ahnte, dass es schon in wenigen Jahren einen unabhängigen Staat Libyen geben würde. Die Huldigung der Beduinenstämme für den zukünftigen König Idris El Senussi erlebte ich in Benghasi mit, wenn es auch noch einige Jahre dauern sollte, bis das Königreich Libyen offiziell etabliert und in die UNO aufgenommen wurde. Aber diese Königsherr-

schaft war unter europäischen Einflüssen entstanden, französischen oder englischen, eigentlich blieb sie den Beduinen so fremd wie die britische Herrschaft.
Wenig später fegte der Staatsstreich junger Offiziere in Bagdad und Damaskus wie in Kairo und Benghasi alle diese arabischen Könige davon. Es gab nur eine einzige Macht, die wirklich allarabisch war – die Stammesherrschaft der Beduinen. Aber sie standen auf verlorenem Posten, auch gegenüber den realen Interessen der Staaten, die sich nach dem Zerfall des osmanischen Reiches gebildet hatten, in Damaskus und in Bagdad, in Kairo wie in Benghasi.
Manchmal will es mir so scheinen, dass ich in diesen Jahren unmittelbar nach dem Krieg noch eine archaische Welt erlebt habe. Vor meinen Augen verging sie aber, inzwischen gehört die beduinische Welt ebenso der Geschichte an wie die europäische Kolonialverwaltung. War der Zweite Weltkrieg ihrer aller Todeskampf? Dann wären Churchill und de Gaulle ebensolche Figuren des Gestern gewesen wie Hitler, der von einer Weltherrschaft der »arischen« Völker träumte. Der italienische Operettenheld Mussolini, der auf einem Schimmel, das »Schwert des Islam« im hochgereckten Arm, in Tripolis eingeritten war, war eine skurrile Arabeske untergehender Welten.

Zehn Jahre später bin ich mit Karl Schiller, dem »Superminister« Willy Brandts, sechs Wochen durch den Orient gefahren, was eine Freundschaft begründete, die bis in die letzten Wochen seines Lebens anhielt. In seinem letzten Buch für den Siedler Verlag, »Der schwierige Weg in die offene Gesellschaft«, schrieb er wenige Monate vor seinem Tode über die Chancen einer wirtschaftlichen Er-

holung des Ostens. Damals waren wir Mitglieder einer Delegation des Verkehrsministers Seebohm, der die Lufthansalinie nach Teheran eröffnete. Die Route führte über Istanbul, Damaskus, Amman, Beirut, Bagdad und Isfahan nach Teheran, wo uns eine Einladung auf das Sommerschloss des Schahs im Elburs-Gebirge am Kaspischen Meer erreichte. Die damals noch sehr junge, aus Berlin stammende Kaiserin Soraya begrüßte uns auffallend herzlich; sie genoss es offensichtlich, ihre Muttersprache hören und sprechen zu können.
Hans Christoph Seebohm soll ein fähiger Verkehrsminister des Kabinetts von Adenauer gewesen sein. Aber er redete auf groteske, oft lächerliche Weise im deutschnationalen Tonfall von vorgestern. Ein Fauxpas nach dem anderen unterlief ihm, wann immer er zu einer offiziellen Rede ansetzte. Bei einem Empfang der türkischen Regierung in Istanbul feierte er die »Waffenbrüderschaft« aus dem Ersten Weltkrieg. Aber außer Karl Schiller und mir schien niemand an der unzeitigen Erinnerung an das Bündnis zwischen dem deutschen Kaiser und dem osmanischen Sultan Anstoß zu nehmen. Eher hatten wir den Eindruck, dass diese Erinnerung das deutsche Prestige bei unseren türkischen Gastgebern stärkte.

Über die Staatsbauten der Nazis hatte mein Vater mitunter das verbreitete Spottwort gebraucht, dass sie »troostlos« und »speerlich« seien. Paul Ludwig Troost, der Innenarchitekt der Hapag, war der erste Architekturlehrer Hitlers gewesen und hatte nicht nur die beiden »Ehrentempel« für die Gefallenen der »Bewegung« auf dem Münchner Königsplatz errichtet, sondern auch den ersten Staatsbau nach der Machtergreifung, das Münchner

»Haus der Deutschen Kunst«. Erst nach Troosts Tode avancierte Speer zum »Generalbauinspektor« der Reichshauptstadt.
Speer selber kam bei einem Gespräch während der Arbeit an seinen »Erinnerungen« darauf, dass eigentlich immer jemand hatte sterben müssen, bevor er den nächsten Sprung in seiner Karriere machte. Troost starb 1934 ganz plötzlich und völlig überraschend ernannte Hitler den jungen Speer zu seinem Nachfolger. Zehn Jahre später, Speer war inzwischen längst in der Umgebung des »Führers« etabliert, kam der Chef der »Organisation Todt« durch einen Flugzeugabsturz auf dem Rückflug vom »Führerhauptquartier« ums Leben. Alle Welt rätselte, wer an Todts Stelle »Minister für Rüstung und Kriegsproduktion« werden würde; Göring machte sich schon die größten Hoffnungen. Da machte Hitler aus heiterem Himmel Albert Speer zum neuen Chef der Rüstungsindustrie. Es war eine der berühmten »intuitiven« Entscheidungen Hitlers, die sich in diesem Fall als gerechtfertigt erwies. Es gelang Speer, die Rüstungsleistung um das Mehrfache zu steigern, und dies trotz des sich verschärfenden Luftbombardements der Alliierten.

Jahrzehnte später zählten Speers Bücher zu den großen Erfolgen des Propyläen Verlags. Auch was mich selber anlangt, konnte ich mich Speers unbeholfenem, immer ein wenig linkischem Charme kaum entziehen; so lud ich die Speers zu unserer Silberhochzeit ein. An der Tafel im Schlosshotel Gehrhus im Grunewald platzierte ich meinen väterlichen Freund Hans Wallenberg, den schon in seiner Physiognomie unverwechselbaren Berliner Juden, der sich über die New Yorker Emigration gerettet hatte, neben meiner Mutter in die Nähe Speers, nach vorsichtiger Erkundigung, ob dem heimgekehrten Emigranten die Nachbarschaft des einstigen Hitler-Vertrauten unangenehm sei. Die Familie Wallenberg, auch seine achtzigjährige Mutter, hatte sich in New York mehr schlecht als recht durchgeschlagen, bis plötzlich das Angebot Axel Springers kam, Wallenberg solle als »Generalbevollmächtigter« des nun zum Springer-Imperium gehörigen Ullstein Verlags in seine Vaterstadt zurückkommen.

Ernst Cramer und Hans Wallenberg hatten eine entscheidende Rolle gespielt, als Axel Springer dem jungen Feuilletonchef des »Tagesspiegels« den Vorschlag machte, zum Springer-Konzern überzuwechseln. Ich sollte den Versuch machen, den früh »arisierten« und Ende des Krieges endgültig eingestellten Propyläen Verlag wiederzubeleben, womit mein verlegerisches Leben begann. Hans Wallenberg entstammte einer alten Berliner Journalistenfamilie, schon sein Vater hatte dem Haus angehört, war Chefredakteur einiger der berühmten Ullstein-Zeitungen gewesen, und es muss eine besondere Genugtuung für den Sohn gewesen sein, als ihn nun Axel Springer zum »Generalbevollmächtigten« seines Berliner Hauses machte.

Wallenberg war klein, rundlich und nicht gerade ein Adonis. Aber was ihm in seiner Erscheinung fehlte, machten sein Charme, sein Witz, seine Selbstironie und sein Geist, kurz seine Persönlichkeit, wett. Einmal war er abends bei uns zu Hause und ich werde nie vergessen, wie er Imke erzählte, er sei mit fünfzehn Jahren, als er sich im Rasierspiegel betrachtet habe, zum ersten Mal seiner ganzen Hässlichkeit gewahr geworden. »Hans«, habe er da zu sich gesagt, »so wie du aussiehst, wird dir in dei-

Hans Wallenberg, einer alten jüdischen Rabbinerfamilie Berlins entstammend, war mein Gönner in den ersten Nachkriegsjahren. Hier »inthronisiert« er mich als Chef des Propyläen Verlags, links neben mir Friedrich Kaufmann, mein Stellvertreter.

nem Leben nur eins helfen: Du musst bedeutend werden.« Hans Wallenberg ist das wirklich geworden, und wir waren bis zu seinem Tod befreundet. Noch im Martin-Luther-Krankenhaus besuchte ich ihn, als er nach einer schweren Krankheit schon auf dem Wege der Genesung zu sein schien. Am nächsten Tag ist er gestorben. Auf den Tag genau ein Jahr nach seinem Tod schied »Evchen« Wallenberg freiwillig aus dem Leben.

Es war eine sehr aufgeräumte, heitere Stimmung bei dieser silbernen Hochzeit, an der eine unkonventionelle Mischung von Verwandten, Freunden der Familie und Autoren des Verlags versammelt war. Der Kirchenhistoriker und Theologe Klaus Scholder, der ein entfernter Vet-

ter von Imke war und bei mir seine großen Bücher »Die Kirchen und das Dritte Reich« und »Die Mittwochsgesellschaft« veröffentlichte, saß neben dem letzten Vertreter der Berliner Bildhauerschule, Waldemar Grzimek, der es wie Gustav Seitz trotz heftiger Proteste in Westberlin abgelehnt hatte, seine Mitgliedschaft in der ostdeutschen »Akademie der Künste« niederzulegen. Natürlich waren meine alten Freunde Johannes Gross, Joachim Fest und Joachim Kaiser dabei. Das war Anfang der siebziger Jahre, die Nachkriegszeit war zu Ende, aber die Ideologisierung auch im persönlichen Kreis spielte zumindest in unserer Welt keine Rolle.
Nur mein ältester Freund, Georg Heinrichs, halb Jude und halb Russe, dessen Bruder in Mittelbau im Harz verhungert war, wo die Nazis ihre V 1 und V 2, die berühmten »Vergeltungswaffen«, montierten, hatte es abgelehnt, dabei zu sein. »Wenn ich komme, dann nur mit einem Messer«, hatte er bloß gesagt, voller Unverständnis für die Milde, mit der ich Emigranten, KZ-Häftlinge, Naziminister, Sympathisanten des östlichen Satellitenregimes und Juden an einen Tisch brachte.

Georg Heinrichs, damals ein junger Architekt aus der Schule von Erich Mendelsohn und Alvar Aalto, der später durch das »Märkische Viertel« zu umstrittener Berühmtheit kam, hatte wenig Sinn für den etwas hohlen Neoklassizismus des Dritten Reichs, den ich im Gegensatz zu den späteren Planungen der Nazis, etwa den Entwürfen für die nie gebaute Triumphstraße Hitlers, gelten ließ. Ich fand, dass das Bauen des Dritten Reichs in den Anfangsjahren das europäische Mittelmaß nicht unterschritt. Der »Zentralflughafen« Tempelhof und die »Ausstellungshallen« am Funkturm schienen mir der Architektur der Londoner Admiralitätsgebäude und des Pariser Musée d'Art Moderne nicht so fern. Mein Freund Georg Heinrichs, Patenonkel unserer Tochter Sophie, war da ganz anderer Meinung. Er sah immer in Gedanken die Lager, auf die dieses Bauen hinauslief und in denen sein Bruder umgekommen war. Vor allem aber wollte er nicht in demselben Raum Gast sein, in dem ein Mann sitzen würde, der bei dem Nürnberger Prozess von sich gesagt hatte: »Wenn Hitler einen Freund gehabt hätte, wäre ich es gewesen.«

Rückkehr ohne Heimkehr

Im Frühherbst 1947 ging es endlich nach Deutschland zurück. Waren wir ungeduldig gewesen, als wir immer wieder auf den nächsten Transport vertröstet wurden? Ich weiß es nicht, weiß von diesem letzten afrikanischen Jahr vieles nicht mehr. In welchem Hafen wartete der bejahrte Truppentransporter, dessen rostige Streifen schon erkennen ließen, dass er bald ausgemustert werden würde? Stach er wieder von Alexandria aus in See, wo ich vor über zwei Jahren angekommen war, oder wurden wir nach Suez gebracht, dem eigentlichen Mittelmeerhafen Ägyptens? Und: Marschierten wir eigentlich zur Einschiffung oder fuhren die Lastwagen direkt an den Kai? Sonderbar willkürlich ist das Gedächtnis, immer wieder staune ich, was es bewahrt und was im Zwielicht des Gewesenen nur undeutlich noch zu erkennen ist.

Merkwürdig muss aber auch das Erinnerungsvermögen der Autoren jener Memoiren beschaffen gewesen sein, die ich dann fast vierzig Jahre lang erst im Ullstein und Propyläen und dann im Siedler Verlag veröffentlichte. Sie können sich oft an alle Einzelheiten einer Begebenheit noch erinnern, wissen sogar, was sie bei einer bestimmten Gelegenheit empfanden und sagten, und sind imstande, Gespräche, die Jahrzehnte zurückliegen, noch in direkter Redeweise wiederzugeben. Lange Zeit habe ich manchen meiner Autoren um sein fotografisches Gedächtnis beneidet, war mir selbst doch vieles nur noch verschwommen erinnerbar. Aber mit der Zeit wurde ich mißtrauisch, was die Genauigkeit solcher Erinnerungen anlangt.

Einmal hatte ich mit dem Manuskript eines Ordonnanzoffiziers des Generalfeldmarschalls v. Manstein zu tun, das bis in Rede und Widerrede hinein Gespräche wiedergab, die Anfang des Krieges, zurzeit der großen deutschen Siege, zwischen dem damaligen General v. Manstein und seinem jungen Adjutanten stattgefunden hatten. Der sympathische Autor lebte, als ich ihn in Berlin als Besitzer des Restaurants »Alexander« am Kurfürstendamm kennen lernte, noch ganz in der Verehrung seines einstigen Chefs, den viele tatsächlich für den einzig wirklich bedeutenden strategischen Kopf des Zweiten Weltkrieges halten.

Aber ich war nicht ganz glücklich mit dieser ersten Manuskriptversion, weil mir sein Tonfall doch zu verehrungsvoll für einen Mann war, der in seinen Erinnerungen »Verlorene Siege« beklagt hatte, dass die dilettantischen Entscheidungen des einstigen Gefreiten dem Feldmarschall seine Siege gestohlen hätten. Schließlich zog der einstige Adjutant sein Manuskript zurück, um mir nach einem Jahr eine neue Fassung zu geben. Das wiederholte sich noch einmal, und erst nach ungefähr drei Jahren hielt ich die endgültige Fassung in Händen. Ich veröffentlichte das Buch dann aber doch nicht, da meine Zweifel an dem Erinnerungsvermögen – oder an der Aufrichtigkeit – des Autors immer stärker geworden waren.

Inzwischen hatte sich das Weltbild des Autors nämlich ganz und gar verschoben. Aus der uneingeschränkten Verehrung war erst skeptische Bewunderung und zum Schluss offene Kritik geworden. Der damals dreiundzwanzigjährige Adjutant wollte den sechzigjährigen Marschall vergeblich zum Staatsstreich aufgefordert haben. Und wieder wusste er alle Gespräche mitsamt ihren atmosphärischen Details wiederzugeben, mit der stockenden Redeweise v. Mansteins und seinen eigenen ehrfurchtsvollen Überredungsversuchen.
Der Leutnant und sein Marschall – solche Trugbilder habe ich oft erlebt. In diesen vier Jahrzehnten habe ich ja Dutzende von Memoiren veröffentlicht, von Robert Murphys »Diplomat unter Kriegern«, Harold Macmillans vielbändigen Erinnerungen, Ivone Kirkpatricks Bericht über seine Mission bei Mussolini »Im inneren Kreis«, den Memoiren von Franz Josef Strauß und Michail Gorbatschows.

Mir jedenfalls sind von diesem Transport in die Heimat, die ich vor über drei Jahren zum letzten Mal gesehen hatte, nur Splitter in Erinnerung. Wir lagen im Bauch des ziemlich ruinösen Transporters, wo uns Hunderte von Hängematten erwarteten, die den Eindruck machten, als hätten sie schon manchen Seekranken auf der Fahrt über den Atlantik beherbergt. Die Besatzung nahm von uns kaum Notiz; ihre Gleichgültigkeit ließ vermuten, dass auch die Engländer möglichst bald in die Heimat entlassen werden wollten.
Sonderbarerweise konnten wir uns an Deck ziemlich frei bewegen, nicht einmal das Vorschiff war durch Taue abgetrennt. Aber nur wenige machten von dieser Freiheit

Gebrauch, denn auf der Höhe von Sizilien kam ein Sturm auf, der sich im westlichen Mittelmeer, vor der Meerenge von Gibraltar, zum Orkan steigerte, so dass die Mannschaft offensichtlich selber besorgt war. Von den Hunderten von Kriegsgefangenen erschien nur eine Hand voll zu den Mahlzeiten in der »Messhall«, die ohnehin reichlichen Rationen wurden unter uns Übriggebliebenen verteilt. Ich war der Einzige, den angesichts der aufgewühlten See und der Brecher, die beim Eintauchen des Schiffes in das nächste Wellental jedes Mal als grüner Schwall über uns hinweggingen, eine sonderbare Heiterkeit erfasste. Wohl mehrere Stunden saß ich so am Bug im Schutz der Reling, und erst, als ich wieder ins Unterdeck ging, wo unsere Hängematten gefährlich von der einen Seite zur anderen schwangen, wurde auch mir merkwürdig zu Mute. Dazu trugen die Elendsgestalten bei, die mitunter Mühe hatten, das Oberdeck zu erreichen, um sich über die Reling zu erleichtern.

Nach der Enge zwischen Tanger und Gibraltar ging das Stampfen der kurzen, aufgetürmten Wellen des Mittelmeers in die breite Dünung des Atlantiks über und einzig die Biscaya brachte für die Seekranken noch einige qualvolle Stunden. Dann beruhigte sich das Meer und endlich erreichte das Schiff das ruhige Wasser der Bucht von Wilhelmshaven, wo an der Pier etwa hundert Angehörige standen, die schon einen ganzen Tag auf die Ankunft des Schiffes gewartet hatten, das ihre Ehemänner, Väter, Brüder und Söhne bringen sollte. Ich hielt vergeblich Ausschau nach dem Gefängnis, in dem ich vor vier Jahren unter so düsteren Umständen ein halbes Jahr verbracht hatte.

Nach ein paar Stunden lief unser Schiff wieder aus, da

auf vier oder fünf von uns das inzwischen etwas zweifelhaft gewordene Privileg Wilton Park wartete, das College für deutsche Kriegsgefangene, das schon Anfang des Krieges eingerichtet worden war. Das riesige Schiff war nun bis auf uns Übriggebliebene vollkommen leer, und wenn wir zu den Mahlzeiten in die turnhallengroße »Messhall« gingen, kamen wir uns verlassen vor. Wir waren alle *future opinion leaders*, die von Londoner Offizieren offensichtlich auf Grund einer Ferndiagnose ausgewählt worden waren.

Die Route des Schiffes führte um die Nordspitze Englands herum. Irgendwann wurden wir auf eine im Dunst nur undeutlich erkennbare Inselgruppe hingewiesen, hinter der Scapa Flow liegen sollte, die Bucht, in der seit dem Ersten Weltkrieg die Homefleet scheinbar sicher vor Anker lag. Hier hatte, wenige Tage nach Beginn des Zweiten Weltkrieges, das U-Boot von Günter Prien sein Heldenstück mit der Torpedierung eines englischen Schlachtkreuzers vollbracht. Auch die berühmten Inseln an der Nordspitze Englands passierten wir, die Orkneys und die Shetlands, aber auch sie konnten wir in der diesigen Gischt der hier im Nordatlantik hoch gehenden Wellen kaum ausmachen. Am Morgen des nächsten Tages lief das Schiff in einen schottischen Hafen ein. Schon nach zwei Stunden wurden wir zum Bahnhof gebracht, wo zum ersten Mal seit vielen Jahren nicht ein Güterzug, sondern ein regulärer Personenzug auf uns wartete, in dem ein Abteil für die zukünftigen Wilton-Park-Studenten reserviert war. Meiner Erinnerung nach begleitete uns nur ein britischer Sergeant auf der stundenlangen Fahrt nach London, mit dem die Verständigung aber schwierig war, da wir von seinem Cockney nur wenige Brocken entschlüsseln konnten. Dass Wilton Park vor ein paar Jahren einen anderen deutschen Bewohner gehabt hatte, wusste natürlich keiner von uns. Aber Hitlers Stellvertreter, Rudolf Hess, war nach seinem spektakulären Schottlandflug im Frühjahr 1941 eine Zeit lang in Wilton Park interniert worden, ganz offensichtlich unter erträglichen Bedingungen. Aber er soll fassungslos gewesen sein, dass man von seiner »Friedensmission« nichts wissen wollte und ihn wie einen normalen Kriegsgefangenen behandelte, bis er 1946 zu den Kriegsverbrecherprozessen nach Nürnberg geflogen wurde.

Das College von Wilton Park verdankte seine Gründung Winston Churchill, der es dazu bestimmt hatte, »to re-establish peace and democracy in Europe«.

In Wilton Park, einem schlichten »klassizistischen« Bau aus dem frühen 19. Jahrhundert, der in einer weiten Parklandschaft lag, trat es nun nicht mehr in Erscheinung, dass wir Kriegsgefangene waren. Es gab keinen Stacheldraht um das Areal und Wachposten bekamen wir überhaupt nicht zu Gesicht. Zwei oder drei Mal fuhr ich sogar nach London, wozu ich mich abmelden musste, aber damit befolgte ich nur Regeln, die auch in Ettersburg oder in Spiekeroog gegolten hatten. Unser sparsames Taschengeld sorgte dafür, dass wir nicht allzu oft Ausflüge machten, denn in London mussten wir mit unserem wenigen Geld haushälterisch umgehen, wenn wir Billetts zu den Museen und Tickets für die roten Doppeldeckerbusse lösten.

Es waren vor allem die Quäker, die sich unser annahmen,

und eines Sonntags wurde ich von einer Quäker-Familie mit dem Wagen abgeholt und wir fuhren an die Flusslandschaft der Themse. Dann lud mich die Familie zum Lunch in ihr Haus, ein Landhaus, an dem mir vor allem der weitläufige Garten in Erinnerung ist, von dessen Terrasse man – es war ein strahlender Herbsttag – auf die Rasenfläche sah. Dort spielten wir nachmittags Kricket, was mir natürlich das Bocciaspiel im heimischen Falkenried in Erinnerung rief.

Die Vorlesungen der Tutoren – es waren wirklich Vorlesungen und nicht Unterrichtsstunden – fanden in einer legeren Atmosphäre statt, die sich deutlich von dem streng geordneten Stil deutscher Hochschulen unterschied, wie ich ihn ein paar Jahre später erlebte. Es waren fast alles Emigranten, die Vorlesungen auf den verschiedensten Gebieten hielten. Oft lebten sie schon seit den frühen dreißiger Jahren, also seit anderthalb Jahrzehnten, in England. Es frappierte mich, als sie ironisch eingestanden, ihr Englisch gebe auch nach so langer Zeit noch immer den Ausländer zu erkennen. Der Akzent eines *continental* sei eben unüberhörbar und der Fremde werde ihn nie los.

Professor Mandelbaum, meiner Erinnerung nach ein eher kleingeratener, nicht sehr ansehnlicher, aber überaus geistreicher Nationalökonom, der schon bald nach der Machtergreifung Hitlers das Land verlassen hatte, trieb das auf die Spitze. »Ja, Engländer merken nichts, wenn ich ›Good morning‹ sage. So lange halten sie mich für einen Landsmann. Aber schon, wenn wir über das Wetter sprechen, sagen sie nach zwei Sätzen: ›Ach, Sie kommen aus Deutschland? Wann sind Sie gekommen, schon 1933?‹«

Dieser Professor Mandelbaum faszinierte uns und er ist mir auch am deutlichsten von allen Tutoren in Erinnerung. Den Erfolg der schnellen wirtschaftlichen Gesundung Deutschlands nach der Machtergreifung Hitlers erklärte er mit dem »deficit spending« der neuen Regierung – ein Terminus technicus, den inzwischen jedes Kind kennt, der damals aber fast ein Fremdwort war. Mandelbaum rechtfertigte die Arbeitsbeschaffungsmaßnahmen der Nazis zwischen 1933 und 1936 und erklärte es für Humbug, dass nur die Aufrüstung Hitlers Herrschaft gefestigt habe. Vielmehr habe die Aufrüstung in den ersten Jahren des Regimes gar keine entscheidende Rolle gespielt und auch nicht nennenswert zum Abbau der Arbeitslosigkeit geführt, was erst vom Herbst 1935 an und dann natürlich in den letzten Jahren vor dem Krieg der Fall gewesen sei. Anfangs sei es die Wirtschafts- und Finanzpolitik Hjalmar Schachts gewesen, die das Dritte Reich stabilisiert habe.
Gerade die unproduktive Natur der Arbeitsbeschaffung sei das Geheimnis ihres Erfolgs gewesen, der »Adolf-Hitler-Koog« an der Nordsee und der Bau der »Reichsautobahnen«. Aber das sei ja das Geheimnis der Schachtschen Arbeitsbeschaffungspolitik gewesen. Durch solche Maßnahmen, die Hunderttausende in Lohn und Brot setzten, ohne der existierenden Industrie Konkurrenz zu machen, sei der Wirtschaftsprozess angekurbelt worden.
Mandelbaum zufolge wäre derselbe Zweck auch erzielt worden, wenn schon damals, gleich nach der Machtergreifung, der »KdF-Wagen«, der spätere Volkswagen, vom Band gelaufen oder der »Volksempfänger« in die Massenproduktion gegangen wäre – vor allem wenn »Volkswagen« und »Volksempfänger« gleich anschließend

mit Transportkähnen aufs Meer gefahren worden wären, um an der tiefsten Stelle der Nordsee versenkt zu werden. Die Friedensproduktion sollte ja angekurbelt, aber nicht befriedigt werden. Das Kunststück sei gewesen, Millionen von Arbeitslosen wieder in Lohn und Brot zu setzen, ohne dass Ware produziert wurde, die den Konsumbedarf befriedigte.

So sei das Baufieber der frühen dreißiger Jahre, der Bau von Autobahnen, Kasernen oder »Ordensburgen« eben die Voraussetzung dafür gewesen, dass der Wirtschaftskreislauf wieder in Gang kam. Erst ab der Mitte des Jahres 1936 sei die Wirtschaft vorzugsweise auf den Krieg ausgerichtet worden, mit der Aufstellung immer neuer Divisionen, durch den Bau von Panzern und den Aufbau einer Flugzeugindustrie, und in den letzten drei Jahren vor dem Krieg sei die ganze Wirtschaft dann praktisch eine Kriegsindustrie gewesen. In den ersten Jahren nach 1933 habe die Unproduktivität gerade zu dem Geheimnis jener Wirtschaftspolitik gehört, die Deutschland zum Staunen der Welt in kürzester Zeit aus der tiefsten Wirtschaftskrise seiner Geschichte holte.

Wir waren von Mandelbaums Perspektive, die die Dinge auf den Kopf stellte, wie vor den Kopf gestoßen. Hier war, scheinbar ohne politisch-pädagogische Nebenabsicht, die Ökonomie der Nazis wertungsfrei erklärt. Vielleicht hat die schockierende Rabulistik Professor Mandelbaums mehr zur intellektuellen Entnazifizierung beigetragen als die ganze *reeducation* der Besatzungsbehörden. Auf verzwickte Weise bewirkte die Rehabilitierung der Arbeitsbeschaffungspolitik Hitlers die Entmystifizierung des »Wirtschaftswunders« des Dritten Reichs.

Damals habe ich natürlich nicht so gedacht, ich war ein inzwischen zweiundzwanzigjähriger Kriegsgefangener und ganz einfach verblüfft, wie man die Dinge auch sehen konnte. Aber heute kommt es mir so vor, als hätte es mich immer fasziniert, wenn die geltende Sicht der Dinge umgedreht wurde. So war es wohl schon in Ettersburg gewesen, als Andreesen den japanischen Angriff auf Pearl Harbor damit rechtfertigte, dass den Japanern angesichts des amerikanischen Boykotts gar nichts anderes übrig geblieben sei, als einen Befreiungsschlag zu versuchen. Während heute jedermann sagt, dass die Arbeitsbeschaffungspolitik der Nazis von Anfang an auf den Krieg gerichtet gewesen sei, war Mandelbaum auch in dieser Hinsicht anderer Auffassung. Nun zeigte ein jüdischer Wissenschaftler, dass man die Dinge auch ganz anders sehen konnte. Der Bau von »Reichsautobahnen« sei zum Beispiel durchaus nicht auf den Krieg zugelaufen. Fast alle Autobahnen liefen ja in Nord-Süd-Richtung, während die Angriffsziele der Nazis im Westen und im Osten lagen, so dass sie für den Aufmarsch der deutschen Armeen vollkommen nutzlos gewesen seien. Zwei Jahrzehnte später, als ich mit Albert Speer an seinen Büchern arbeitete, legte der einstige Rüstungsminister Statistiken vor, wonach tatsächlich nur fünf Prozent aller Kriegsbewegungen auf den Autobahnen stattgefunden haben. Die Bewegungen der Truppen wie der Transport der Panzer und des Nachschubs seien auf ganz altmodische Weise über Eisenbahnstrecken vor sich gegangen, die schon im Kaiserreich existiert hatten.

Man sollte denken, dass sich die endgültige Heimkehr nach Deutschland und damit nach Berlin, wo meine Familie seit so vielen Generationen lebte, dem Gedächtnis tief eingeprägt habe. Aber wieder sind mir die Einzelheiten des Aufbruchs aus Wilton Park, der Eisenbahnfahrt nach Dover, dann der Fahrt über den Ärmelkanal und schließlich der Zugfahrt nach Berlin nur undeutlich erinnerbar. Allerdings weiß ich noch, wie uns der Anblick der zerstörten Städte schockierte. Seit zwei Jahren hatten wir in einer friedlichen, heilen Welt gelebt, denn der Krieg hatte Alexandria, Benghasi oder Tripolis nie erreicht, und die Wüste war, wie sie wohl immer gewesen war.

Der Besuch von Wilton Park pflegte die letzte Etappe eines deutschen Kriegsgefangenen vor der Entlassung nach Deutschland zu sein. Darauf spielte eine Karikatur an.

Auch in England war uns eine in ihrer Unzerstörtheit fast unwirkliche Welt entgegengetreten. Nicht nur die deutsche Propaganda, sondern auch die englische und amerikanische Presse hatte von dem Flammenmeer gesprochen, das zwei Mal über die Insel hereingebrochen war, mit Görings »Blitz« nach dem Sieg über Frankreich und dann in dem Beschuss mit V-Waffen, die zu Anfang des letzten Kriegsjahres London tatsächlich verwüstet hatten. Aber fast alle Schäden waren schon während der Kriegsjahre beseitigt worden, an St. Pauls Cathedral ebenso wie an Westminster mit dem House of Parliament.

Als ich im Herbst 1947 meine Ausflüge von Wilton Park nach London machte, hatte ich jedenfalls keine Ruinen gesehen, wenn es sie auch mit Sicherheit vereinzelt noch gegeben hat. Vorher, noch während meiner Zeit in Spiekeroog war ich nur zwei Mal zum Urlaub in das heimatliche Berlin gekommen, wo sich die »Terrorangriffe« erst

allmählich immer stärker bemerkbar machten. Das Jahr 1944 aber verbrachte ich ohnehin im Gefängnis, war dann kurze Zeit in der »Adolf-Hitler-Kaserne« in Salzwedel und endlich an der Front in Italien.
So war mir das ganze Ausmaß der Verheerung in den deutschen Städten unbekannt. Erst die Rückkehr aus Krieg und Gefangenschaft führte mich nun zum ersten Mal durch die Trümmerlandschaft Deutschlands. Die Fahrt ging am Rande des Ruhrgebiets vorbei, dann berührte sie Hannover und Braunschweig. Wir waren fassungslos, als wir die Ruinen sahen, die wir uns trotz aller Berichte konkret nicht hatten vorstellen können. Mitunter wuchs auf ihnen schon Distelgestrüpp und Robiniengebüsch, ja sogar Birken hatten sich auf den Gesimsen und Balkonen mancher Ruinen schon ausgesät. Wir Kinder hatten, wenn wir den Bruder der Großmutter, Onkel Walter, am zweiten Weihnachtstag in Potsdam besuchten, gestaunt, dass im Zinnenkranz des Nauener Tors eine schon ziemlich stämmige Birke wuchs. Jetzt war das ein allgemeiner Anblick. Die Natur holte sich zurück, was ihr eine verwirrte Kultur überlassen hatte.

Die Endstation des Zuges war der Güterbahnhof von Lichterfelde-West gewesen, der seit ein paar Jahren schon amerikanischer Militärbahnhof war; dort wurden wir uns selber überlassen. Von Lichterfelde nach Dahlem hatte es immer nur einen Autobus gegeben, der aber nicht mehr fuhr. So machte ich mich zu Fuß auf den Weg. Zuerst überquerte ich, wie in Kinderzeiten, wenn ich meine Großmutter in Lichterfelde besuchte, die einst verkehrsreiche, jetzt ziemlich verlassene Straße »Unter den Eichen«, deren Verlängerung, die Potsdamer Straße, nach

Potsdam führte, das inzwischen aber in der russischen Zone lag, so dass die Straße, Teil der »Reichsstraße Nr. 1« von Aachen nach Königsberg, jetzt eine Sackgasse war. Dann kam die Habelschwerdter Allee, und von nun an marschierte ich durch eine nahezu unberührte Welt, in der bis auf zwei ausgebrannte Villen weder vom Bombenkrieg noch von der russischen Eroberung viel zu sehen war. Wie lange war es her, dass wir Schüler des Dahlemer Arndt-Gymnasiums uns aufgemacht hatten, um Flaksplitter zu sammeln, die in den ersten Jahren des Krieges ein so begehrtes Tauschobjekt gewesen waren? Dann mündete die Habelschwerdter Allee in die Thielallee ein, wo heute der Flachbau der Freien Universität steht, der nur »die Rostlaube« genannt wird. Nach der Überquerung der Königin-Luise-Straße, auf der damals noch die Straßenbahn 40 fuhr, deren Gleise in den sechziger Jahren zu Gunsten des Busverkehrs aus dem Pflaster gerissen wurden, war ich schon in heimatlichem Bereich. Noch hieß die doppelbahnige Allee mit dem Grünstreifen in der Mitte, wo einst der Reitweg entlanglief, wie in der Kaiserzeit Cecilienallee. Erst später wurden viele dieser Straßen demokratisiert. Aus unserer Cecilienallee wurde zu Ehren des Papstes Pacelli, der hier als Nuntius an der Ecke zum Dol sein Palais gehabt hatte, die heutige Pacelliallee, aus der Kronprinzenallee am anderen Ende der Königin-Luise-Straße, wo der Grunewald begann, die Clayallee. Dann ging es, gleich nach der mittelalterlichen Dorfkirche, schon direkt gegenüber der Domäne Dahlem, an Niemöllers Haus vorbei in den kleinen Drosselweg. Endlich stand ich im Falkenried vor unserem Haus. In unserem Vorgarten hatten zu Kriegsbeginn sechs kleine Tannen gestanden, die jetzt fehlten. Jedes Jahr hatte mein Vater eine der Tannen als Weihnachtsbaum gefällt. Als ich jetzt den leeren Vorgarten sah, fiel mir ein, dass meine Mutter Heiligabend 1943 gesagt hatte: »Jetzt darf der Krieg nur noch ein Jahr dauern. Es ist nur noch ein einziger Baum übrig geblieben.« Tatsächlich war 1944 die letzte Tanne gefällt worden. Im nächsten Jahr war unser Tannenvorrat aufgebraucht, aber auch der Krieg war zu Ende. Unser Haus war noch wie in alten Zeiten mit wildem Wein bewachsen, der sich jetzt im Spätherbst gelbrot färbte. Wenn man so im Falkenried stand, konnte man meinen, es habe sich nichts getan, und fast fühlte man sich versucht, nach den Kindern Ausschau zu halten, die hier mit unserem Hauslehrer Klopstock Autorennen gespielt hatten.

Unser Haus war also erst von den Russen, dann von den Amerikanern beschlagnahmt worden. Meine Eltern waren inzwischen im Dachgeschoss eines Nachbarhauses untergekommen, wo sie es sich in zwei Mansardenzimmern mit einigen antiken Möbeln leidlich gemütlich gemacht hatten. Aber der letzte Satz aus Ernst Jüngers »Marmorklippen«: »Da schritten wir durch die weit offenen Tore wie in den Frieden des Vaterhauses ein«, hätte doch nicht auf diese Heimkehr gepasst. Eher erinnerte diese Rückkehr in das ausgebrannte Berlin an Scarlett O'Haras altes Haus »Tara« aus »Vom Winde verweht«, das meine Mutter so oft im Munde geführt hatte.

Mein Vaterhaus also gab es zwar noch, aber die Familie wohnte nicht mehr darin. Meine Mutter arbeitete jetzt ein paar Straßen weiter als »Housekeeper« erst in der Ihnestraße, dann in der Meisenstraße. Unser Haus im Falkenried hatte sie seit gut einem Jahr nicht mehr betreten. Mein Vater hatte ein kleines Notbüro in der vom Bom-

Die sechzehnjährige Imke brachte meine Welt durcheinander. Es war so etwas wie ein Coup de Foudre, dass wir uns zur Heirat entschlossen, kaum dass sie siebzehn war.

benkrieg verwüsteten Lietzenburger Straße, hundert Meter vom Kurfürstendamm. Meine Großmutter war in zwei Zimmern ihrer alten Wohnung in Lichterfelde untergekommen, deren Gartenzimmer 1943 von einer Luftmine weggeweht worden waren. Ich war heimgekehrt, aber ich war nicht zu Hause.

Im Ersten Weltkrieg hatte es das wehmütige Heimkehrerlied Hermann Freys gegeben:

Die alten Straßen noch,
Die alten Häuser noch,
Die alten Freunde aber sind nicht mehr.

Jetzt aber gab es im zerstörten und ausgeglühten Berlin die alten Straßen nicht mehr und auch nicht die alten Häuser, und als ich in den nächsten Wochen meine Freunde suchte, fand ich nur wenige noch. Viele waren gefallen oder im Chaos des Endes verschollen, einige waren emigriert, andere in den Westen gegangen. Anderthalb Millionen Berliner hatten die Stadt verlassen, und nur einige Hunderttausend sollten in den nächsten Jahren zurückkehren. Das »Heimkehrerlied« von 1918 klang wie aus fernen Zeiten. Nun ging man durch verwüstete Straßen und fand weder die alten Häuser noch die alten Freunde. Gerade einmal vier Schüler aus meinem alten Arndt-Gymnasium sollten sich in den nächsten Monaten noch einstellen, die anderen hatte der Krieg verschlungen.

Aber die Nachricht meiner Heimkehr war auf rätselhafte Weise weitergegeben worden. Mein Vater schloss sein Behelfsbüro in der Lietzenburger Straße vorzeitig, meine Mutter bekam den Nachmittag und den Abend von ihren Amerikanern frei. Selbst meine Großmutter kam, trotz ihrer bald achtzig Jahre, aus Lichterfelde herbei, um den Enkel in die Arme zu nehmen. Mein Vater hatte vor einiger Zeit eine Flasche Wein aufgetrieben und für meine Rückkehr aufgespart.
So feierten wir, nur Gitty war noch immer in Hannoversch-Münden, wohin sie einst »dienstverpflichtet« worden war, zum ersten Mal seit vier Jahren eine Art von Familienfest.

Ein Epilog, der vielleicht ein Prolog ist

Sehr bald nach der Rückkehr aus der Kriegsgefangenschaft begann ich erst an der Humboldt-Universität in Ostberlin, dann an der Freien Universität in Westberlin mit dem Studium. Ein Zwischenspiel führte mich nach Kopenhagen, wo ich auf Einladung der dänischen Widerstandsbewegung ein Semester an der Hochschule Krogerup studierte. Das eben noch von den Deutschen besetzte Land hatte ein Hilfsprogramm ins Leben gerufen, das jungen Deutschen, die im Dritten Reich im Gefängnis gewesen waren, im friedlichen Skandinavien Erholung verschaffen wollte.

Nach meiner Rückkehr in das Berlin der Blockadezeit nahm ich wieder mein Studium auf. Aber damit wurde es nichts Rechtes. Angebote von Zeitschriften und Zeitungen sorgten dafür, dass ich es nicht zu Ende führte. So habe ich weder einen ordentlichen Schul- noch einen Universitätsabschluss gemacht. Erst Jahrzehnte später wurden mir akademische Würden zuteil, als mir die Freie Universität den Ehrendoktor für Geschichte verlieh. Meine Mutter hätte sicher gesagt, dass mir die Zelle und der Krieg alle Prüfungsanstrengungen erspart habe.

Schon nach wenigen Jahren wurde ich zum Sekretär des deutschen Büros des »Kongresses für kulturelle Freiheit«

Durch den »Kongress für kulturelle Freiheit« kam ich mit den literarischen und politischen Größen der Nachkriegszeit in Verbindung. Hier hole ich Arthur Koestler zusammen mit Melvin Lasky vom Flughafen Tempelhof ab (links Koestler, Mitte WJS, rechts Lasky).

bestellt, in dem Melvin J. Lasky eine wichtige Rolle spielte. »Mel« Lasky war in Berlin eine der wichtigsten Figuren der Nachkriegszeit. Er hatte, gerade dreißig geworden, die Zeitschrift »Monat« ins Leben gerufen, die im damaligen Berlin eine ungeheure Rolle spielte. Wenn ich in dem gerade erbauten »Henry-Ford-Bau« der Freien Universität in das Auditorium maximum kam, sah ich überall den »Monat«, dessen Beiträge von Arthur Koestler, George Orwell oder Arnold Toynbee von Hand zu Hand gingen. Der »Monat« spielte in jenen Jahren eine weit größere Rolle als die »Wandlung« von Karl Jaspers oder die aufsässigen »Frankfurter Hefte« des Linkskatholiken Walter Dirks und des gerade aus Buchenwald befreiten Eugen Kogon, dessen »SS-Staat« einen ersten Einblick in die Lagerwelt gab.

Diese Nachkriegsjahre waren überhaupt eine Zeit von Zeitschriften, und sogar im damaligen Ostberlin erschienen einige, die weit über die sowjetische Besatzungszone hinaus Furore machten, wie etwa »Sinn und Form«, deren Chefredakteur Peter Huchel war. Schon das weiße Friedenspapier fiel aus dem grauen Notpapier jener Jahre heraus. Es waren die Russen, die es bewilligt hatten und überhaupt hinter dem Blatt standen. Herausgeber war der spätere Kulturminister des ostdeutschen Staates, Johannes R. Becher. Der alt gewordene expressionistische Lyriker, der in die Sowjetunion emigriert war, schrieb einige Jahre später ein poetisch ziemlich banales Gedicht, das aber so vieldeutig war, dass es in der Zeit der Flüchtlingswelle aus der »Zone« über die »grüne Grenze« fast Rebellion war:

Hier wurde ein Deutscher
von Deutschen gefangen,
Weil er von Deutschland
nach Deutschland gegangen.

Da illegale »Grenzverletzung« nur im Osten zur Verhaftung führte, war das eine unverkennbare Kritik an dem Regime und Becher soll bei Ulbricht, als es in Schreibmaschinenabschriften von Hand zu Hand ging, für lange Zeit in Ungnade gefallen sein.
Allmählich brachte sich die Rigorosität des ostdeutschen Regimes immer stärker zur Geltung. Theodor Plievier war, neben dem Dramatiker Friedrich Wolf, der übrigens der Vater des späteren Spionagechefs Markus Wolf war, und natürlich Bertolt Brecht, einer der Renommier-Schriftsteller der Moskauer Emigration. Er stellte sich ei-

nes Tages unter den Schutz der Amerikaner, die ihn im Haus des »Kongresses für kulturelle Freiheit« in der Zehlendorfer Schmarjestraße einquartierten. Theodor Plievier hatte in der Weimarer Zeit die Romane »Des Kaisers Kuli« und »Der Kaiser ging, die Generäle blieben« geschrieben, der damals ziemliches Aufsehen erregt hatte. Inzwischen war er vor allem durch seinen Stalingrad-Roman bekannt, den er in der Sowjetunion geschrieben hatte, der aber dennoch frei von der üblichen Propaganda vom »heldenhaften Sowjetvolk« war. Jetzt lebte Plievier auf fast schon groteske Weise in ständiger Furcht vor einer Entführung und er beschwor die Amerikaner, ihn möglichst bald in den Westen auszufliegen.
Auch Peter Huchel, der viele Jahre »Sinn und Form« gegen die Parteilinie zu retten versucht hatte, übersiedelte später in den Westen. Die Illusion kultureller Vielfalt auch im Ostsektor der viergeteilten Stadt hielt nur wenige Jahre vor. Auch die andere wichtige Zeitschrift Ostberlins, die von dem alten Spanienkämpfer Alfred Kantorowicz herausgegebene Zeitschrift »Ost und West«, strich schon nach zwei Jahren die Segel. Ihr Herausgeber hatte über Nacht Zuflucht im Westen gesucht.

Im »Monat« veröffentlichte ich meine ersten Beiträge. Ich weiß noch, was für eine Sensation es für die ganze Familie war, wenn in den knallbunten Heften am Kiosk mein Name im Inhaltsverzeichnis stand, bestaunt und beneidet nicht nur von den anderen Studenten, sondern auch von den Professoren der Freien Universität überrascht registriert. Auf diese Weise kam ich mit der Zeitungswelt in Berührung, zuerst mit der von der amerikanischen Militärregierung herausgegebenen »Neuen Zeitung«, dann

mit dem Berliner »Tagesspiegel«, dessen Feuilletonchef ich auf eine sehr sonderbare Weise wurde.
Noch immer gehörte ja dem eher Abseitigen mein Interesse, der Alten Geschichte, der Philosophie und sogar der Theologie. Eine Zeit lang vergrub ich mich ganz und gar in den »Synergismus«-Streit, die Auseinandersetzung zwischen Luther, Calvin und Zwingli über die Frage, auf welche Weise der Mensch die Rechtfertigung erlange, ob durch »gute Werke« oder durch die Gnade Gottes allein. Das fesselte mich in solchem Maße, dass ich mir ein theologisches Werk nach dem anderen beschaffte und dann natürlich auch hier und da darüber schrieb.
Unter diesen Büchern befand sich auch eines von Hans v. Campenhausen, einem protestantischen Theologen der Heidelberger Universität, der ein enger Freund von Karl Silex war. Silex war der ehemalige Chefredakteur der »Deutschen Allgemeinen Zeitung«, der nach einer Auseinandersetzung mit Goebbels seine Position unter Protest aufgegeben hatte und als ehemaliger Seeoffizier des Ersten Weltkrieges wieder zur Marine einrückte. Wahrscheinlich suchte er, wie damals ich, unter dem Dach der Armee Schutz. Professor v. Campenhausen und Karl Silex, damals Herausgeber der »Deutschen Kommentare«, waren von meinem enthusiastischen Elaborat so beeindruckt,

Eigentlich wurde ich durch einen Zufall Feuilletonchef des »Tagesspiegels«. Alle Welt wunderte sich darüber, ich selber am allermeisten.

dass Silex sich auf den unbekannten Studenten als Feuilletonchef versteifte, als er wenige Monate später als Chefredakteur den »Tagesspiegel« übernahm. »So haben deine skurrilen Interessen dir am Ende sogar zu einem Beruf verholfen«, sagte Imke ein wenig verblüfft. Sie war von meiner Leidenschaft für so entlegene Sachen wie den Chassidismus und den Synergismus immer ein wenig irritiert gewesen.

Auch Martin Buber und seine Bücher über den osteuropäischen Chassidismus hatten mich nämlich lange Zeit derart beschäftigt, dass ich dem in den dreißiger Jahren nach Palästina emigrierten einstigen Mitbegründer der »Frankfurter Schule« schrieb. So verabredeten Buber und ich uns für die Frankfurter Buchmesse, zu der Buber nach Deutschland kam, da ihm der Börsenverein des Deutschen Buchhandels den »Friedens-Preis« verliehen hatte. Von unserem Treffen habe ich nicht mehr viel in Erinnerung, aber ich weiß noch von meiner Verblüffung, als Buber im Gespräch die Gründung des Staates Israel für einen Fehler erklärte. Nun habe Israel einen in die Irre führenden Weg eingeschlagen. Das Land wolle wie alle Länder ein Staat sein, wo doch gerade die Verneinung alles Staatlichen seine eigentliche Mission gewesen sei. Diese Haltung nahm man Buber in Israel begreiflicherweise übel, obwohl er doch versichert hatte, dass ein gläubiger Jude nur im Heiligen Land richtig beten könne.

Das verwirrte und faszinierte mich, und wieder waren unzählige Aufsätze in der »Neuen Zeitung« die Folge. Eines Tages sagte Friedrich Luft, der ungekrönte König der »Neuen Zeitung«, leicht irritiert zu Imke: »Kommt denn Ihr Mann nie aus der Bubertät heraus?«

Als Feuilletonchef des »Tagesspiegels« wurde ich dann ziemlich abrupt in die Welt der Literatur geworfen. Ich schrieb bald über die literarischen Neuerscheinungen des Tages, so über den Erstlingsroman des völlig unbekannten Uwe Johnson »Mutmaßungen über Jakob«, den ich so enthusiastisch feierte, dass mich eines Tages eine Einladung von Johnson in die Friedenauer Niethstraße erreichte, ein paar Häuser von der Wohnung von Günther Grass entfernt. Ich habe noch die Königsberger Klopse in Erinnerung, die Johnsons Frau servierte und die von der Konsistenz einer preußischen Kanonenkugel waren.
Dann entdeckte ich Paul Celan, dessen Gedichte für mich einer Sensation gleichkamen. Allmählich war ich wirklich in der Welt der Literatur angekommen, vor allem als ich zum Vorsitzenden eines Preisrichterkollegiums gewählt wurde, dem auch Hans Schwab-Felisch und Georg Ramseger, die Literaturchefs der »Neuen Zeitung« und der »Welt«, angehörten. Wir sollten entscheiden, wer als Erster den Hermann-Hesse-Preis erhalten sollte, den eine Hand voll mittelständischer Industrieller um den kunst- und literaturbegeisterten Küchenherdfabrikanten Neff aus Baden gestiftet hatte. Unser Gremium tagte in Neffs Landhaus in Bretten, das mit Bildern und Büchern bis unter die Decke gefüllt war. Wir zogen einen vollkommen Unbekannten ans Licht, denn wir entschieden uns für einen Erstlingsroman, Martin Walsers »Ehen in Philippsburg«. Mit Martin Walser hatte ich in den kommenden Jahrzehnten nie mehr beruflich zu tun, er schrieb seine Bücher und ich war mit meinen Verlagen genug beschäftigt. Aber wir blieben freundschaftlich verbunden. Mitunter waren wir zusammen bei uns im Falkenried oder bei Joachim Fest in Kronberg.

Es muss in dieser Zeit gewesen sein, dass mein Freund Hans Schwab-Felisch, der damals, wie schon gesagt, Literaturchef der »Neuen Zeitung« war, abends einen jungen Schriftsteller zu uns in den Falkenried mitbrachte, dessen Aussprache schon seine rheinische Herkunft zu erkennen gab. Es war Heinrich Böll, der gerade mit seinem zweiten Roman beschäftigt war, »Wanderer, kommst du nach Spa ...«. Viele Jahre später wurde ich der Verleger aller seiner Taschenbücher bei Ullstein, bis er mich zu Beginn der siebziger Jahre um Verständnis dafür bat, dass er diese Verträge lösen müsse: Er könne von Ullstein, also Springer, nicht Honorare annehmen und zugleich von der »Bild«-Zeitung, also auch von Springer, Ohrfeigen kassieren. Böll wurde damals auf dem Höhepunkt der »Enteignet Springer«-Kampagne von den Massenblättern des Konzerns attackiert, unter Nennung seiner Kölner Privatadresse, was ihn besonders erbitterte.
Mit Schwab-Felisch, der inzwischen der zweite Patenonkel meiner Tochter Sophie geworden war, fuhr ich zu Böll in die Eifel, wo er in Langenbroich ein kleines Waldhaus besaß, und suchte ihn zur Rücknahme seiner Kündigung zu überreden. Er war herzlich und freundschaftlich, aber er müsse, so leid es ihm tue, konsequent sein, um seine Eindeutigkeit zu bewahren. Beflügelt von der Stimmung dieser Stunden, bat ich ihn abends um ein Glas Wein, um das friedliche Ende dieser alten freundschaftlichen Verbindung halb feierlich, halb parodistisch zu besiegeln. Aber es stellte sich heraus, dass Böll nicht einen einzigen Tropfen irgendeines alkoholischen Getränks im Hause hatte, weil er, wie er sagte, jede mögliche Verführung von seinem Sohn fernhalten wolle. Schließlich erinnerte er sich, dass er eine halbe Flasche Korn in einem alten Klei-

derschrank unter lauter Skisocken versteckt hatte. Es war ein scheußliches Getränk, aber Böll, Schwab-Felisch und ich tranken den Friedenstrunk mannhaft.
Übrigens haben unsere Beziehungen auch die Erschütterungen der Anti-Springer-Kampagne überstanden, die mit der »Gruppe 47« alle Autoren dazu aufgerufen hatte, für kein Haus mehr zu arbeiten, das zum Springer-Konzern gehöre. Aber meine alte Nähe zu Böll bewirkte, dass dieser Resolution eine zweite hinterhergeschickt wurde, worin die Anti-Springer-Kampagne aufrechterhalten, aber ausdrücklich die Verlage Ullstein und Propyläen ausgenommen wurden – »solange WJS sie leitet«. Das irritierte natürlich nun wieder Axel Springer, wie ich sehr bald schon aus seiner Umgebung hörte. Aber er war im Grunde ein liberaler Mann, und so hat er es mich nie entgelten lassen, dass ein Unterschied zwischen den Zeitungs- und den Buchverlagen seines Hauses gemacht worden war.

Ganz fremd scheint mir die Literatur dieser Nachkriegsjahre nicht gewesen zu sein, aber der Schriftstellerei der fünfziger Jahre stand ich doch ein wenig distanziert gegenüber. Ich konnte mich schwer entschließen, Alfred Andersch oder Hans Erich Nossack, Hans Werner Richter oder Wolfgang Borchert an die Seite der Autoren des Jahrhundertbeginns oder der zwanziger Jahre zu stellen, die meine Götter waren. Ich mochte eine ganz andere Art von Büchern, Gregor von Rezzoris »Ödipus siegt bei Stalingrad«, Albert Vigoleis Thelens »Die Insel des zweiten Gesichts« und Martina Wieds »Geschichte des reichen Jünglings«; sogar für den unzeitgemäßen Roman »Der blaue Kammerherr« von Wolf von Niebelschütz hatte ich eine amüsierte Sympathie, wahrscheinlich weil er die »Trümmerliteratur« des Tages so ganz und gar verneinte. Haben diese Bücher die Probe der Zeit bestanden? Ich kann es nicht beurteilen, denn ich habe sie in den Jahrzehnten seither nie wieder gelesen. Hans Mayer, der Ende der achtziger Jahre seine beiden Bände über die Literatur der Nachkriegszeit, »Die umerzogene Literatur« und »Die unerzogene Literatur«, für meinen Verlag schrieb, hielt jene Lektüre für eine eher abseitige Schrulle von mir.

Aber Heimito von Doderers Bücher »Die Strudlhofstiege« und »Die Dämonen« scheinen mir noch immer zu den großen Romanen der Nachkriegszeit zu gehören, wenn sie auch in dem von der »Gruppe 47« beherrschten Klima wenig zur Geltung kamen. Doderer fesselte mich in solchem Maße, dass wir uns immer wieder in Wien trafen, wo wir zusammen die Strudlhofstiege besuchten, nach der sein großer Roman benannt war, und in Berlin, wo ich ihn mit Gottfried Benn bekannt machen musste, den er überraschenderweise über alle Maßen bewunderte. Merkwürdige Nähe des preußischen Melancholikers und des k. u. k. österreichischen Erzählers, dessen barockes Schreiben so ganz das Gegenteil der Kargheit Benns ist. Ich habe weder Doderer noch Benn nach dieser Begegnung über ihre Eindrücke befragt. Wahrscheinlich kam mir das indiskret vor.

Vor allem aber waren es Ausgrabungen, über die ich im »Tagesspiegel« immer wieder berichtete. Ich war in der Welt der Literatur nicht nur ein Newcomer, sondern in gewissem Sinne auch ein Außenseiter, was ich wahrscheinlich immer geblieben bin. Vielleicht war meine

Herrn Wolf Jobst Siedler
zur freundlichen Erinnerung
an unsere Berliner Begegnung
am 18. September 1952
Heimito von Doderer

HEIMITO von DODERER

DIE
STRUDLHOFSTIEGE

ODER

MELZER UND DIE TIEFE DER JAHRE

ROMAN

BIEDERSTEIN VERLAG MÜNCHEN

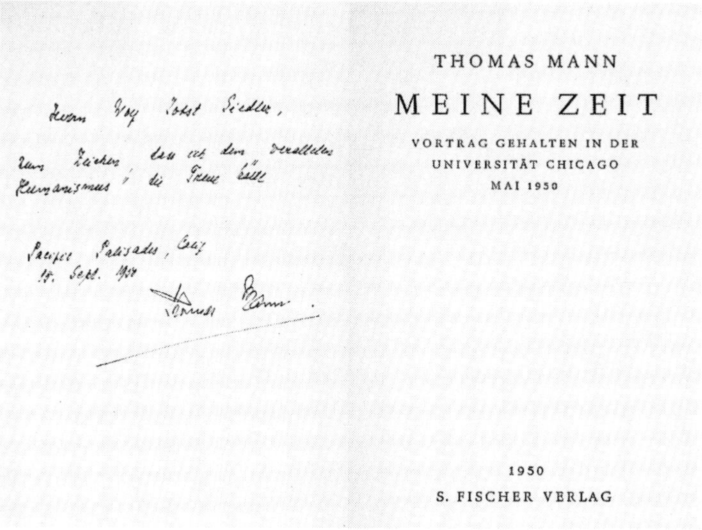

Herrn Wolf Jobst Siedler,
zum Zeichen, dass ich dem veralteten
Humanismus die Treue hälte
Pacific Palisades, Calif.
15. Sept. 1950
Thomas Mann

THOMAS MANN

MEINE ZEIT

VORTRAG GEHALTEN IN DER
UNIVERSITÄT CHICAGO
MAI 1950

1950
S. FISCHER VERLAG

Sehr bald nach meiner Rückkehr aus der Kriegsgefangenschaft tauchte ich in die Welt der Literatur ein. Von Thomas Mann über Gottfried Benn und Heimito von Doderer bis zu Heinrich Böll reichten die Begegnungen. Widmungen in ihren Büchern erinnern an solches Zusammensein, die für den Endzwanziger große Ereignisse waren.

spätere Laufbahn als Verleger ein Ausweg aus der Literatenwelt, die ich mit Interesse und mit Sympathie beobachtete, aber eben von außen.
Diese fünfziger Jahre waren eine Zeit der Entdeckungen. Mit einem Male traten, von niemandem erwartet und schon gar nicht gesucht, unbekannte Manuskripte des späten 18. und frühen 19. Jahrhunderts ans Licht. Das hatte es nie zuvor im selben Maße gegeben und ist seitdem nicht wieder vorgekommen. Von Benjamin Constant, dem Vater des europäischen Liberalismus, der im falschesten Moment seinen liberalen Überzeugungen zum politischen Triumph verhelfen wollte, indem er dem schon gestürzten Napoleon kurz vor Waterloo eine Verfassung für sein erneuertes Kaiserreich schrieb, wurde plötzlich auf den Regalen einer Schweizer Schlossbibliothek ein unbekanntes Manuskript entdeckt, von dem niemand auch nur den Titel gehört hatte. Es war die Liebesgeschichte »Cécile«, die neben seinem berühmten »Adolphe« zu den großen psychologischen Büchern des 19. Jahrhunderts zählt.
Nur wenige Jahre später gab es eine weitere Entdeckung, Ippolito Nievos »Pisana oder die Bekenntnisse eines Achtzigjährigen«. Das Buch des Siebenundzwanzigjährigen hat sich im Nachlass des drei Jahre später vor der Küste Siziliens in einem Sturm Untergegangenen gefunden, der auf dem Weg war, sich Garibaldis wild zusammengewürfeltem Haufen anzuschließen. Tatsächlich gelang es den Briganten, das spanische »Königreich beider Sizilien« in Neapel zu stürzen. Einen späten Widerhall sollte diese Episode in Giuseppe Tomasi di Lampedusas Roman »Der Leopard« finden. Das Buch war von allen tonangebenden Verlagen Italiens abgelehnt wor-

den. Aber es wurde dann zu einem der größten Erfolge der italienischen Nachkriegsliteratur. Immer wieder die abgelehnten, die verschmähten Bücher, ob Remarques »Im Westen nichts Neues« oder eben diese Geschichte eines sizilianischen Adelsgeschlechts. Ein weiteres Beispiel, wie Verlage an Büchern vorbeigehen, die wenig später Welterfolge in einem Dutzend Sprachen werden, ist Ignazio Silones Roman »Fontamara«, der von so vielen Verlagen abgelehnt worden war, dass der Autor ihn schließlich auf eigene Kosten drucken ließ. Wenige Jahre später war Silone Gast des »Kongresses«, und immer wieder saß ich mit ihm im Garten des Zehlendorfer Kongressbüros in der Schmarjestraße zusammen, und er erzählte von seinen Jahren in dem Schweizer Exil. Aber Silone, inzwischen ein weltberühmter Autor, war nicht wirklich nach Italien zurückgekommen, und die beiden im Exil geschriebenen Romane »Fontamara« und »Samen unter dem Schnee« sollten seine Hauptwerke bleiben. Alle späteren Bücher, die er nach der Rückkehr nach Italien schrieb, hatten nicht mehr die Frische und Lebendigkeit dieser Emigrationsbücher, aber das ist wahrscheinlich das Schicksal aller Exilliteratur, von der Gottfried Benn damals gesagt hatte: »Wer sich in die Emigration begibt, betritt ein schwächeres Element«. Galt das nicht sogar für Thomas Manns Spätwerke und selbst für den »Doktor Faustus« mit dem sonderbar gravitätischen Untertitel »Das Leben des deutschen Tonsetzers Adrian Leverkühn«? Aber das sind Gedanken, die ein eigenes Buch verlangen würden.
Auch Nievos Roman war eines jener Werke eines Frühvollendeten, von denen man nicht weiß, wohin sie ihr Weg geführt hätte. Wäre er ein Klassiker geworden? Mir

ist der Roman damals als eines der modernsten Werke der italienischen Romanliteratur erschienen, und als das gilt er mir im Grunde noch heute.

Bald danach stieß ich auf den Roman des Polen Jan Potocki »Die Handschrift von Saragossa«. Das Buch, das die verwirrenden Erlebnisse eines Reisenden mit Toten und Geistern schildert, von denen man nie weiß, ob sie der Wirklichkeit oder der Fantasie entstammen, ist eines der merkwürdigsten Bücher des späten 18. Jahrhunderts. Der Mann und sein Buch haben mich seit der ersten Lektüre so in ihren Bann gezogen, dass ich noch vor ein paar Jahren mit Richard v. Weizsäcker bei einer Reise nach Polen und in die Ukraine einen Abstecher machte, um das Schloss Lancut zu besuchen, den alten Sitz des Magnatengeschlechts der Potocki.
»Die Handschrift von Saragossa« war in wenigen Exemplaren als Fragment in einem Privatdruck zu Ende des 18. Jahrhunderts hergestellt, aber gleich wieder vergessen worden und inzwischen im Dunkel der Geschichte versunken. Zwischen den Blättern des heute in St. Petersburg aufbewahrten Manuskripts hatte sich eine handschriftliche Botschaft des Autors von sonderbarer courtoisierer Arroganz befunden. Der Graf Potocki werde diese Geschichte nach seiner Rückkehr von einer Reise durch China, die Mongolei und Persien fortsetzen oder auch nicht, falls Neigung und Fantasie, der er in diesem Buch so freie Bahn gelassen habe, ihn dazu einladen sollten.

So geht es auch mir, der ich jetzt am Ende dieser Erzählung einer Kindheit und Jugend in dem jetzt vergange-

nen Jahrhundert angelangt bin. Vielleicht werde ich mich herausgefordert fühlen, auch dem weiteren Gang meines Lebens zu folgen, und mir zu vergegenwärtigen suchen, wie ich nach der Rückkehr aus dem Krieg die verschiedensten Stationen durchlief, in zwei Universitäten, in zwei Zeitungen und in zwei Verlagen.
Ich will den Dingen nicht vorgreifen, und so gebe ich mich im Augenblick ganz der Genugtuung hin, die ersten zweiundzwanzig Jahre meines Lebens aus der langsam undeutlicher werdenden Vergangenheit hervorgeholt zu haben. Ich habe nicht gedacht, dass ich mich eines Tages verführt sehen würde, die Geschichte meines Lebens zu erzählen. Aber ich habe ja auch nicht gedacht, dass ich nun auf die Fünfundsiebzig zugehe. Man soll dem Unvorhersehbaren nicht vorgreifen wollen. So werde ich mich hüten, an den Schluss dieser Erzählung die Worte zu stellen *Finis*, oder gar: *Fortsetzung folgt.*

Register

(Kursivierte Seitenzahlen verweisen auf Bildlegenden)

Archive und Leihgeber

Den Bildteil dieses Bandes stellte Heike Sponholz zusammen, wofür ihr der Dank des Autors gehört. Als Material standen ihr die privaten Bestände des Autors zur Verfügung, die durch Recherchen in Archiven des In- und Auslands ergänzt wurden.

Alliierten Museum, Berlin 287
Archiv der Stiftung der Hermann Lietz-Schule, Schloss Bieberstein 68, 131,
Archiv für Kunst und Geschichte, Berlin 17
Mohamed F. Awad, Kairo 305
Bettmann/Corbis/Picture Press, London 221
Bildarchiv Preussischer Kulturbesitz, Berlin 33, 34, 60, 88, 125, 268, 313 (Foto Karl Artur Petraschk), 326, 332 (Foto Hanns Tschira)
Buckinghamshire County Museum, Aylesbury 348, 353
Bundesarchiv, Koblenz 208
dpa, Frankfurt/Main 79 re., 79 li., 129
Gemeindeverwaltung Isernhagen 163
Historisches Museum, Hannover 167
Hulton Deutsch Collection/Corbis, London 215
ICP, New York 180
Imperial War Museum, London 250
Arthur Koestler, Berlin 360
Ingeborg Lommatzsch 197
Landesbildstelle, Berlin 43, 45, 179
Pressebild, Frankfurt 340 (Foto Fritz Frischmann)
Privatarchiv Ernst Jünger 171
Privatarchiv Wolf Jobst Siedler 15, 16, 22, 39, 41, 51, 58, 61, 64, 71, 92, 101, 111, 114, 115, 117, 122, 138, 140, 141, 193, 241, 281, 284, 297, 307, 310, 319, 327, 357, 363, 369
Schiller-Nationalmuseum, Bildarchiv, Marbach/Neckar 28, 161, 187, 198
Stadtarchiv Salzwedel 184
Stadtarchiv Wilhelmshaven 159
Ullstein Bilderdienst, Berlin 91